本书为"数字经济知识产权刑法保护路径创新研究"
（NWNU-SKQN2022-31）的阶段性成果

法|学|研|究|文|丛
—— 刑法学 ——

刑事一体化视域中
专利权保护问题研究

唐风玉 ● 著

知识产权出版社
全国百佳图书出版单位
— 北京 —

图书在版编目（CIP）数据

刑事一体化视域中专利权保护问题研究／唐风玉著．—北京：
知识产权出版社，2023.8
ISBN 978－7－5130－8854－1

Ⅰ.①刑…　Ⅱ.①唐…　Ⅲ.①专利权法—研究—中国
Ⅳ.①D923.424

中国国家版本馆 CIP 数据核字（2023）第 143288 号

责任编辑：罗　慧　　　　　　责任校对：谷　洋
封面设计：智兴设计室　　　　责任印制：刘译文

刑事一体化视域中专利权保护问题研究

唐风玉　著

出版发行：知识产权出版社有限责任公司　　网　　址：http：//www. ipph. cn
社　　址：北京市海淀区气象路 50 号院　　　邮　　编：100081
责编电话：010－82000860 转 8343　　　　　责编邮箱：lhy734@ 126. com
发行电话：010－82000860 转 8101/8102　　发行传真：010－82000893/82005070/82000270
印　　刷：北京建宏印刷有限公司　　　　　经　　销：新华书店、各大网上书店及相关专业书店
开　　本：880mm×1230mm　1/32　　　　印　　张：8.25
版　　次：2023 年 8 月第 1 版　　　　　　印　　次：2023 年 8 月第 1 次印刷
字　　数：200 千字　　　　　　　　　　　定　　价：68.00 元
ISBN 978－7－5130－8854－1

序

刑事一体化思想的传承与实践

　　本书是唐风玉在其博士学位论文《刑事一体化视域中专利权保护问题研究》的基础上形成的。通观全书，我认为该书有以下特点：

　　第一，问题意识突出，关注现实问题。

　　唐风玉选择侵犯专利权犯罪问题作为写作主题，是根据我的建议确定的。21世纪初期，我提出，在同知识经济相伴而来的信息社会中，无形资产（例如知识产权、信息、数据）将成为最重要的生产要素，惩治侵犯知识产权的犯罪行为，强化对知识产权的保护将成为刑法的重要任务。随着数字经济时代的到来，知识产权刑法保护呈现出刑法理论研究和司法实践保护不足的双重困境，如何走出知识产权刑事保护不足这一困境，成为刑法理论研究的难题。唐风玉围绕侵犯专利权犯罪问题进行研究，该选题使得本书兼顾问题意识与现实关切。

　　第二，论点明确，逻辑清晰。

　　数字经济时代的到来，对专利权刑法保护提出了新挑战。刑法具有保障人权和维护社会秩序的功能，市场经济秩序是社会秩序的重要组成部分。唐凤玉根据刑事一体化思想的指导，体系性地从刑事政策、刑事立法、刑法解释、刑事司法等方面详细进行了分析与论述，得出了刑法对专利权保护缺位的结论，即刑法对发明创新保护缺位，由此造成的危害后果是不利于推动市场经济实现高质量发展，也不利于营造良好的营商环境。据此，刑法加强对专利权的保护是顺应全球化市场经济发展的需要。唐凤玉就如何加强专利权刑事保护提出了系统性方案。值得一提的是，作者明确提出更新刑法对专利权的认识，即专利权是由专利标记权、专利独占权及专利处分权等多束权利组成，刑法应当根据专利权不同权利束的重要性予以差异化保护。

第三，内容完整，结构合理。

纵观本书，写作结构与内容是比较合理、完整的。首先，唐凤玉从以下四个方面论述了刑法对专利权保护不足的问题：一是刑事政策上在划定打击范围、确定打击重点、设定打击程度和选定打击方式等方面没有发挥好导向功能。二是刑事立法在立法模式选择和立法规范制定上影响保护专利权目的的落实，削弱了刑法的保障功能。三是刑法解释上对假冒专利罪的违法性判断与《专利法》的规定脱节。四是刑事司法上追诉专利权的案件非常少，仅有的数起侵犯专利权犯罪的案件反映出司法实务主体对专利违法行为和专利犯罪行为定性错误的问题，导致刑事司法不仅对专利权保护缺位，而且出现专利权刑事司法与刑事立法脱节的现象。其次，唐凤玉从刑法之内与刑法之外两方面辨析我国刑法对专利权保护缺位的主要原因，也考察了域外国家刑法对专利权的保护情况。最后，针对专利权刑事保护不足问题，唐凤玉提出的完善路径是更新刑法观、构建刑事一体化的专利权刑事政策，核心要义是"严密侵犯专利权的刑事法网，配置轻缓化、多元化的刑罚"，结合知识产权法院试点经验，通过建立专门的知识产权法院解决涉专利权民刑交叉、行刑交叉类案件衔接机制不顺畅的顽疾。

第四，本书存在的不足之处。

刑事一体化思想的核心要义是"淡化学科界限，关注现实问题"，刑法问题也是社会问题。唐凤玉的这部作品一定程度上推动了侵犯知识产权犯罪的刑法理论研究向纵深拓展，但是也存在一些不足，例如，刑法对专利权的保护问题涉及疏通学科隔阂，书中重复论述专利权是无形财产权、是法定权利的内容比较多，学科融通能力有待提升；对刑法保护物权意义上的财产权与专利权存在的差异缺乏清晰的比较与分析，学术批判能力有待提升；对现实的关注有些流于表面，偏重于理论上的探讨，对于刑法走出对专利权保护困境的建议可能止于理论、难以实践，刑法理论与实践相结合的能力有待提升；等等。在我看来，这部作品有尚待进一步研究或完善的必要。

唐凤玉于 2017 年考入北京师范大学刑事法律科学研究院，2021 年 6 月通过博士论文答辩，获得博士学位。我作为唐凤玉在博士阶段的指导老师，她是我教师生涯指导的最后一名博士研究生，从指导她完成第一篇学术论文到她完成博士学位论文，见证了她在学术上的成长过程。

我衷心地希望唐凤玉再接再厉，在学术上更上一层楼。

储槐植

2023 年 7 月 26 日

摘　要

创新不仅是社会发展的第一生产力，也是实现我国现代化建设的核心动力。专利权是创新的法律载体，刑法保护专利权就是保护创新。根据刑事一体化思想的指导，本书围绕专利权刑事保护不足的问题展开。通过观察和分析，发现我国专利权刑事保护存在以下问题：其一，专利权刑事政策保护层面，存在对专利权弱保护、刑事法网不严密和规制对象偏差的问题。财产权是一束权利，专利权是由多束权利组成，例如，专利申请权、专利标记权、专利独占权、专利处分权等。专利独占权是专利权最核心的一项权利，刑法仅设置一个假冒专利罪，旨在保护专利标记权，忽视对其他重要权利类型的保护。其二，专利权刑事立法保护层面，存在立法不合理的问题。从规范层面看，设立侵犯专利权犯罪应当保护的法益是市场经济秩序和专利权主体的财产性法益；从事实层面看，设立假冒专利罪保护的法益是市场管理秩序和专利权主体的标记权。刑事立法对专利权保护存在罪名设置不合理问题。在立法体例上选择单轨制立法模式不利于发挥刑法对专利权的保障作用。其三，专利权刑事司法保护层面，存在对专利权保护虚置、刑事司法与刑事立法脱节、被害人权利救济不足等问题。究其原因，是刑法之内及刑法之外的诸多因素合力导致专利权刑事保护不足问题。

根据刑事一体化思想的指导及域外专利权刑事保护经验的启示，针对我国专利权刑事保护当前存在的不足，本书认为应当从以下方面进行完善：其一，专利权刑事政策保护层面，应当基于对专利权强保护的基本立场，将打击重点从专利标记权转向专利独占权，适度地拓宽侵犯专利权犯罪行为的刑事法网，配置相对轻缓化、多元化的刑罚措施。其二，专利权刑事立法保护层面，应当采取行政刑法立法模式，将侵犯专利权犯罪的罪刑条款规定在《专利法》中，增设假冒专利罪的构成要件要素和专利侵权罪。根据经济犯罪特征，提升罚金刑为主刑，增设资格刑，调整法定刑配置以维持与其他知识产权犯罪相协调。其三，专利权刑事司法保护层面，应当重构传统刑事司法功能定位，推动刑事司法向能动型司法转型。采取行政刑法立法模式有利于简化司法机关对侵犯专利权犯罪案件的认定及审判活动，提升刑事司法效率。此外，根据国家知识产权专门化审判体系的改革思路，建立涉专利权民事案件、行政案件及刑事案件一体化平台，有利于构建前置法与刑事司法一体化衔接机制，强化专利权刑事自诉案件的立案、侦查、起诉及审判机制；适用认罪认罚从宽制度有利于解决被害人权利救济不足的问题。这是刑法切实走出对专利权保护不足困境的有效路径，进而发挥它对市场经济秩序和创新主体法益保护的功能；也是刑法立足于社会发展新阶段，贯彻国家新发展理念、构建新发展格局、确保社会主义市场经济体制行稳致远的应有之义。

目录

CONTENTS

0 导 论

0.1 研究背景

经济全球化本质上是市场经济的全球化，市场主体是促进经济全球化的主要动力因素。市场主体的权利保障是推动经济全球化发展的关键。法律制度的完善和公平竞争的市场经济秩序是激励社会创新的动力机制。契约自由和契约必须遵守的私法秩序是经济全球化市场中自发形成的规则。这种私法秩序受限于主权国家正式的承认、监督与保护。各国基于促进国内经济和国际贸易合作的双重发展需要，签订互惠互利的国际性协约或区域性协约成为国际共识。以知识产权为例，知识产权是经济全球化领域的核心竞争法宝，加强知识产权保护是国际主流发展趋势。为了加强国际贸易合作，世界贸易组织应运而生。21世纪初期，世界贸易组织处理的贸易总量高达95%以上。❶ 经济全球化发展促使各

---

❶ 高鸿钧. 法律全球化：中国与世界 [M]. 北京：清华大学出版社，2014：407.

国的知识产权法律制度更加趋同化、国际化，进而有利于加强国际经济贸易领域的互动，有利于提升全球化市场竞争的效率。遵守国际规范及提供良好的市场营商环境，不仅是促进全球化经济发展的需要，也是现代化国家良法善治的表现。

刑法对市场经济的发展具有保驾护航的社会作用，市场经济的发展是促进刑法发展的决定性因素之一。我国是以农业经济和制造业经济为主导的国家，属于传统经济发展模式。数字经济和知识经济是以知识产权为核心生产要素的经济发展新模式，其以创新驱动型发展方式替代要素驱动型发展方式、以高质量经济发展方式取代低质量经济发展方式，这对传统经济发展模式为主导的国家的社会、政治、经济、法律制度、文化等诸多领域带来新挑战，产生新问题。❶ 近年来，国际社会十分关注我国知识产权保护问题。侵犯知识产权犯罪的行为属于经济犯罪的组成部分，逐利性是诱发犯罪的根本原因。侵犯知识产权现象越严重，表明经济发展越不充分。

社会生产力的发展变化与犯罪率之间存在相关性，犯罪是经济社会发展的必然伴生物。经济社会的快速发展使国家、社会和普通公民的合法利益遭受非法侵害的风险提升。人们对非法侵害防不胜防，国家同犯罪作斗争的任务更加艰巨。除了防治传统的盗窃犯罪、抢劫犯罪、杀人犯罪、伤害犯罪，世界各国政府都为各种高科技犯罪、电子商务犯罪、知识产权犯罪、涉生物技术犯罪、跨国商业贿赂犯罪、环境犯罪、黑社会性质犯罪、有组织犯罪、毒品犯罪、经济犯罪等犯罪问题而应接不暇。❷ 这些犯罪

---

❶ 郑夕玉. 互联网时代我国数字经济发展策略研究——基于美国和欧盟发展经验的启示 [J]. 西南金融, 2019 (12): 53-60.

❷ 谭永红. 经济全球化与犯罪发展态势 [J]. 山东社会科学, 2003 (3): 58-62.

行为直接或间接地给国家、社会和公民造成损害，受害者范围广泛，严重危害社会。打击网络犯罪、知识产权假冒伪劣犯罪、国际恐怖主义犯罪、有组织的国际犯罪及国际腐败犯罪是世界各国政府的共识。为了避免这些犯罪行为对公民权利和国家经济秩序产生危害，加强国际合作、联合打击这些犯罪行为已经成为世界各国预防和控制犯罪的重点和难点问题。

当前，社会各领域需要积极适应、把握、引领经济发展新常态，全面推进创新、协调、绿色、开放、共享的新发展理念。实施严格的知识产权保护制度，完善有利于激励创新的知识产权归属制度，建设知识产权运营交易和服务平台，建设知识产权强国。❶ 加强知识产权保护不仅是完善我国产权制度最重要的内容，也是提高我国经济竞争力的最大激励。专利权是知识产权领域最重要的客体之一，刑法加强专利权保护是贯彻国家新发展理念的应有之义。专利权保护面临的最大问题是"搭便车"的问题。国家知识产权局指出，我国市场经济中知识产权侵权现象严重，与保障市场经济健康运行的法律制度失灵有密切关系。国家知识产权局官网公开的专利统计年报汇编数据显示，2018 年国内查处假冒专利案件约 4 万件，国际涉专利侵权纠纷案件约 3 万件，是美国涉专利纠纷案件的 20 倍。❷ 经济社会领域存在如此严重的专利假冒侵权现象，揭示了前置法及刑法对专利权保护不力的现实问题。

加强对专利权的保护不仅是顺应经济全球化发展趋势，也是促进我国经济发展方式转型的需要。刑法具有保障人权和维护社

---

❶ 中华人民共和国国民经济和社会发展第十三个五年规划纲要 ［N］. 人民日报，2016－03－18（001）.

❷ 国家知识产权局. 2018 年专利统计年报 ［R/OL］.［2019－08－22］. www. cnipa. gov. cn/tjxx/jianbao/year2018/indexy. htm.

会秩序的功能，市场经济秩序是社会秩序的重要组成部分。社会主义市场经济法律体系由市场主体法、宏观调控法、社会保障法及反垄断法为代表的竞争法体系组成，这四大法律体系是市场经济正常运行的重要制度保障。刑法具有二次法的性质，刑法应当筑牢对市场经济秩序的保护篱笆。

0.2　研究意义

刑法学在不同时代面临不同的问题，这就需要我们科学地认识、准确地把握，进而才能准确地解决问题。"问题就是公开的、无畏的、左右一切个人的时代声音。问题就是时代的口号，是它表现自己精神状态的最实际的呼声。"❶知识产权法律保护问题是知识经济时代或数字经济时代突出的问题之一。侵犯知识产权犯罪问题是当前市场经济领域比较突出的犯罪问题，它对国家治理体系和治理能力提出新的挑战。一方面，我国正在从知识产权引进大国向知识产权创造大国转变，从知识消费大国向知识产权创造大国转变；另一方面，我国的经济发展方式从要素驱动型向创新驱动型发展方式转变，知识产权保护成为推动经济转型成功的关键举措。专利权刑事保护问题关系到国家对外贸易合作，关系到贯彻中国新发展理念、构建新发展方式、实现创新强国的宏伟目标。在此背景下研究专利权刑事保护问题具有重要的理论意义和实践意义。

---

❶　马克思. 马克思恩格斯全集（第40卷）[M]. 北京：人民出版社，1982：289 - 290.

0.2.1 理论意义

古人曰："经国序民，正其制度。"（荀悦《前汉纪·孝武皇帝纪一》）"立善法于天下，则天下治；立善法于一国，则一国治。"（王安石《周公》）正义的制度、规则是定国安邦之根本。❶ 刑法体系是国家法律体系的重要组成部分，完善刑法体系是建设中国特色社会主义法治体系的基本任务。学界对知识产权刑事保护问题的关注较少，导致刑法对无形财产权保护的理论研究不深。本书不仅对专利权基本权利属性进行深入的论述，也对刑法加强专利权保护的正当化根据进行深入论述，力图推进刑法对无形财产权理论研究的深度和广度，拓展了刑法学研究内容的宽度，将社会创新纳入刑法规制的视域，填补了刑法学对创新保护的理论研究缺陷。同时，本书通过体系性地观察和分析现行专利权刑事保护制度的现状及问题，践行刑事一体化思想，拓宽刑事一体化理论研究应用范围，进一步完善刑法学对无形财产权保护问题的研究深度与广度。

0.2.2 实践意义

知识产权是舶来品，因此从规范层面与事实层面存在理论研究和实践保护不足的问题。纵观四十余年我国知识产权保护历程及其现状，其反映了理论研究的供给不足，导致知识产权立法及司法保护不力，加剧了知识产权保护困境。市场经济领域存在专利侵权和假冒专利现象严重表明专利权法律保护不力，也揭示了刑法对创新保护缺位的问题。因此，需要通过系统地分析专利权

---

❶ 习近平. 坚持、完善和发展中国特色社会主义国家制度与法律制度 [J]. 求知，2020（1）：4–6.

刑事保护不足的现状及根源，提出体系性地完善专利权刑事保护的建议，以回应刑法应对创新型国家建设的现实需要。

0.3　研究现状

21 世纪初期，储槐植教授非常敏锐地观察到知识经济时代的到来，知识产权在市场经济中将发挥重要作用，强调刑法应当重视对无形财产权的保护问题，提出刑法应当将"信息"作为新的犯罪对象纳入刑法保护的范围。● 时隔近二十年，学界仅有少数学者对此问题作了初步研究。一方面，专利权是一种无形财产权，具有私权属性，属于民法调整的范围；另一方面，专利权的权利生成与保护受国家公权力的干预，具有公法特征。法律体系对于涉及私法、公法调整的专利权面临十分复杂的制度架构，增加了理论研究的难度。

0.3.1　国内研究现状

专利权及专利制度都属于法律移植的产物。20 世纪 80 年代，我国制定了新中国成立以来第一部专利法，规定假冒他人专利行为成立违法行为或犯罪行为。❷ 以假冒商标罪作为侵犯专利权的罪名，且以成立假冒商标罪的构成要件作为成立假冒专利罪的参照标准，对于情节严重的情况追究刑事责任，国家借助刑法的威慑

---

❶　储槐植. 刑事一体化［M］. 北京：法律出版社，2004：440 - 441.

❷　1984 年《中华人民共和国专利法》第 63 条规定，假冒他人专利的，依照本法第 60 条的规定处理；情节严重的，对直接责任人员比照刑法第 127 条的规定追究刑事责任。

性构筑了保护专利权的最后一道防线。1979 年《中华人民共和国刑法》（以下简称《刑法》）在破坏社会主义市场经济秩序罪的章节设置了侵犯商标权犯罪的罪名，侵犯知识产权犯罪被纳入经济犯罪的内容。1979 年《刑法》是新中国成立后制定的第一部刑法典，学者们将其统称为旧刑法。旧刑法中没有专门设置侵犯专利权犯罪的条文。1980 年最高人民法院出台《关于开展专利审判工作的几个问题的通知》规定假冒他人专利，情节严重的，以假冒他人专利罪处罚。❶ 经梳理和分析以往的理论研究成果，学者们主要围绕专利权刑事保护问题作了以下研究：

其一，就本罪的立法模式予以讨论。1997 年《刑法》废除类推制度，确定了罪刑法定原则，在第 216 条单独增设了假冒专利罪。随后司法解释对假冒专利和情节严重作了补充性规定，再没有进行任何修正。由于假冒专利罪采用行政刑法或附属刑法的立法模式，以空白罪状规定本罪，进而造成本罪的构成要件解释需要依据《专利法》和《专利法实施细则》的有关规定进行判断。假冒专利罪的立法模式容易造成《刑法》与前置法脱节的问题。侵犯专利权犯罪属于经济犯罪，经济犯罪在罪与非罪方面具有灵活性和变动性的特征，而《刑法》具有稳定性和滞后性的特征，《专利法》已经历经四次修改，《刑法》却对本罪的规定没有作任何修动。此方面的主要代表性文献有管志琦、田建林《浅析我国

---

❶ 1985 年最高人民法院《关于开展专利审判工作的几个问题的通知》规定，对于以下三种构成犯罪的行为，应当根据《专利法》和《中华人民共和国刑法》的有关规定追究刑事责任：（1）假冒他人专利，情节严重的，对直接责任人员比照《刑法》第 127 条的规定，以假冒他人专利罪处罚；（2）违反《专利法》第 20 条规定，擅自向外国申请专利，泄露国家重要机密，情节严重的，依照《刑法》第 186 条的规定，以泄露国家重要机密罪处罚；（3）专利局工作人员及有关国家工作人员徇私舞弊，情节严重构成犯罪的，比照《刑法》第 188 条的规定，以徇私枉法罪处罚。

专利权的刑法保护》（2013）。

其二，就侵犯专利权犯罪的成立范围存在争议。否定观点认为，专利法本身就是舶来品，我国对专利权的法律保护水平过高，非刑事法律予以保护就已经足够。根据成立犯罪的标准，即犯罪的本质在于一个行为只有满足了法益侵害和伤害原则，遵循刑法谦抑性原则的前提下，才具有入罪的正当性。侵犯专利权的行为不能满足这些条件，因此，应当将侵害专利权的罪名非罪化，侵害知识产权的所有罪名非罪化。此方面主要代表性文献有曹博《侵犯知识产权行为的非罪化研究》（2018）、张鹏《在专利法和刑法之间——专利权的权利保护与行为自由的刑民之辩》（2018）。多数学者肯定侵犯专利权犯罪行为应该纳入刑法惩治的范围，肯定侵犯专利权犯罪的立法实践活动对完善知识产权犯罪制度具有重要意义，不过，他们认为本罪的罪名罪状设置存在不合理问题，导致实务界和学界都对本罪的解释存在争议。现行刑法对侵犯专利权的法网设置太狭窄，换言之，刑法对专利权的保护范围过窄，没有将侵犯专利独占权的行为纳入刑法规制的范围，有学者建议立法者应当增设专利侵权罪。主要的代表性文献有黄玉烨、戈光应《非法实施专利行为入罪论》（2014），刘虹、王志勇《中国大陆侵犯专利权犯罪问题研究》（2011）。有学者认为，现行假冒专利罪的构成要件不包括冒充专利的行为要件，应当扩大本罪的构成要件内容；在入罪门槛上设置得过高，法定刑低于其他侵犯知识产权犯罪的罪名，根据罪责刑相适应原则，本罪在罪刑方面存在失衡问题。此观点主要的代表性文献有陈启、吴伟《对假冒专利罪的修改意见》（1989），徐火辉《假冒专利罪的认定与处罚》（1996），刘少谷《刑法规制假冒专利行为的困境与对策》（2019）。有学者提出专利侵权应入罪化，如董涛《专利权保护网之漏洞及

其弥补手段研究》(2016)、刘科《侵犯专利权犯罪立法完善的理
念、政策与措施》(2018)。

其三,就侵犯专利权犯罪保护的法益存在争议。早期学者认
为,1979 年的《刑法》规定了侵犯知识产权犯罪的客体是知识产
权管理制度。❶ 学者们以专利权刑事立法为讨论起点,通过对专利
权刑法立法原意的探寻及立法技术的分析,指出立法者设置假冒
专利罪保护的法益是专利权或专利管理制度。法益一元说认为,
假冒专利罪保护的法益是市场经济竞争秩序。假冒专利的行为与
假冒商标、哄抬物价、掺杂使假等情形类似,都属于市场经济中
不正当竞争的范畴。❷ 也有学者认为,本罪保护的法益是国家专利
标记制度安全。❸ 有学者认为,本罪应当保护的是市场交易秩序法
益。❹ 也有学者认为,侵犯知识产权犯罪旨在保护市场竞争秩序,
即刑法保护知识产权的公权层面涉及的利益,不保护私权层面涉
及的利益,私权可以视为刑法保护的对象而不是犯罪客体。❺ 理论
界的通说采取法益二元说,认为本罪保护的法益是个人利益和社
会公共利益或保护个人法益和超个人法益。❻ 但是法益二元说内部
存在较大分歧,一种观点认为,本罪保护的法益是经济秩序和专
利权人的财产权双重法益;另一种观点认为,本罪保护专利权和

❶ 游伟. 刑事立法与司法适用:中国当代刑法研究 [M]. 上海:上海教育出版社,
1996:5.
❷ 陈兴良. 关于设立非法竞争罪的建议 [J]. 法学, 1990 (2):46 - 47.
❸ 贺志军. 刑法中的"假冒他人专利"新释 [J]. 法商研究, 2019, 36 (6):
64 - 75;贺志军,非法实施专利行为的刑法检视及其应对 [J]. 刑法论丛,
2019, 57 (1):302 - 326.
❹ 卢建平. 刑法法源与刑事立法模式 [J]. 环球法律评论, 2018, 40 (6):5 - 25.
❺ 谢焱. 知识产权刑法法益分析 [J]. 北方法学, 2017, 11 (4):109 - 120.
❻ 刘科. 侵犯专利权犯罪立法完善的理念、政策与措施 [M] //国家知识产权局条
法司. 专利法研究 (2015). 北京:知识产权出版社, 2018:13.

市场竞争秩序法益。❶ 还有观点认为，假冒专利罪保护的法益是专利权主体的国家专利管理秩序和专利专用权。❷ 无论是法益一元说或是法益二元说，对于假冒专利罪保护的法益没有形成学术共识。法益多元论则认为，本罪保护的法益涉及消费者利益、专利权和专利管理秩序等利益。❸ 还有学者认为，本罪保护的法益是专利权人的商誉和国家专利管理制度以及消费者合法权益等多元法益。❹

其四，就假冒专利罪刑法解释存有争议。由于法益具有指导构成要件的作用，假冒专利罪法益论的争议必然会导致对本罪构成要件的解释存在分歧。假冒专利罪刑法解释争议的焦点是，冒充专利的行为、专利侵权行为是否涵摄在假冒专利罪文义解释的射程之内。关于此问题的代表作有王作富、赵永红《试论假冒专利罪与非罪的界限》（2001），高晓莹《假冒专利罪探微》（2002），贺志军《刑法中的"假冒他人专利"新释》（2019）。

其五，就假冒专利罪司法适用率低的问题作了研究。学者们认为，专利执法领域存在前置法与刑法相互排斥、以罚代刑的问题，假冒专利罪入罪门槛过高，假冒专利行为的刑事自诉程序不利于追究此类犯罪行为等问题。此方面的研究主要的代表性文献有：刘少谷《刑法规制假冒专利行为的困境与对策》（2019），姜瀛《论专利行政执法以罚代刑及其刑法应对》（2016），卢建平《犯罪门槛下降及其对刑法体系的挑战》（2014），梅传强、盛浩《〈专利

---

❶ 张明楷. 刑法学：下册 [M]. 北京：法律出版社，2016：823.

❷ 高铭暄，马克昌. 刑法学 [M]. 8版. 北京：北京大学出版社，2018：440.

❸ 胡安瑞. 犯罪化与非犯罪化：涉专利刑事政策的双极取向 [J]. 山东审判，2016，32（6）：20-24.

❹ 田宏杰. 侵犯专利权犯罪刑事立法之比较研究——兼及我国专利权刑法保护的完善 [J]. 政法论坛，2003（3）：77-85.

法〉修正背景下专利犯罪的刑法规制调整》(2020)。

从学术成果类型方面看,专利权刑事保护研究主要是以学术论文形式呈现,学术著作及博士论文较少。博士论文的代表性研究主要有于阜民《假冒专利罪若干问题研究》和李天志《专利权扩张化及其刑事保护研究》,前者对假冒专利罪的基本概念及内容、构成要件解释进行了详细的阐释,也对本罪不同犯罪形态和罪数形态作了分析;后者主要从扩大专利权刑事保护对象,即对植物发明及疾病诊断治疗方法作为专利权新型客体,论证刑法应当增设新罪名,扩大侵犯专利权犯罪的刑事法网。❶ 从学术论文方面看,关注侵犯专利权犯罪的代表学者主要有于阜民、贺志军和田宏杰等。于阜民对侵犯专利权犯罪的问题作了持续性研究,坚持刑法应将冒充专利行为纳入规制范围。贺志军专注于刑法之内的研究,对假冒专利罪的法益作了重构,并且提倡限缩假冒专利罪的处罚范围。田宏杰早期对该主题从刑事立法及刑事司法层面作了较为体系的研究。

综上所述,理论界对侵犯专利权犯罪的问题主要从立法论、解释论和司法适用方面进行探讨,在揭示刑法对专利权和专利制度保护存在缺陷方面,仍然存在一些不足。其一,已有研究对专利权的本质属性和重要性缺乏深入研究,局限在刑事立法者设置本罪维护公共利益或双重利益的目的展开,造成研究浅尝辄止。其二,已有研究局限于刑法之内讨论和分析专利权刑事保护问题,缺乏对该问题在认识论和方法论层面的突破,同时,忽视了专利权对国家、社会、市场经济等诸多领域所发挥的重大作用,隔断了刑法与市场经济相互依存的关系,导致研究缺乏问题意识和现

---

❶ 李天志. 专利权扩张化及其刑事保护研究 [D]. 北京: 北京师范大学, 2018; 于阜民. 假冒专利罪若干问题研究 [D]. 长春: 吉林大学, 2004.

实观照。其三，已有研究局限于对"假冒"的刑法解释，忽视了假冒专利罪的刑法解释与前置法《专利法》及《专利法实施细则》中假冒专利行为认定之间的关联性，忽视了假冒专利罪的认定涉及刑民交叉、行刑衔接机制问题的重要性。其四，已有研究对于解决专利权刑事保护不足的方案缺乏理论与实践联系的关切，没有对我国专利权刑事保护制度进行体系性检视和反思，更没有提出针对专利权刑事保护不足问题的有效解决方案。

0.3.2 国外研究现状

知识产权保护经历了本土化、国际化、全球化和区域化，又回归本土化保护的大循环。专利权法律保护与全球经济一体化、贸易区域化发展密不可分，进一步加强专利权刑法保护是符合经济全球化发展趋势的。早在 20 世纪初期，世界上已经有 23 个国家将专利侵权行为纳入刑法规制的范围。❶ 1774 年英国法官曾声明文学作品和机械发明都属于知识产权的客体，与著作权相比，专利权中任何一种权利更有资格成为普通法财产的客体。法律应当同等保护不同类型的知识产权客体。例如，如果有人未经音乐公司或电影公司的许可，不支付任何费用就使用其作品的行为就是违法行为。知识产权主体可以起诉违法者，违法者可能面临被逮捕或拘留的刑罚；但是如果这些公司或企业盗窃了专利权人的专利权，专利权人不仅要承担对方侵权的全部法律责任，专利权人胜诉的结果也无非是对方向其递送一张支票。法律对著作权和专利

---

❶ 这 23 个国家分别是法国、德国、意大利、奥地利、丹麦、挪威、瑞典、西班牙、保加利亚、希腊、卢森堡、伊朗、波兰、阿根廷、玻利维亚、巴西、智利、厄瓜多尔、危地马拉、洪都拉斯、巴拉圭、秘鲁和乌拉圭。参见 Boyle, John Jr. May Patent Infringement be a Criminal Conspiracy [J]. Journal of the Patent Office Society, 1935, 17: 529 – 533.

权的保护存在明显的失衡，刑法应当进行相应改革。美国刑法应当将专利侵权行为纳入惩治范围。❶有学者指出，美国为何仅对侵害著作权、商标权的行为进行刑事制裁，却对专利侵权行为不施加刑罚？刑法针对知识产权不同权利类型进行差异性保护，反映了刑事立法的缺陷。根据世界上许多国家都将专利侵权行为施加罚金刑或监禁刑，或者两者兼而有之的严格保护，美国刑法应当改革知识产权保护不平衡的问题。❷

美国对侵犯专利权的行为主要采取民事赔偿的救济方式，但是，美国联邦法院及部分学者发现，侵犯专利权的行为已经十分猖獗，即使通过惩罚性赔偿予以制止，也难以避免或消除严重侵害专利权的违法行为。美国联邦法院和学者们都开始努力将专利侵权行为升格为犯罪行为方向推动。不过，刑法将专利侵权行为升格为犯罪行为面临十分复杂的难题，不是单纯地从理论上论证就能实现的。所以，美国目前尚未将专利侵权行为纳入刑事制裁范围，但是为了寻求更周延的知识产权保护，2007 年美国同欧盟、日本、韩国等 11 个国家和地区达成了《反假冒贸易协议》（下文简称 ACTA 协议），该协议涵盖的范围不仅包括假冒商标的行为，还将进口、使用侵权商品标签和包装、侵犯邻接权、非法复制公开放映电影等行为纳入刑法规制的范围。由于 TRIPS 协议第 61 条规定各成员方采取刑事措施的基本门槛之一是针对"商业规模"的行为，没有明确界定"商业规模"的含义，因而在 ACTA 协议第 23 条第 1 款规定"商业规模"是指为了直接或间接经济或商业

❶ Irina D. Manta. The Puzzle of Criminal Sanctions for Intellectual Property Infringement [J]. Harvard Journal of Law & Technology, 2011, 24 (2): 469–518.
❷ Boyle, John Jr. May Patent Infringement be a Criminal Conspiracy [J]. Journal of the Patent Office Society, 1935, 17: 529–533.

利益的商业活动。❶ ACTA 协议排除涉专利违法行为和未披露信息的行为必须进行刑事制裁的硬性规定。欧盟就相同问题争执了很多年，由于受到大型企业或公司和相关协会的强烈反对，在立法方面对专利侵权行为升格为犯罪行为迟迟没有采取进一步的措施。

近现代以来，西方立法者最初并未将知识产权纳入犯罪圈，而是优先采取民法保护。随着社会经济快速发展，资本主义国家市场经济结构转型，从工业经济时代跃进到知识经济时代，知识产权的经济价值和重要性凸显，市场主体的经济利益受到威胁，开始强烈呼吁国家加强对知识产权保护的力度，这才引起立法者对知识产权法律保护问题的重视，考虑将知识产权侵权行为是否升格为犯罪行为：是采取"一刀切"的方式全部升格？还是理性地选择对部分特殊侵权行为予以刑事处罚？在知识产权法中增设相应的罪刑条款，缩小了知识产权与财产权法律地位悬殊的问题，扩大了盗窃罪的保护对象，使之不仅是物权意义上的财产权，而且包括像知识产权一样的无形财产权。❷ 知识产权不同于传统财产权，它是一种法定权利，权利范围大小和法律保护程度是一个动态发展的过程，主要取决于其在社会经济发展中的重要性。专利权作为一种无形财产权，侵权行为等同于盗窃行为，而盗窃在西方的刑法中是一项重罪。财产权是一束权利，它包括占有权、使用权、独占权、处分权等特质，盗窃行为损害了财产权的每一束权能。

知识产权刑法保护国际化是国际刑法的重要组成内容。学者

---

❶ 杨鸿.《反假冒贸易协定》的知识产权执法规则研究 [J]. 法商研究，2011，28 (6)：108 – 116.

❷ Irina D. Manta. The Puzzle of Criminal Sanctions for Intellectual Property Infringement [J]. Harvard Journal of Law & Technology，2011，24 (2)：469 – 518.

们认为，加强知识产权刑法保护符合经济全球化发展趋势。人类社会经济发展方式一直在变化，例如，从传统的农业经济、工业经济到知识经济时代、数字经济时代以及人工智能时代等迅速转变。传统经济社会以商品和服务为主要生产要素，而现代经济社会以信息和技术创新为主。知识经济或数字经济不是以知识为主导，而是以技术创新为主导的经济发展模式，技术是提升国家生产力、竞争力和推动经济发展的生产要素。随着世界科学技术的迅猛发展和经济全球化进程的加快，知识产权制度在经济社会中的地位得到极大提升，促使世界各国加强对新型生产要素的法律保护水平，知识产权犯罪问题也因此备受国际社会的广泛关注。互联网和科技变革加速了传统的社会关系互动方式的瓦解，知识经济时代的出现和发展对全球经济关系产生深刻影响。不同国家的市场主体寻求经济合作与构建贸易关系打破了民族国家的边界，但是缺乏确保期待得以兑现的人际关系，甚至没有共享的历史，法律便成为彼此实现预期的最佳选择机制。

专利权刑法保护从最初的国内发展到专利权刑法保护国际化、全球化，其与全球经济一体化发展潮流现实密不可分。全球化经济犯罪趋同现象日益明显。随着社会开放程度的提高和国际交往关系的日益密切，犯罪趋同现象突出表现在经济犯罪总量逐渐增加，知识产权犯罪上升为经济犯罪领域比较突出的问题。加之专利权是知识产权不同客体类型中技术性、专业性最强的一种产权类型，对专利权刑事保护国际化研究的学者较少，尚没能为反思和完善我国专利权刑事保护制度提供现实有益的借鉴。

0.4 研究方法

0.4.1 刑事一体化方法

20 世纪 80 年代末，刑事一体化思想首次提出❶，作为一种新的法学思想和方法论，不仅独具原创性特征，而且开辟了刑法学研究的新路径。刑事一体化是指治理犯罪的相关事项深度融通形成和谐整体，它既是一种观念，也是一种方法。❷ 刑事一体化强调刑法学科的建设应当以犯罪学为基础，以刑事政策学为引领，打通刑事实体法与刑事程序法、刑事执行法学的学科界限，疏通不同学科之间的隔阂，关注核心刑法与边缘刑法现象，注重从纵深维度推动刑法学的发展和完善。❸ 有学者指出，刑事一体化作为一种方法论超越了社科法学和法教义学两种方法论的融合，站在更宏观的角度为中国刑事法治现代化转型提供了思想指南。❹ 刑法教义学强调从刑法体系之内进行分析和讨论，侧重于"书面之法"，忽略了刑法体系之外的观察视角，即缺乏刑法体系与社会之间的互动关系，也缺乏与其他部门法学的互动和沟通。社科法学侧重

---

❶ 储槐植.建立刑事一体化思想 [J].中外法学，1989 (1)：3–8；储槐植.再说刑事一体化 [J].法学，2004 (3)：74–80；储槐植.刑事一体化 [M].北京：法律出版社，2004；储槐植.刑事一体化论要 [M].北京：北京大学出版社，2007.

❷ 储槐植.刑事一体化论要 [M].北京：北京大学出版社，2007：21–22.

❸ 北京大学法学院刑事法律学科群.刑法体系与刑事政策——储槐植教授八十华诞贺岁集 [M].北京：北京大学出版社，2013：1.

❹ 陈兴良.刑事一体化：刑事政策与研究方法视角的思考 [J].中国检察官，2018 (1)：6–10.

于"行动之法",从刑法体系之外观察问题,欠缺刑法体系之内的视角。刑事一体化方法论具有超越这两种研究路径融合的优点。部分学者认为,刑事一体化等同于德国著名刑法学者李斯特提出的"整体刑法学"。然而,"整体刑法学"本质上属于刑事一体化思想的组成部分。

刑事一体化是马克思主义科学理论体系的产物,它吸收了辩证唯物主义,借鉴了当代自然科学领域的系统论、控制论和信息论等科学知识成果。它将马克思主义科学理论体系和三大自然科学理论本土化,具有科学的理论基础和系统的思想体系。同时,刑事一体化理论注重中国传统社会治理犯罪问题的经验,深切地关注当代中国刑事法治如何科学地预防和控制社会犯罪问题,指出刑法规范与刑法实践运作应当内外协调,进而能实现刑法最佳的法律效益和社会效益。❶ 刑事一体化思想应当成为当代中国刑事法治实践活动的思想指南和行动方针。国家刑事政策的制定和实施、刑事立法、刑事司法及刑法理论研究活动等都应当置于刑事一体化思想下展开,它不仅可为人们发现问题和分析问题提供正确的方法论指导,也可为国家预防犯罪和治理犯罪问题提供最佳路径。

0.4.2　刑法教义学方法

刑法教义学又称规范法学或刑法解释学。刑法教义学坚持立法至上,对现行法律规范进行解释,应对司法实践面临的疑难案件或者新型犯罪现象,确保疑难案件得以解决,新型违法行为得到惩治。刑法教义学是以刑法条文的理解和正确适用作为研究起

---

❶ 储槐植.刑事一体化论要 [M]. 北京:北京大学出版社,2007:25.

点和终点，研究刑法分则的任何一个具体罪名，刑法教义学是必要的研究方法。刑法教义学不仅是对刑法条文的解释，同时也可以对刑法条文进行批判。❶ 本书运用刑法教义学方法对假冒专利罪进行体系性解释，批判了学界以往对本罪存在的误解，厘清了国家设置侵犯专利权犯罪的规范保护目的。

0.4.3　社科法学方法

社科法学（法社会学）认为，人们应当将法律作为一种社会现象置于宏观的社会总体图景和社会演化史之中，寻找法律与社会发展之间相互影响、相互作用的互动规律。它关注社会中的法，即行动中的法，强调法学研究应当从外部视角与内部视角、整体视域与局部视域之间进行互动或沟通式的研究。法律在社会生活中运行，法律不仅是用来调整和规制全体社会中的公民和法人，法律本身也是社会的重要组成部分。现代化国家的政治、法律、经济、宗教、教育等逐渐呈现功能分化的趋势，各领域根据运作媒介形成相对比较独立的子系统，子系统具有在运作上封闭和认知上开放的特征，以应对社会各领域已存在的或新出现的复杂性难题。❷ 社科法学方法为观察和分析专利权刑事保护在规范与事实之间存在的问题提供了有益路径。刑法是法律制度的重要组成部分，刑法的运行离不开社会环境的影响和约束。日本学者平野龙一倡导应当对刑法进行机能考察，认为刑法是社会控制手段之一，进而将刑法置于整个社会控制系统中观察刑法运用的边界及发挥

---

❶ 张明楷. 也论刑法教义学的立场——与冯军教授商榷 [J]. 中外法学, 2014, 26 (2): 357－375.

❷ 泮伟江. 托依布纳法的系统理论评述 [J]. 清华法律评论, 2011, 5 (1): 84－105.

的作用。❶ 本书运用法社会学方法分析专利权刑事保护问题，有利于揭示刑法之外的因素对专利权保护发挥着重要作用，进而与刑法之内的因素协力导致刑法对专利权保护不足的现实。

0.4.4 实证研究方法

实证研究方法是近年来法学研究的重要方法之一。有学者将其定位于社科法学的一部分，将个案研究归属于社科法学，进而也视作实证研究的内容。❷ 案例研究不属于严格意义上的实证研究方法，但是，实证研究方法的首要特征就是实然研究，实证分析由三个基本要素构成：程序、经验、量化。❸ 以研究中国社会现实问题、中国法律实施状况、司法案例为对象的研究都属于实证研究的内容。概言之，以中国的法律实践作为研究对象的研究统称为经验的或者实证研究。❹ 本书拟以司法实践中可公开查阅到的全部专利权刑事案例为样本，观察和分析刑事立法与刑事司法在专利权保护方面存在的问题，检视专利权刑事保护运作的实际情况，试图对专利权刑事保护的"书面之法"与"行动之法"之间存在的鸿沟进行揭示和分析，避免理论研究与司法实践相脱节。

0.4.5 文献研究方法

文献研究是一种传统的研究方法。本书围绕侵犯专利权犯罪

---

❶ 转引自赖正直. 机能主义刑法理论研究 [M]. 北京：中国政法大学出版社，2017：1 - 2.

❷ 左卫民. 一场新的范式革命？——解读中国法律实证研究 [J]. 清华法学，2017，11（3）：45 - 61.

❸ 白建军. 关系犯罪学 [M]. 3 版. 北京：中国人民大学出版社，2014；白建军. 罪刑均衡实证研究 [M]. 北京：法律出版社，2004；白建军. 论法律实证分析 [J]. 中国法学，2000（4）：30 - 40.

❹ 陈瑞华，陈柏峰，侯猛，等. 对话陈瑞华：法学研究的第三条道路 [J]. 法律和社会科学，2016，15（2）：281 - 322.

的有关主题，对相关专著、学术论文、报纸杂志、新闻媒体及互联网有关的信息、数据等文献资料进行认真收集、梳理、阅读及分析，从而对侵犯专利权犯罪的问题拥有较为全面系统的认识及理解。通过对以往研究成果中的重要观点进行梳理和批判，确保本书对专利权刑事保护在规范层面和事实层面存在的问题能够进行更系统、更深入的展开和讨论。

0.5　创新之处

0.5.1　方法创新

已有研究就专利权刑事保护问题的讨论主要聚焦于两种研究路径：其一，从刑法解释论出发，认为我国专利权刑法保护存在问题的原因是对假冒专利罪的解释不合理，进而对假冒专利罪进行概念上的厘清。其二，从刑事立法出发，认为现行专利权刑法立法模式存在缺陷，刑法对专利权的法网设置狭窄，需要增设罪名，扩大刑法处罚范围，但是学者们对此论证的理由并不充分。这两种研究路径都立足于刑法体系内部某个视角进行讨论，没有从体系性分析和刑法外部视角就专利权刑事保护问题进行深入研究。

本书采用刑事一体化方法，对专利权刑事保护问题进行全方位、系统性的研究，即立足于国家治理体系及治理能力现代化的基本国情下，观察刑法对专利权保护在刑事政策、刑事立法及刑事司法一体化制度层面，也即"书面之法"存在的问题，分析"书面之法"与"行动之法"之间的关系，揭示我国刑法对专利权保护存在缺位及虚置的问题，并提出相关建议。刑事一体化强调

社会发展与刑法体系之间是一种互动关系。现阶段，国家新发展
理念、新发展格局对刑法体系提出了新要求，创新是推动经济发
展的第一生产力，国家加强专利权法律保护是必然趋势。根据刑
事一体化"严而不厉"的刑法修订设计指导方针，本书从专利权
刑事政策、立法及司法等层面进行了全面而深入的讨论和分析，
并且提出了专利权刑事保护的具体完善建议。

0.5.2　理论创新

第一，本书运用刑事一体化理论对专利权刑事保护问题进行
研究。学界对刑事一体化的认识和理解尚停留在它是一种思想或
方法论的层面。然而，刑事一体化思想实际上为中国刑事法治建
设勾勒了一套宏大的理论框架，它有刑法之内、刑法之外、刑法
之上、刑法之下的立体性骨骼，强调发现问题和解决问题应当具
有系统性、整体性或一体化思维，保障人权和保护社会是其宗旨。
刑法机制运作顺畅从而保障刑法发挥最佳的社会效应是其目的。❶
因而，根据刑事一体化理论提供的理论框架，本书得以体系性地
从专利权刑事政策、刑事立法及刑事司法等方面观察和分析专利
权刑事保护，修正了以往研究碎片化的缺陷。

第二，本书选择运用法社会学理论对专利权刑事保护问题进
行研究。法社会学理论强调法律在社会中运行，法律不仅是用来
调整和规制全体社会中的公民和法人，法律本身也是社会的重要
组成部分。就此而言，法社会学理论与刑事一体化理论共同揭示
了一个规律，刑法与社会发展之间是互动的关系，社会发展是刑
法运行的外部环境，是刑法生成与发展的动力机制。法社会学理

---

❶ 储槐植．刑事一体化 ［M］．北京：法律出版社，2004：25－35．

论关注社会转型问题，旨在探讨社会往什么方向发展，其研究对当下中国法治建设过程中所面临的诸种疑难杂症有着不可替代的启发性，能够为中国法治建设的难题提供许多直接有用的观察角度和理论工具。❶ 刑法是法律系统的组成部分。社会发展引起法律体系的改革，法律体系的改革必然涉及刑法体系的改革。法律体系遵循合法与非法的运行逻辑，将社会转型过程中的破坏性活动纳入法律规制的范围，将严重危害社会的犯罪行为纳入刑法规制的范围，从而确保社会转型的顺利发展。据此，整个法律体系兼具独立运作的封闭性特征和回应社会发展开放性的特征，这是法律发展的规律。

当前，刑法学界个别学者尝试引进法社会学理论知识供给刑法理论研究。例如，有学者认为，刑法体系的自主性是指刑法教义学有其自身运作或演化的规律，其涉及法学的科学性问题。❷ 关于刑法体系回应性的方面，有学者则认为，刑法运行的外部环境迫使刑法进行必要的回应或调整，使刑法体系实现自我更新、与时俱进，因而其具有开放性或应变性的功能。❸ 就本书而言，刑法体系的自主性体现在侵犯专利权犯罪的刑法结构和刑法运作两方面，刑法结构即罪与刑的稳定配置，刑法运作即按照犯罪、刑罚及行刑效果双向互动的规律稳定、独立地运行。刑法体系的开放性体现在刑法立法规范、刑法解释及刑事司法活动都受到外部社会发展的影响。刑法体系兼具自主性和开放性，只有保持这两者相互协调，才能更好地发挥刑法保障权利和保护社会的功能。

---

❶ 贡塔·托依布纳. 魔阵·剥削·异化——托依布纳法律社会学文集 [M]. 泮伟江，高鸿钧，等译. 北京：清华大学出版社，2012：5.
❷ 陈辉. 德国法教义学的结构与演变 [J]. 环球法律评论，2017，39（1）：149-167.
❸ 劳东燕. 风险刑法理论的反思 [J]. 政治与法律，2019（11）：30-43.

1
社会经济发展对专利权刑事保护的挑战

　　随着社会经济不断发展变化，我国经济发展方式正在发生根本性转变，刑法在不断服务市场经济的同时，也面临市场经济发展对其提出的新挑战。社会主要矛盾的转变引发国家治理社会策略的调整，国家强调社会经济高质量发展目的在于更好地处理社会主要矛盾。传统的要素驱动型经济发展方式无法实现经济高质量发展目标，必须对市场经济体制进行改革，法律改革是实现市场经济体制改革的必要举措。现代化的市场经济是以法律为规则的公平竞争的经济形态，即市场经济也是法治经济。追求法治的目标一直激励着社会转型国家重塑法律制度的努力。❶ 市场主体的经济活动基本上是以寻求最大利润为目的，逐利性诱发市场主体可能突破公平竞

---

❶　奥斯汀·萨拉特. 布莱克维尔法律与社会指南 [M]. 高鸿钧，刘毅，等译. 北京：北京大学出版社，2011：658.

争规则的内动力，突破市场竞争规则无疑会扰乱市场经济秩序，故而法律必须对它们予以约束。

市场经济基于逐利动机而产生经济犯罪问题，经济犯罪会破坏经济秩序，进而对市场主体的利益、市场经济秩序法益以及消费者合法利益等产生危害。市场主体的行为性质是属于合法或者属于非法、是犯罪行为或者非罪行为，其界限的界定具有很强的动态性、阶段性、政策性、灵活性等特征。❶ 因此，刑法对市场经济活动的干预应当坚持谦抑性原则。刑法禁止人们实施严重危害他人、社会和国家的犯罪行为，只有其他法律遏制不了违法行为时，刑法才有必要进行干预或介入，确保刑法坚持谦抑性、补充性原则。❷ 经济犯罪是经济发展的衍生结果，刑法的规制也应当有所节制。卢梭在《政治经济学》中指出，财产是政治社会的基础，是公民订约的真正保障，财产权对于公民的重要性仅次于生命。经济犯罪不仅会直接造成个体或社会经济利益的损失，也会间接危及个体生命安全和破坏市场经济秩序。

1.1 社会经济发展与专利权刑事保护的关系

专利权是技术化的成果，是科技领域最重要的产权类型，是推动社会发展的核心要素之一。技术创新的法律载体是专利权，刑法保护专利权相当于保护技术创新。专利制度是连接技术创新与市场经济发展的关键桥梁，保护专利制度就是维护市场经济秩

---

❶ 储槐植．刑事一体化［M］．北京：法律出版社，2004：289.

❷ Richard A. What Is a Business Crime? ［J］. Journal of Business & Technology Law, 2008, 3（1）：127－146.

序和市场管理制度的保障。专利制度是一种激励机制，旨在激励市场主体积极主动地进行发明创新，在追求自身利益最大化的同时，维持市场公平竞争的秩序，构建良好的营商环境。市场环境实质上是一种隐形的、重要的基础设施，它为市场经济发展发挥着至关重要的作用。刑法保护专利权与专利制度，有利于营造良好的营商环境和公平的市场竞争秩序。

1.1.1　加强专利权刑事保护是社会经济发展的需要

纵观人类社会发展历程，已经历经三次工业革命。当前，以人工智能、大数据和物联网为驱动力、正在发生的第四次工业革命融合了生物系统、物理系统和数字而引发了新的社会变革。❶ 每一次社会变革都是以科学技术为杠杆，各国都制定相应的法律进行特别保护。技术共享的前提是公众尊重创新主体的技术创新成果，人们只能在法律规定的有效期内以财富换取技术共享的权利。国家经济繁荣必须依靠创新驱动，创新尽管源自社会少数个体或组织体，科技创新却会极大地促进社会生产力，繁荣国家经济发展，增进社会公共福祉。科技创新能力不仅决定着我国在全球化市场经济中的竞争力，也是提升我国综合国力的决定性因素，更是应对经济全球化发展挑战的关键。技术创新是社会经济发展的核心力量，也是经济发展方式由要素驱动型向创新驱动型新发展方式转型的决定性因素。经济发展方式以要素生产为主，它对技术进步发挥着有利作用，但是要素驱动型经济发展方式并不将技术创新和产业创新置于经济结构的首要或者关键位置，因此，要素驱动型经济发展方式对经济增长贡献十分有限。创新驱动型经

---

❶ 克劳斯·施瓦布，尼古拉斯·戴维斯. 第四次工业革命（实践版）. 行动路线图：打造创新型社会［M］. 世界经济论坛北京代表处，译. 北京：中信出版社，2018：序言页.

济发展方式是提升国家竞争力的关键性因素。提升市场竞争力需要走创新驱动型经济发展方式，创新能力及科技实力是提升竞争力的关键。❶ 随着技术创新对经济发展的贡献比例提升，加强专利权的保护是必然趋势。刑法加强对专利权的保护是推动我国经济发展方式转型、经济结构转型的重要制度保障，完善刑法对专利权的保护是实现制度保障的必要举措。

纵观人类社会的几次工业革命历史，技术创新是推动经济社会发展的核心力量，它进而促进市场经济结构的不断优化与转型。以往的经济结构是依靠自然资源和人力资源等要素型驱动发展模式为主导，这种经济发展模式不利于经济可持续发展，因而需要向依靠技术创新等要素为主导的创新型发展模式转变。创新的重要性已被提升到国家发展战略高度，专利权在经济发展和国民生产总值中的占比呈现上升趋势，加强对专利权的保护是推动我国社会经济发展的重要保障。市场经济的发展趋势表明，未来经济发展模式是以技术创新为主导的竞争形态。在这样的发展背景下，我国必须走以创新为主要驱动力的经济高质量发展之道，这是实现经济社会高质量发展的根本路径，制度创新是实现高质量发展的制度保障。

1.1.2 专利权刑事保护的正当性与必要性

刑法对关系国计民生的创新予以保护已是世界各国的共识。刑事一体化理论强调，社会发展决定犯罪情况，犯罪情况决定刑法规范。犯罪是社会现象，社会现象有利有弊。国家需要对存在利弊的社会现象作出客观的社会价值判断，将危害个体利益或社

---

❶ 任保平，郭晗. 经济发展方式转变的创新驱动机制 [J]. 学术研究，2013 (2)：69－75，159.

会利益的行为及时进行治理、控制和预防。❶ 专利权保护问题不是单纯地保护个体权利或市场经济秩序的需要，而是关系到国家发展战略、国际竞争战略、国家安全需要以及对外交往需要等诸多重要因素。对比西方专利权三百多年的发展历史，我国的专利权发展史很短暂，最初对专利权的认识停留在将其等同于商标权，破坏商标的标记权造成的社会危害性与破坏专利的标记权社会危害性相当，所以类比商标权进行惩治。就此而言，这是对专利权本质属性产生了偏差或片面的认识（认识偏差）。

知识产权源于西方发达国家对商业活动发展的重视，政府为了激励公民从事自由贸易活动，于是知识产权保护成为激励商业活动繁荣的择优选择。著作权保护的核心是人们思想表达自由的权利，商标权保护的核心是企业的商誉，专利权保护的核心是技术创新，商业秘密保护的核心是有商业价值的信息。专利权不同于其他知识产权客体，它保护技术创新。1997 年《刑法》在第216 条新增设了假冒专利罪，旨在保护专利标记权。但是，目前已有研究并没有对专利权刑事保护的正当性和必要性进行充分的论证。

1.1.2.1　专利权刑事保护的正当性

预防犯罪作为刑罚的正当化根据，是学界的共识，预防刑主要借助刑法的威慑性功能达成。❷ 侵犯知识产权犯罪的行为在中国传统的伦理道德层面缺乏谴责性基础，法律报应论成为惩治侵犯知识产权犯罪的主要依据。中国传统文化重视集体主义和国家本位，个体权利意识受到限制，忽视对个体权利和私有财产的保护，

---

❶ 储槐植. 刑事一体化 [M]. 北京：法律出版社，2004：227.
❷ 张明楷. 责任刑与预防刑 [M]. 北京：北京大学出版社，2015：44－73.

因而对侵害专利权的行为在伦理道德层面不予以谴责。违反专利法侵害专利权的行为是法律禁止的行为，通过对行为人的适当处罚，以事实证明法规范的不可侵犯性，使国民认识到法律是其行为指导规范，引导国民遵守法律规范，增强国民的规范意识，进而实现预防功能。

专利法属于公法与私法交融的法律之一。一方面，现代知识产权法是近代人权运动的产物，旨在保护人们对自己智力创造成果的私人利益，贯穿着私权神圣不可侵犯与意思自治的私法精神，具有典型的私法性质；另一方面，知识产权制度自创设之初就带有激励创新、促进市场经济发展的公法性目的，并将利益平衡与效率最大化的公法性标准作为动态调整知识产权权利边界的依据，兼备公法特质。❶ 一个行为在内容上必须具有什么样的性质才能受到国家刑罚处罚，是立法者和学者们共同关注的问题。刑法作为保护法益的一种补充性手段，介入专利权违法行为的正当性根据何在？保护法益本身是由于限制刑法干预公民权利的需要而出现。刑罚权的发动必须来自刑法的社会任务，即刑法应当保障公民基本权利不受侵犯，保障公民在法律允许的范围内有自由行动的权利，保护社会秩序稳定有序，只要这些目标通过其他更温和的手段或措施不能实现，那么它就是刑法的任务。❷

一方面，侵犯专利权行为符合社会危害性特征。

《刑法》第13条规定了犯罪概念，指出犯罪行为具有社会危害性特征。社会危害是指行为对刑法所保护的社会关系造成或可

---

❶ 曾田. 公私交融的知识产权法 [J]. 私法，2020，33（1）：272 – 293.

❷ 克劳斯·罗克信，樊文. 刑法的任务不是法益保护吗？[J]. 刑事法评论，2006（2）：146 – 165.

能造成这样或那样损害的特性。❶ 刑法对专利权是否予以保护的前提是，《民法典》与《专利法》是否明确规定专利权的保护范围和保护内容。《民法典》第 123 条规定民事主体依法享有知识产权。知识产权是权利人依法就著作权、商标权、专利权以及商业秘密等客体享有的专有权利。第 440 条规定知识产权具有质权的权利。检视《专利法》第 65 条制定的目的是保护专利独占权，不得违反《专利法》第 11 条规定的情形。❷ 第 68 条规定旨在保护专利标记权，禁止假冒专利的行为。前述第 65 条禁止专利侵权的行为，目的是保护专利独占权，专利侵权行为可能受到行政或民事制裁。第 68 条禁止假冒专利的行为，目的是保护专利标记权，假冒专利的行为会受到民事、行政或刑法的制裁。

根据《专利法》规定，专利权人有专利申请权、专利申请转让权、专利独占实施权、专利制造权、专利使用权、许诺销售权、提供销售权、专利销售权、专利进口权、专利转让权、专利处分权、专利许可权、专利标记权、专利标记使用权以及专利放弃权等多束权利。其中，专利独占权是最重要的一束权利，承载着专利权主体的财产性利益，次之是专利处分权和专利标记权。与侵害专利标记权比较，侵害专利独占权的行为社会危害性更严重。刑法的任务之一是保障财产权，而且从宪法到部门法几乎都对公民和国家的合法财产权进行了严格保护。

---

❶ 高铭暄，马克昌. 刑法学［M］. 8 版. 北京：北京大学出版社，2018：45.
❷ 《专利法》第 11 条规定，发明和实用新型专利权被授予后，除本法另有规定的以外，任何单位或者个人未经专利权人许可，都不得实施其专利，即不得为生产经营目的制造、使用、许诺销售、销售、进口其专利产品，或者使用其专利方法以及使用、许诺销售、销售、进口依照该专利方法直接获得的产品。外观设计专利权被授予后，任何单位或者个人未经专利权人许可，都不得实施其专利，即不得为生产经营目的制造、许诺销售、销售、进口其外观设计专利产品。

其一，违反《专利法》第 68 条的规定，侵害专利标记权的行为是假冒专利的行为，此类行为不仅侵害专利权人的专利标记权，同时也对专利管理秩序产生危害，刑法应当对严重危害专利标记权的行为进行控制和预防。专利标记权是指权利人在其专利产品或其包装上或产品说明书等材料中标注专利标识，销售专利产品。假冒专利的行为也往往发生在生产销售环节。未获得专利权而进行专利标识，不处于专利权有效期内而进行专利标识，未获得专利权人授权而进行专利标识等行为，都构成假冒专利行为。❶ 域外也对侵害专利标记权的行为进行惩治，但其是采用虚假标记罪来打击侵害专利标记权和专利标记使用权的违法行为。假冒专利行为或虚假标记专利行为的社会危害性在于它有欺骗消费者的性质，在非专利产品上标注专利号或者专利标记，借用专利的名义欺骗公众，属于损害公共利益、扰乱正常市场秩序的违法行为，刑法理应进行规制。

其二，违反《专利法》第 65 条的规定，侵害专利独占权的行为属于违法行为，刑法应当对严重危害专利独占权的行为进行预防和控制，我国刑法尚未对侵害专利独占权的行为加以规制。根据"入罪，举轻以明重；出罪，举重以明轻"的原则❷，刑法对破坏专利标记权的行为进行保护，比专利标记权更重要的专利独占权理应加以保护。专利权的财产权属性主要附着在专利独占权和处分权上。保护专利独占权不仅保护专利权人的财产性法益，同时也是维护市场经济相对公平的竞争秩序法益。当然，按照我国对财产的定义，财产主要是指金钱、财物及民事权利义务的总和，按照所有权分为国家财产、集体财产和个人财产，或分为国有财

---

❶ 国知发管字〔2014〕42 号。
❷ 陈兴良. 罪刑法定的价值内容和司法适用 [J]. 人民检察，2018 (21)：28 – 34.

产、公有财产和私有财产；按照财产是否具有实物形式可分为有
形财产和无形财产，例如，知识产权是典型的无形财产权。财产
所有人在法律规定的范围内对其财产享有占有、使用、收益、处
分等权利。❶ 专利权人不能像有形财产那样可以占有或使用专利
权，国家因此专门制定《专利法》进行保护。违反专利法侵害专
利权的行为，不仅会损害或削减专利权人"预期的经济利益"，同
时也具有破坏专利制度和市场经济秩序的危害，这是《专利法》
禁止侵害专利独占权的原因。保障专利权人实施其发明创造或者
许可他人实施其发明创造获得预期的经济利益，不仅能够回收该
发明创造所付出的研发或投入，而且有望为研究开发其他发明创
造提供经济支持，使创新活动得以继续和拓展，实现"创新—受
益—再创新—再受益"的良性循环。这是建立专利制度的根本目
的。民法与行政法将侵害专利独占权的行为定性为违法行为，从
根本上揭示了此类行为性质的违法性特征。当然，专利权的特殊
之处在于权利的不稳定性特征，同时也受时效限制。但是，相对
于其他知识产权客体类型，专利具有推动社会变革的巨大作用，
尤其是方法专利解决的都是社会现实问题。以举世闻名的科学家
和发明家爱迪生为例，他通过申请碳丝灯的专利，成为世界上第
一个电灯发明者，对人类的文明和进步作出了巨大的贡献。❷ 刑法
保护专利独占权具有正当的前置法根据。

另一方面，刑法是保障专利权的最后法。

《专利法》和《民法典》是保障专利权的前置性法律，刑法是
所有部门法的保障法，刑法理应筑牢对专利权的最后防线。有学
者指出，刑法与其前置性法律是两座并行不悖的堤坝，共同防御

---

❶ 夏征农. 大辞海（法学卷修订版）[M]. 上海：上海辞书出版社，2015：177.
❷ 苏更林. 白炽灯的前世今生 [J]. 发明与创新，2012（10）：13-16.

着不法行为对公民、社会和国家法益的侵害。它们共同致力于对社会秩序、经济秩序的维护和对公民人身、财产安全的保护，两者的调整和保护领域常常发生重叠和竞合。❶ 如前文所述，侵害专利权的行为主要是假冒专利行为和专利侵权行为，前者可以由行政、民事和刑事进行规制，后者目前仅通过民事或行政手段规制，但是不排除民事手段和行政手段对专利侵权行为管控失灵或遏制无效后，刑法进行介入和规制的可能。刑法是保障法、后盾法、补充法，针对法定犯具有二次违法的性质。

第一，根据法律财产说，认为财产是财产权利与财产义务的总和，与经济上的价值无关，即便无经济价值的民事权利也属于"财产"。财产损害是财产权利的丧失以及财产义务的负担。❷ 传统刑法理论认为，财产犯罪侵犯的是"公私财产的所有权"或者"公私财物所有权"，刑法对财产的界定从属于前置法的规定，根据《民法典》，知识产权是民法予以保护的财产权利，该学说肯定刑法应当保护专利权。

第二，根据法律经济财产说，除违法利益外，由法秩序保护的整体上有经济价值的利益是财产。换言之，个人经济上的财产总数倘若可受法秩序保护或至少不受法秩序非难，即为财产。❸ 这一学说在我国获得了多数学者的支持，德国司法实践中适用情况与该学说十分接近。日本对于财产犯罪存在整体财产犯罪和个别财产犯罪两种情形，其将针对债权、无形财产权的犯罪行为归类到个别财产犯罪类型，对于这类犯罪，在判断是否存在财产上的

❶ 杨兴培，田然. 刑法介入刑民交叉案件的条件——以犯罪的二次性违法理论为切入点 [J]. 人民检察，2015（15）：24–29.
❷ 林东茂. 刑法综览 [M]. 北京：中国人民大学出版社，2009：331.
❸ 江溯. 财产犯罪的保护法益：法律—经济财产说之提倡 [J]. 法学评论，2016，34（6）：87–98.

损害时，并不考虑被害人的整体财产状态如何，只要存在个别的财产丧失就认定为财产损害，至于被害人在丧失财产的同时是否取得财产或是否存在整体的财产损害，则不是认定犯罪所要考虑的问题。❶ 按照该学说，专利权的经济价值主要体现在专利独占权方面，由制造权、使用权、许诺销售权、销售权、进口权等权利组成，权利人以外的主体非法实施制造、使用、许诺销售、销售、进口等行为，削减了权利人的市场占有份额和预期经济利益，实际上侵害了受法律保护的财产利益。

第三，根据经济财产说（又称为纯粹的经济财产说），认为财产是整体上具有经济价值的利益，即一个人所应得的财货的总和就是财产，这和财产权是否被法律承认、是否有正当来源并无关系。据此，即便是民法上的无效债权、违法犯罪所得、不法原因给付物等都能成为侵犯财产罪保护的财产。❷ 经济财产说将法定权利以外的财产或财产性利益都纳入刑法保护的范围，专利权是一种无形财产权，理应受到刑法的保护。从刑事政策来看，经济财产说保护的对象非常广泛，优点在于能够有效地在财产犯罪领域杜绝法外空间的出现。

第四，侵犯专利权的行为具有违法成本低、获利高的特点，前置法难以有效地控制和遏制违法行为，为刑法保护专利权提供了正当性基础。经济学家麦克劳德认为，财产这个名词的真正和原来的意义不是指物质的东西，而是指使用和处理一件东西的绝对权利。财产本质上是一种权利、利益或所有权。此外，法律经济学家罗伯特·考特、托马斯·尤伦也认为财产是一组权利，这

---

❶ 张明楷. 诈骗罪与金融诈骗罪研究 [M]. 北京：清华大学出版社，2006：239 - 240.

❷ 王钢. 德国判例刑法分则 [M]. 北京：北京大学出版社，2016：212.

些权利描述一个人对其所占有的资源可以行使占有、使用、改变、馈赠、转让或阻止他人侵犯的权利。❶

专利权是人们基于智力劳动成果所享有的财产性权利，这种权利十分脆弱和易受侵害，具有显著的违法低成本、获利高的特征。日本刑法学者平野龙一指出："即使行为侵害或威胁了他人的生活利益，也不是必须直接动用刑法。可能的话，采取其他社会控制手段才是理想的。也即只有在其他社会控制手段不充分时，或者其他社会控制手段（如私刑）过于强烈、有代之以刑罚的必要时，才可以动用刑法。这是刑法的补充性或者谦抑性。"❷ 专利法和民法明确规定了禁止侵害专利权行为，假冒专利的行为是专利法和民法规定的违法行为，刑法设置假冒专利罪，对严重危害专利标记权和专利管理制度的行为进行预防和惩治。专利权是一种无形财产权，侵犯专利权的行为不仅损害了专利权人的财产权，同时也侵害了专利制度和社会主义市场经济秩序。专利制度是国家制定的法律规范，专利制度是激励社会创新和维护国家利益的制度，法律规范具有指导人们行为规范的导向作用，遵守法律规范是公民或法人的基本义务，违反法律规范就是违反法秩序，破坏法律规范不仅会损害他人或社会合法利益，还会削弱法规范应有的权威性，刑法是所有其他法律规范的保障法，理应对破坏法律规范情节严重的情形进行威慑或规制，确保前置法发挥应有的社会效果和法律效果。

从犯罪行为具有刑事违法性的性质来看，侵犯专利权犯罪是

---

❶ ［美］罗伯特·考特，托马斯·尤伦. 法和经济学［M］. 5 版. 上海：格致出版社，2010：125.

❷ ［日］平野龙一. 刑法的基础［M］. 黎宏，译. 北京：中国政法大学出版社，2016：47.

一种法定犯。法定犯是指没有违反社会伦理，但是根据法律被认为是犯罪行为，当非刑事手段的力度不足以规制这种违法行为时，刑法就有必要进行预防和控制。❶ 刑法的目的是保护法益，专利权是公民的法定权利，权利也是一种法益类型，刑法保护法益的理念在价值层面具有一定的说服力。❷ 刑法作为保护法益的一种补充性手段，保护专利权并不违反刑法谦抑性原则。

1.1.2.2 专利权刑事保护的必要性

科技增强了人们在时间和空间的关系，而权利却有意构建起一个无形的屏障，横隔在人们和国家之间，阻断共享科技成果。然而，如果没有法律权利这道屏障，人们会在多大程度上自发性、自主性地进行发明创新活动？又会在多大程度上自觉地尊重和保护他人的创新成果？美国学者斯图尔特·班纳认为，没有任何东西像财产权这样能如此广泛地激发人类的想象力并吸引人类的激情。❸ 国家构建专利制度的目的就在于激励社会进行创新和发明，并保护人们因此而付出的智力劳动成果。科学技术是社会变革的第一生产力，它显示了人类在改造自然、推动社会进步方面卓越的智慧和才能。专利权是人的智力成果，是技术化的财产，因而具有财产权属性；专利制度是国家借助法律引导公民积极主动地进行智力创造活动的激励机制，它旨在增进社会公共福祉。同时，专利制度也是维护市场经济中竞争秩序和技术性秩序的保障。刑法的目的是保护法益，刑法具有保护社会和保障人权的功能。专

---

❶ 谢望原，张雅. 略论中国内地的知识产权刑法保护 [J]. 现代法学，2003 (5)：56 – 63.

❷ 凯·安博思，张志钢. 国际刑法的一般功能：法益原则与损害原则的妥当平衡——再论国际刑法的基础理论 [J]. 苏州大学学报（法学版），2019，6 (4)：137 – 148.

❸ 斯图尔特·班纳. 财产故事 [M]. 陈贤凯，许可，译. 北京：中国政法大学出版社，2018.

利权具有财产权属性，专利制度有利于维护竞争秩序和保护技术性秩序的法益，刑法有必要对专利权提供必要的保护，将严重破坏专利权财产利益、市场经济秩序中的竞争秩序、交易秩序、管理秩序和技术秩序法益的不法行为纳入犯罪圈，进一步严密侵害专利犯罪的法网。

一方面，刑法保护专利权是报应刑或责任刑的需要。

其一，专利权是法定的财产权利，侵害专利权的行为直接或间接地损害、削减了专利权人的经济利益，刑法必须对侵害专利权的行为进行打击和惩治。专利权是技术化的财产，其权利载体具有财产权属性。专利权人不能像有形财产那样占有专利权，只能通过法律宣示保护，指导公民遵守专利法规定；违反专利法规定、侵害他人专利权的行为将受到法律制裁。再者，专利权作为一种无形财产，与传统物权意义上的财产权和网络空间的虚拟财物相比较，它们的共同点是都具有客观性、现实性、有效用性、稀缺性和流转性等特征❶，但是刑法对这三种不同性质的财产予以不同程度的保护，却对其正当性和必要性理论依据是什么没有作任何探讨。

如果没有刑法这种强力的法律进行保障，人们很容易以获取经济利益为导向，免费搭专利权人的便车，产生"公地悲剧"的结果。❷ 专利权正是经过对个体利益和社会公共利益平衡后寻求的

---

❶ 王志祥，袁宏山. 论虚拟财产刑事保护的正当性——与侯国云教授商榷 [J]. 北方法学，2010（4）：147-156；赵秉志，阴建峰. 侵犯虚拟财产的刑法规制研究 [J]. 法律科学（西北政法大学学报），2008（4）：151-159.

❷ 1968年英国教授加勒特·哈丁首先提出公地悲剧理论，挑战了亚当·斯密的追求个人利益将导致集体利益最大化的假设，证明了纳什的理论：博弈的各方可能会到达一个稳定的均衡状态，但是这个均衡未必是对大家都好的"帕累托最优"。哈丁想要表达的是，如果以自利导向为预设，每个人都考虑自身利益最大化，会彻底摧毁公共资源或公共产品。[美] 格林，沙皮罗. 理性选择理论的病变：政治学应用批判 [M]. 徐湘林，袁瑞军，译. 桂林：广西师范大学出版社，2004：98.

最佳折中方式。有知识产权保护的智慧属于私人财产，须授权有偿共享；没有知识产权保护的智慧属于公共资源，可自由无偿共享；保留部分知识产权的开源智慧属于有限制的公共资源，应遵循规则共享。克服知识产权沦为"公地悲剧"的方法是将其私有化或者国家利用公权力进行管控。将专利权完全私有化，把它等同于财产犯罪保护对象是不现实的路径。专利法赋予专利权人独占权，专利侵权行为、虚假标记行为、滥用专利权行为都在一定程度上损害了专利权人的财产权和专利制度。刑法意义上的犯罪关注行为客观上的社会危害性、行为人主观上的恶，刑法始终秉持罪行应罚、恶行应防的理念。因此，选择用国家公权力进行管理和保护比较妥当。刑法应当保护专利权最核心、最重要的独占实施权，为有利于营造激发科技创新活力的营商环境提供保障。

其二，专利法禁止侵害专利独占权、标记权、处分权等违法行为，侵害专利权核心权能的行为是严重损害专利财产权的行为，其危害结果具有难以评估、难以恢复的特征，刑法应当对专利权予以必要的保护。《专利法》第 11 条禁止非法实施他人专利的行为。独占权是专利权的核心权利，包括专利制造权、专利使用权、许诺销售权、提供销售权、专利销售权、专利进口权。专利独占实施权是专利权所有权能类型中最重要的一束权利。刑法的目的旨在保护法益不受非法侵害，如果在专利权诸多束权利中选择保护哪项权利，独占实施权一定是刑法首要予以保护的权利。法律明文规定在有效期内保护权利主体这种专利权的独占权，也因而保护了市场主体通过创新形成优胜劣汰的竞争秩序，推动营商环境向着相对公平的竞争秩序方向发展，真正形成市场主体自主创新的良性循环。对于侵权人完全按照专利权人的专利产品或方法进行模仿或"搭便车"，即相同侵权或等同侵权行为需要进行预防和控制，否则引导市场经济发展方向的便是造假、仿造、山寨的低质量市场经济发展水平，进而形成劣币驱逐良币的恶性竞争秩序和不良的营商环境。排除相同侵权和等同侵权的情况，其他专利侵权行为都可以选择用民事法律处理，避免法律体系保护过于严格，抑制社会创新的积极性。

其三，专利制度维护市场管理秩序法益和经济秩序法益，侵害专利制度的行为是二次违法行为，作为保障法的刑法应当进行规制。国家构建专利制度的目的就在于激励社会进行创新和发明，并保护人们因此而付出的智力劳动成果。科学技术是社会变革的第一生产力，它显示了人类在改造自然、推动社会进步方面卓越的智慧和才能。国家通过专利制度法律引导公民积极主动地进行智力创造活动，旨在增进社会公共福祉。专利制度也是维护市场经济中竞争秩序和技术性秩序的保障。基于国家专利管理秩序是明确的法益，需要刑法作为保障法予以维护，应该对此单独增设伪造专利证书罪。伪造专利证书的行为可能欺骗公众，公众认为行为人伪造的专利证书是法定授权的证书，因此对行为人提供的专利产品或方法专利具有信任。域外的主流做法也是单独设置该罪，从而维护国家管理秩序和法律法规的权威性及不可侵犯性。美国专利法中规定了伪造专利证书罪，目的是保护专利管理秩序。❶ 专利制度除了维护管理秩序以外，还能维护经济秩序和消费者的利益。破坏专利制度危及的是社会公共领域重大法益，刑法对此类行为进行惩治是报应刑的需要。

另一方面，刑法保护专利权是预防刑的需要。

刑法的目的旨在保护法益，侵害专利权的行为不仅危害专利

---

❶ Dowling v. United States，473 U. S. 207，233（1985）.

权主体利益，也对社会经济秩序法益产生危害，刑法有必要对专利权进行严格保护。

其一，专利权属于无形财产权，权利人不能实际占有，更容易受到侵害。专利权不同于传统财产权，不能被权利主体占有或所有。专利权的权利表现在它是一张公开的权利要求书，专利权保护的范围是根据权利要求书中文字界定的范围。有学者提出知识产权法律保护模式"权利内容公开—排他独占—许可使用—不法侵害—法律救济"。❶ 权利内容公开是指专利权人对自己的发明专利、实用新型专利的专利权有说明书和权利要求书。说明书是申请人公开其发明或者实用新型的文件，其作用主要体现在以下三个方面：（1）清楚、完整地公开发明或者实用新型的技术方案，使本领域技术人员能够理解并实施该发明或者实用新型，并为社会公众提供新的有用的技术信息；（2）为国家知识产权局进行审查，判断技术方案是否能够被授予专利权提供基础和依据；（3）作为权利要求书的基础和依据，在专利申请被授权后，在侵权纠纷处理过程中，一定条件下用于解释权利要求书，以便准确地界定专利权的保护范围。说明书包括说明书文字部分，必要时也包括说明书附图。显然，专利权关于其产品发明信息和技术方法信息是全部公开的，任何人都可以获取这些信息谋取经济利益，因而更加容易受到侵害。无形财产与有形财产不同，对其侵害造成的后果及补救方法均与处理有形财产大相径庭。

其二，专利权具有公共物品属性，刑法对专利权必须进行保护，否则会造成专利权侵害行为具有重复性和大面积性的严重危害。20 世纪 70 年代，社会学家奥尔森提出"搭便车"理论，该理

---

❶ 刘双阳. 衍生数据刑法保护进路的多重考察——兼论财产权客体的时代变迁 [J]. 科技与法律, 2020 (3): 86 – 94.

论认为公共物品具有使每个社会成员获得享受这一物品所带来的好处。公共物品的这种特性决定了群体行动依据这样的逻辑，即所有人都想为获得公共物品的好处而千方百计地做出合法或者非法努力，却将创造公共物品的目标或任务推及他人，自己则坐享其成。这样就会形成中国俗语所说的"三个和尚没水喝"的困境。奥尔森认为"搭便车"困境会随着一个群体中成员数量的增加而加剧。在集体行动中，每个人都想获取公共物品，但每个人都不想因此而付出代价。● 为解决"搭便车"困境的一个有效路径是用制度激励群体创新，按照个体对公共物品作出的创新贡献，法律提供有限时效的保护，确保创新者的创新成本获得利益回馈，甚至会因创新获取巨大的财富利益。只要法律时效到期，创新成为社会共享的公共物品，其他人就可以免费或低价共享公共物品带来的利益。专利权在法律保护的时效内，专利权人必须享有独占权和处分权。专利权人获得国家专利证书的前提条件是技术方案的充分公开，这与商业秘密正好相反。商业秘密的泄露主要源于企业内部保密措施不到位、系统性规定缺失，签订保密协议、保密承诺函不能有效地约束企业内部的职员，因此也就不能起到有效的防范作用。❷ 法律要求产品专利和方法专利的说明书和权利要求书充分公开，国家以专利权人充分地公开其发明和创新，为社会提供最新的技术进展情况，期待人们共享各领域的先进成果，在此基础上尝试作出新的创新和努力，避免社会浪费人力资源和物力资源做重复发明或创造。所以权利人在专利权和商业秘密两

● 赵鼎新 . 集体行动、搭便车理论与形式社会学方法［J］. 社会学研究，2006（1）：1 - 21，243.
❷ 江苏省高级人民法院课题组，刘媛珍 . 知识产权诉讼中防范商业秘密泄露问题研究［J］. 法律适用，2018（9）：107 - 113.

者之间只能选择一种。国家是以专利权人充分公开其专利成果换取法律强制力保护，促进社会公共福祉。如果刑法不对专利权进行强力保障，前置法根本无力遏制人们普遍"搭便车"的问题。

其三，刑法对侵害专利管理秩序的法益有必要进行保护，这体现在刑法对伪造或者变造专利法律文书，破坏专利管理秩序的行为施加刑罚。法律规范所定义的行为本质上不是根据行为性质在价值评判上好或坏而定性，它是依据社会共识支持或反对的行为，换言之，规范定义的不是价值，而是某种社会秩序。专利制度与一个国家经济发展水平相适应。制度规范本身不可能构成生活的意义，只有当生活有意义时，规范才变得有意义。专利法是存在于以社会智慧实现对社会控制及治理的规范场域之中，是自然科学与社会科学的交叉。人们尝试着通过法律实行对科学技术的治理，进而实现人类秩序的维护。专利权的法律确认提供了一种技术交易利益的秩序，这符合人们为之奋斗的一切都同他们自身的利益有关的社会运行机制。承认知识创造性的所有权能够激励人们自我价值的肯定。专利制度的出发点不仅是针对市场经济主体，而且是针对人类命运共同体，激励每个人积极学习和创新，扩大知识生产的激励效果。正因为有了这样的制度去保护创新者的权利，专利制度才能有效地保障人们进行创新活动。因此，刑法应当对技术秩序法益和管理秩序法益进行保障。

中国社会转型和现代化建设齐头并进，十四亿多人口的大国全方位进行社会变革、市场经济体制完善给国家治理带来巨大挑战，与此同时，整个法律体系又面临知识经济、数字经济、互联网金融、人工智能、大数据、云计算等新技术新应用的快速发展，经受了一系列新业态新模式的冲击。刑事一体化理论强调，犯罪决定刑法，犯罪是社会现象，社会现象有利有弊。● 国家需要对社会现象进行总体的社会价值判断，对危害个体利益或社会利益的行为及时进行治理、控制和预防。刑法体系对社会发展带来的问题应当保持开放性的立场，为了保障人权和保护社会，适时地将具有社会危害性的行为纳入刑法处罚的范围。

1.2 社会经济发展对专利权刑事保护带来新挑战

市场经济与刑法是相互影响、相互作用的关系。一方面，刑法为市场经济健康发展保驾护航，这是刑法服务于市场经济的需要；另一方面，市场经济对刑法的生成与发展具有决定作用。根据发达国家的治理经验，市场经济的发展将从思想观念、基本范畴到具体制度等影响刑法及其运行方式。❷ 当前我国社会生产力再次发生新的变革，进而引发新的生产关系的变化，市场经济体制改革主要体现在经济发展方式和经济结构的根本性变革。经济发展方式从以往要素驱动型发展方式向创新型驱动发展方式转型，经济结构由产业结构、空间结构、动力结构、要素投入结构等组成，市场经济不断发展促使经济结构不断转变。技术创新是变革社会生产力的核心力量，通过技术创新引发生产关系变化与传统的要素驱动型经济发展方式对社会生产关系的影响存在根本性差异。经济犯罪态势不是恒定不变的，它随着经济社会发展而变化，总体来说是经济犯罪的态势随着经济发展持续增长，经济犯罪的类型也会不断地翻新，犯罪方式、犯罪形态、犯罪对象等呈现新

● 储槐植. 刑事一体化 [M]. 北京：法律出版社，2004：227.
❷ 储槐植. 刑事一体化 [M]. 北京：法律出版社，2004：286.

的面貌。国家控制和预防经济犯罪的能力和制度体系需要根据经济领域犯罪情况变化不断地进行调整和提升。

1.2.1 专利权新型客体的出现

其一，创新驱动型经济发展方式催生新型专利权客体，客观上造成刑法规制的缺位现实。专利权客体的定义是开放式的，随着社会发明创新而不断地增加。财产权客体不断流变的发展历程启示人们应当为财产法建立一个开放的制度体系，专利权是一种财产权，因而其客体的范围也应该是动态开放的。● 与全球化市场经济发展进程对比，我国市场经济发展方式和发展水平均存在一定落差。专利权新型客体的出现不是我国独有的新型客体，而是首先出现在经济发展水平较高的发达国家。例如，《巴黎公约》、TRIPS 协议、《实体专利法》、《跨太平洋伙伴关系协定》、《贸易促进授权法案》、《欧洲专利公约》等诸多国际性、全球化、区域性协议中都对专利权的客体有不同规定。现代科技使新兴领域的发明创造层出不穷，专利权客体的范围不断拓展，这都得益于创新驱动型经济发展催生诸多新型专利权客体。例如，生物技术、信息技术、网络技术等高新科技迅猛发展，随之诞生了大量前所未见的发明创造，它们需要专利制度的保护与激励，使可授予专利权的客体类型愈加丰富起来。例如，TRIPS 协议第 27 条规定，无论是产品还是方法，专利都可授予所有技术领域的任何发明。每当科技向前迈进一步，开拓出新的技术领域，这些领域中的发明创造就自动成为专利权客体内容，从而不停地充实着专利权客体的范围。即使专利法排除了某些类型的发明创造，也只占所属技

● 李天志. 专利权扩张化及其刑事保护研究 [D]. 北京：北京师范大学，2018：64.

术领域的极小部分。以 2016 年《欧洲专利公约实施细则》为例，其明确排除了"克隆人类的方法"等明显违背公序良俗的发明创造，但相对于整个生物工程技术领域而言，这些被排除的发明创造仅是其中极小的技术分支，远不及开拓该技术领域所带来的发明创造数量庞大，技术创新拓展了专利权客体的范围。智能革命创造了新的知识产品，而且提供了知识产品新的利用方式，一定程度上拓宽了知识产权的客体内容。例如药品专利和化学专利曾经被排除在专利客体之外，后来又进入专利权客体范围。微生物、动植物品种、基因技术、数据权、人工智能生成的发明，其不仅挑战现行专利法，也对行政法、民法、商法和刑法等诸多法律制定带来新的挑战。❶ 随着人工智能技术的深入发展和广泛运用，发明创造领域的专利保护问题日益突出。

其二，创新驱动型经济发展方式催生新业态，客观上造成刑法规制的"真空"地带。专利权权利客体和新兴领域的不断扩张，不仅给专利制度的修订和完善带来挑战，也给刑法的规制造成新的"真空"地带。例如，应用科学研究向基础科学研究延伸、方法专利渗透商业方法领域和专利由非标准领域向标准领域拓展等问题。❷ 2018 年发生的广为人知的"基因编辑婴儿案"，法院对该案件的定性是非法实施以生殖为目的的人类胚胎基因编辑和生殖医疗活动，认定行为人构成非法行医罪，分别被依法追究刑事责任。有学者建议，刑法应当增设滥用科技罪规制此类技术发明行为。❸ 人类胚胎基因编辑技术在本质上属于一种技术发明，由于违

---

❶ 吴汉东，张平，张晓津．人工智能对知识产权法律保护的挑战 [J]．中国法律评论，2018（2）：1 – 24.

❷ 冯晓青．专利权的扩张及其缘由探析 [J]．湖南大学学报（社会科学版），2006（5）：130 – 138.

❸ 姜涛．基因编辑之刑法规制及其限度 [J]．东方法学，2021（2）：69 – 85.

反正常的伦理道德，因此根据各国专利法而不被授予专利权进行
保护。但是，不授予专利保护等同于法律禁止与之相关的技术创
新活动吗？基因编辑人类生命的行为违反现行法律规定的依据何
在？当前人们借助朴素的伦理道德观念认为基因编辑人类生命的
行为需要禁止，司法实务只能勉强用非法行医罪惩治此类行为，
刑法对技术创新领域存在明显的"真空"地带。

1.2.2 专利权新型违法行为的产生

创新驱动型经济发展导致新型专利权客体的出现、新的专利
违法行为产生，其社会危害性严重的情形具有不确定性，是否升
格为犯罪行为给刑事法治研究带来巨大挑战。目前，司法审判领
域在诉讼中已经出现涉及人工智能领域的专利授权确权的行政纠
纷案件。❶ 我国专利法及相关法律制度需要根据市场经济领域不断
出现的创新活动或经济活动跟进制度的保护和规制。有学者指出，
市场经济积极地将科技革命的成果引入并转化为市场产品，当前
各种法律安排对于新兴市场领域发展需要存在严重不足，立法与
司法机构的反应比较迟钝，甚至利益集团内部关系的盘根错节，
构成科技革命的某些重大障碍。❷ 毋庸置疑，刑法也面临着社会经
济发展方式转型带来的巨大挑战。

有学者对技术创新领域新型专利客体和违法行为作了研究，
认为我国应当将植物发明专利、疾病诊断治疗方法专利予以授权
作为新的专利权客体。基于专利权客体扩大后会引发行为对象要

---

❶ 例如，无人机、机器人、语音识别、自动驾驶、智能家居等应用领域，也有取得
专利授权的权利人维权的民事侵权纠纷案件。

❷ 鲁楠. 科技革命、法哲学与后人类境况 [J]. 中国法律评论，2018（2）：96 –
107.

素之内涵的扩大，建议将其与侵害植物专利、疾病诊断治疗方法专利的行为，尤其是经营行为进行犯罪化，扩大专利权刑事法网，继而促使专利侵权行为的犯罪化。以德国为例，在 1999 年之前，与植物相关的生产经营行为是不可能构成非法实施专利罪的，因为植物发明并不受德国专利法保护，1999 年后签订《欧洲专利公约》对不受限于特定植物品种的植物发明的可专利性予以确认之后，《德国专利法》也加入了相应规定，使这些行为被归入非法实施专利罪的规制范围之内。或者，一旦某国开始为疾病诊断治疗方法提供专利保护，那么从事医疗服务的行为也可能构成非法实施专利罪。❶ 一旦专利权内容扩大，行为方法要素的内涵得到相应扩大，更多与专利相关的行为被犯罪化。以日本为例，其 1921 年专利法规定的专利权内容仅包括制造、使用、销售或转让专利产品的独占权，他人为销售而展示专利产品的行为并不会构成非法实施专利罪，但由于 1959 年《日本专利法》在专利权内容中加入为转让而展示产品的独占权，使得前述行为变成非法实施专利罪的规制对象。❷

创新驱动型经济发展导致新的技术创新层出不穷，影响范围广，系统性风险和社会危害性具有不确定性。人工智能潜在地存在威胁人类存续的可能性或风险性，这本身是人工智能技术发展过程中出现的不可预测性和潜在的不可逆性。❸ 人们很难评价技术创新主体或者人工智能主观上存在故意或者恶意。例如，学界对

❶ 李天志. 专利权扩张化及其刑事保护研究 [D]. 北京：北京师范大学，2018：139.

❷ 李天志. 专利权扩张化及其刑事保护研究 [D]. 北京：北京师范大学，2018：142.

❸ 吴汉东，张平，张晓津. 人工智能对知识产权法律保护的挑战 [J]. 中国法律评论，2018（2）：1–24.

智能机器人犯罪问题作了诸多讨论，从刑法之外看，智能机器或智能型产品应该是专利权主体技术成果转化成市场的产品或者物品；从刑法之内看，犯罪主体除了自然人或法人，似乎出现了一种新型犯罪主体，根据传统的犯罪构成理论对智能机器人归责，但是无法证明智能机器人罪责层面存在故意或者过失要件，进而将归责主体置于智能产品的研发者或者使用者，甚至试图构建一套新的刑罚体系，即对智能产品施加删除数据、修改程序和永久销毁等刑罚。❶ 技术创新给刑法理论带来的挑战，已经超越了学科和技术的壁垒。对于技术创新领域存在或者潜在的风险，已经超出刑法理论和刑法规范统摄的范畴。重新定义犯罪行为与罪责要件可能是技术创新领域新型犯罪对刑法理论带来的挑战。当一种新技术、新事物出现时，与这种新技术、新事物相关的伦理道德观也许尚未形成，甚至模糊不清，例如，以基因编辑婴儿案为例，犯罪人自己都没有认识到自己前期技术研发阶段的行为是违法活动或犯罪活动，更没有预见到自己研创的产品成为自己犯罪的证据而获刑。刑法会因此而增加所谓的滥用技术罪吗？或者增设其他新罪名规制此类行为吗？

1.3　本章小结

随着我国经济发展方式以要素驱动型向创新驱动型发展方式转型，创新的重要性被提升到国家发展战略高度，专利权在经济发展和国民生产总值中的占比呈现上升趋势，加强对专利权的保

---

❶ 刘宪权. 人工智能时代刑事责任与刑罚体系的重构［J］. 政治与法律，2018（3）：89－99.

护是推动我国社会经济发展的重要保障。国家力量的核心支撑是科技创新能力。科技创新是市场经济发展的重要引擎，是提升国家综合国力和应对经济全球化发展的决定性因素。刑法基于权利保障和维护社会秩序的需要，本身应当对专利权进行保护。而且随着专利权的权利客体不断发展变化，新型权利客体增加，侵害专利权的违法行为、侵权行为与日俱增，刑法对科技创新领域出现的新风险和新挑战存在无法可依、打击"真空"的现象。专利权是科技创新的载体，侵犯专利权的社会危害性不仅使专利权人经济利益遭受损害，而且间接地危及我国市场经济发展、社会公共福祉、国家长治久安和国际关系利益等诸多利益。因此，刑法有必要加强对专利权的保护力度。

2

专利权刑事保护的现状与问题

　　我国刑法对专利权的保护体现在假冒专利罪的
设置，假冒专利罪主要对侵害专利标记权的行为进
行预防和控制。然而，专利权是由多项权利组成。
随着经济快速增长，社会经济发展方式向创新驱动
型转型，新型专利权客体正在或者即将纳入专利法
保护的发展背景下，我国专利权民事案件和行政案
件数量激增，为什么专利权刑事案件平均下来每年
不到一件？市场经济中侵犯专利权的违法行为十分
严重，这是否表明专利权刑事保护存在虚置和缺位
的问题？根据社会经济发展方式转型，国家对外贸
易进出口结构的转变，技术创新和产业创新在社会
经济发展中的重要性明显提升，互联网和新型技术
领域正在形成的或者潜在的风险对刑事法治带来巨
大挑战，专利权刑事保护现状间接地影响刑法应对
专利权保护面临的风险和挑战。根据刑事一体化思
想的指导，本章通过系统地观察与分析专利权刑事
政策、刑事立法及刑事司法运行现状，揭示专利权

刑事保护制度在规范层面和事实层面存在的问题。

2.1 专利权刑事保护的现状

专利权是一种法定财产权利，源于它具有排他性特征。[1] 侵害专利权的行为本质上是获取经济利益，逐利性是市场经济运行的根本动力。市场行动者一切行为的出发点都是谋取经济利益。然而，利益的获取有合法行为和非法行为的区别，法律禁止人们通过违法行为或非法手段获利。法律规范代表着法律禁止和允许的范围，市场行动者只能在法律允许的范围内谋取经济利益。市场经济的发展遵循公平竞争的规则，对于破坏市场竞争秩序或市场管理秩序的行为，法律是明确禁止的。专利权不仅是市场主体赢利的竞争优势，刑法对其选择何种保护理念和保护力度值得我们观察和思考。下文将分三个层面对相关问题予以展开论述。

2.1.1 专利权刑事政策保护现状

刑事政策是刑事政治，即国家决策者在政治层面上考量如何对付犯罪的策略，刑事政策本质上是国家决策者的思想观念。刑法改革的关键是转变国家决策者的观念。[2] 从横向角度看，专利权刑事政策由定罪政策、刑罚政策和处遇政策组成，这三者是相互制约、相互影响的关系。[3] 从纵向角度看，刑事政策是由上位、中

---

[1] Robert Merges, John F. Duffy. Patent Law and Policy: Cases and Materials [M]. Carolina Academic Press, 2002: 48.

[2] 储槐植. 刑事一体化论要 [M]. 北京: 北京大学出版社, 2007: 169.

[3] 储槐植. 刑事一体化论要 [M]. 北京: 北京大学出版社, 2007: 84.

位和下位的政策组成,即宏观政策与微观政策的关系。以刑法分别第三章破坏社会主义市场经济秩序罪为例,经济犯罪的刑事政策属于上位政策,知识产权刑事政策属于中位政策,而专利权刑事政策属于下位政策。刑罚威慑性作用就体现在预设刑法是禁止性规范,违反刑法规范的结果是施加相应的刑罚,人们基于刑罚这种严厉的后果,激励自治和自律,避免因为触犯刑法而受到制裁。这是刑事政策控制犯罪和预防犯罪的基本逻辑。

2.1.1.1 横向角度的刑事政策

其一,专利权刑事定罪政策。定罪政策主要体现在刑法立法条文方面。《刑法》第216条规定了假冒专利罪,本罪是典型的空白立法,对假冒他人专利及情节严重的判断,需要根据前置法及刑事司法解释判断。对比著作权、商标权和商业秘密犯罪,专利权是知识产权犯罪中刑事法网最狭窄、入罪门槛最高的一个罪名。为了保护专利权人的权利,立法者禁止假冒他人专利号的行为,即只保护专利标记权。《最高人民法院、最高人民检察院关于办理侵犯知识产权刑事案件具体应用法律若干问题的解释》(法释〔2004〕第19号)规定,假冒专利有四种情形,其中一种违法类型保护的对象是国家专利管理秩序,立法者禁止的其他三类行为本质上保护的是专利标记权。标记权是专利权的权利内容之一,刑事政策仅禁止侵害专利标记权的行为,同时又规定定量因素,即虚假标记他人专利号的行为,情节严重的情形属于刑事追诉的具有严重社会危害性的犯罪行为。

其二,专利权刑罚政策。刑罚政策指设定刑罚目的和运用刑罚手段的政策,是刑事政策的重要组成部分。目的刑观念是当代刑罚政策的基石,刑罚目的本身就是政策思想。刑法对成立假冒专利罪的行为处三年以下有期徒刑或者拘役,并处或者单处罚金。

纵观刑法分则全部罪名的刑罚配置，假冒专利罪的法定刑配置在三年以下属于刑罚体系中较轻的刑罚，表明专利权刑事政策的轻刑取向。

其三，专利权犯罪的处遇政策。狭义的处遇政策是指罪犯处遇，这是监狱结构与运行机制的目的。广义的处遇政策指刑事司法系统以外的犯罪预防方略，即社会预防。自由刑是当代刑罚体系的支柱，所以罪犯处遇主要是自由刑执行过程中的处置和待遇。罪犯处遇的实际状况取决于处遇政策的执行情况。自由刑的效果直接取决于监狱的功效，监狱功效又与监狱运行机制密切相关。❶专利权犯罪的处遇主要以短期自由刑为主，罚金刑为辅，司法实践中对此类犯罪主体主要适用缓刑制度。

2.1.1.2 纵向角度的刑事政策

涉专利犯罪是知识产权犯罪的内容之一，而知识产权犯罪属于经济犯罪的组成部分。国家对经济犯罪的刑事政策受诸多因素的影响和制约，知识产权刑事政策亦如此。经济犯罪的刑事政策指导并制约着知识产权犯罪有关的罪名设置和刑罚配置。经济犯罪基本刑事政策在较长时期内对全部经济犯罪行为的控制起主导作用。整体而言，现阶段我国经济犯罪率持续增长，且呈现居高不下的发展态势，这背后与我国近年来经济发展水平快速增长有密切关系。一方面，发展经济的过程中易产生一些犯罪问题，尤其是企业草创时期，为了快速立足，法律的底线容易被僭越，这就意味着不应由市场主体对其违法行为承担全部的道德责任；另一方面，国家不可能为了减少犯罪而放弃发展经济。❷

---

❶ 储槐植. 刑事一体化论要 [M]. 北京：北京大学出版社，2007：81.

❷ 白建军. 刑法规律与量刑实践：刑法现象的大样本考察 [M]. 北京：北京大学出版社，2011：163.

第一，经济犯罪刑事政策。经济犯罪刑事政策是指国家为了惩治侵犯破坏市场经济活动秩序和市场经济管理秩序的犯罪行为，以刑事制裁手段为中心的综合性措施。学界对处理市场经济与惩治经济犯罪关系的问题存在三种基本立场：其一，主张从严打击的基本立场，其揭示了国家治理市场经济的本质，公权力行使的边界与市场经济主体自由行使权利的边界之间的关系，坚持国家公权力为主导的价值取向。其二，从宽处理的基本立场，其主张打击经济犯罪会阻碍市场经济的建立和发展，国家应当对经济犯罪采取宽容和放任的对策。市场经济应当充分自由竞争，国家公权力的干预会抑制经济发展活力。这种立场可能会导致经济犯罪的滋生和蔓延，导致市场竞争陷入恶性循环。其三，采取折中立场。其主张发展市场经济与惩治经济犯罪是相辅相成的，二者不是绝对对立和相互矛盾的关系。惩治经济犯罪以遵循市场经济的发展规律为前提，刑法不能没有针对性地采取从严从重的打击策略。

第二，知识产权犯罪刑事政策。知识产权犯罪是经济犯罪内容之一。知识产权犯罪刑事政策是指国家为了惩治侵犯知识产权主体和危害公共利益的犯罪，以刑事制裁手段为中心的综合性措施。刑法对侵害商标权、著作权、专利权和商业秘密情节严重的情形进行规制。刑法对市场经济中个体私有财产权、市场主体的合法性权利的保护有宪法规范的依据，私有财产神圣不可侵犯的保护理念已深入人心，但是，知识产权具有私权和公权的双重属性，刑法对知识产权的保护程度明显不及财产权。考虑到知识产权法律制度建立时间比较短暂，在知识产权授权和确权方面欠缺一定技术经验和标准，知识产权授权质量面临被无效的潜在可能性等因素，故对打击知识产权犯罪的政策相对比较宽松或粗疏。

第三，专利权犯罪刑事政策。专利权犯罪刑事政策对专利权刑事立法和刑事司法具有直接或者间接的影响。根据刑事政策刑法化的思路，从我国刑法目前仅设置一个假冒专利罪可以判断，专利权刑事政策呈现从宽的倾向，这是国家对专利权弱保护的表现。❶ 前述经济犯罪刑事政策、知识产权犯罪刑事政策直接或间接地影响和决定了立法者对侵害专利权行为的刑事政策。国家知识产权公共政策整体趋严打击，但是专利权犯罪的刑事政策却与公共政策不一致，专利权犯罪刑事政策具有明显的从宽从轻保护特征。

2.1.2 专利权刑事立法保护现状

刑法规范是刑事立法的结果。刑法既是一种行为规范，也是一种裁判规范。法律规范既规定权利，也规定义务。法定权利应当有利于个体利益和社会利益共存、共发展，国家应予以保护；法定义务应当不与个体和社会的利益相冲突，更不应该超出普通公民履行义务的能力。刑法作为一种行为指导规范应当被全社会遵守，全体公民负有遵守刑法规范的义务；刑法作为裁判规范用来指导司法裁判工作，司法人员应当严格遵守刑法规范设置的定罪、入罪、量刑和出罪等规定进行司法裁判活动。

2.1.2.1 专利权刑事立法沿革

我国专利权刑事保护经历了两个阶段。第一阶段，专利权刑事保护源于 1984 年我国制定的第一部《专利法》。1979 年《刑法》第 127 条规定的是假冒注册商标罪。立法者采用行政刑法的方式增

---

❶ 莫洪宪，贺志军. 国家经济安全视角下我国知识产权之刑事保护——对"专利侵权罪"增设论之否定 [J]. 法学论坛，2008（1）：114 - 120.

设了该罪，填补了假冒专利行为无法可依的空白。此阶段对于该罪的罪状没有作出明确的描述和规定，以《专利法》和《专利法实施细则》有关规定进行评价。

第二阶段，1997年《刑法》废除类推制度，确定了罪刑法定原则，在《刑法》第216条单独增设了假冒专利罪。该罪从1997年增设后，除了司法解释对假冒专利和情节严重作了补充规定，再没有任何调整。反观《专利法》于1985年施行，分别于1992年、2000年、2008年、2020年进行过四次修改，对鼓励和保护发明创造、促进科技进步和创新发挥了重要作用。2004年最高人民法院、最高人民检察院对假冒专利和情节严重作了详细规定，即《最高人民法院、最高人民检察院关于办理侵犯知识产权刑事案件具体应用法律若干问题的解释》（法释〔2004〕第19号）。目前第四次《专利法》修法工作完成，立法者对假冒专利的行为加大了惩治力度。● 结合我国刑法典，可以看出我国对专利权刑事立法采取刑法典和行政刑法并轨的方式。但是，行政刑法不具有独立规定罪刑条款的特征，本质上属于附而不随的"影子刑法"。前置法一直不断修改和调整，而刑法对假冒专利罪的规定始终纹丝不动。社会经济持续向前发展，新型专利权客体不断出现，侵害专利权法益、市场经济秩序法益及市场经济管理秩序法益的新型违法行为类型不断出现，专利法不断修改，刑法作为后盾法、保障法却

● 现行《专利法》第68条规定，假冒专利的，除依法承担民事责任外，由负责专利执法的部门责令改正并予公告，没收违法所得，可以处违法所得五倍以下的罚款；没有违法所得或者违法所得在五万元以下的，可以处二十五万元以下的罚款；构成犯罪的，依法追究刑事责任。现行《专利法》明显地提高了处罚假冒专利的行为，惩罚数额从原来违法所得三倍以下提高到五倍以下罚款；没有违法所得的可以处二十万元以下罚款修改为没有违法所得或者违法所得在五万元以下的，可以处二十五万元以下罚款。

始终保持不变。值得深思的是：这是刑法保持谦抑性的需要，还是刑法与前置法发展存在脱节的问题？

2.1.2.2 专利权刑事立法目的

我国刑法规定假冒专利罪是指自然人或单位违反国家专利管理法律法规，故意假冒他人专利、情节严重的行为。通说认为，该罪侵犯的客体是国家的专利管理秩序和他人的专利专用权。该罪的客观方面，表现为自然人或单位违反专利管理法律法规，假冒他人专利、情节严重的行为。假冒专利罪需要满足司法解释规定的四种情形：该罪的主体包括任何已满16周岁、具有刑事责任能力的自然人和单位，该罪的主观方面是故意，❶ 具备情节严重的要素。刑法目的是保护法益，每个刑法条文都承载着特定目的。耶林曾言：目的是所有"法"的创造者。目的法学在一定程度上为预防论提供了法理根据。❷ 关于设立假冒专利罪保护的法益存在以下三种学术观点：

观点一，法益一元说认为，设立假冒专利罪保护的法益是专利管理制度或市场经济秩序。贺志军教授是此观点的代表性学者，其在文章中表明释法优于造法的基本学术立场，认为假冒专利罪保护的法益是国家专利标记制度安全。❸ 陈兴良教授早期也对该罪作了研究，认为设立该罪保护的法益是竞争秩序，假冒专利的行为与假冒商标、哄抬物价、掺杂使假等情形，都属于市场经济中不正当竞争的范畴。❹ 法律必须对这些破坏市场竞争秩序的违法行

❶ 高铭暄，马克昌. 刑法学 [M]. 8版. 北京：北京大学出版社，2018：440 – 441.
❷ 陈兴良. 刑法的价值构造 [M]. 3版. 北京：中国人民大学出版社，2017：239.
❸ 贺志军. 刑法中的"假冒他人专利"新释 [J]. 法商研究，2019，36（6）：64 – 75；贺志军. 非法实施专利行为的刑法检视及其应对 [J]. 刑法论丛，2019，57（1）：302 – 326.
❹ 陈兴良. 关于设立非法竞争罪的建议 [J]. 法学，1990（2）：46 – 47.

为加以规制，否则市场经济将沦为"劣币驱逐良币"的恶性循环，恶劣的营商环境是市场经济发展的绊脚石，因此竞争秩序无疑是设立该罪保护的法益之一。

观点二，法益二元说认为，设立该罪保护的法益是经济秩序和专利权人的财产权双重法益，或保护专利权人法益和专利管理制度法益。张明楷教授认为，假冒专利罪是指自然人或者单位，违反专利管理法规故意假冒他人专利情节严重的行为。刑法规定假冒专利罪不只是为了保护他人的专利权，而且是为了保护市场竞争秩序。因此，只要行为在侵犯专利权，同时也侵犯了市场竞争秩序，并且符合属于"假冒他人专利"用语范围之内的行为，就是该罪中的假冒他人专利。张明楷教授认为设立该罪保护的法益是私人财产权和社会公共利益，即保护个人法益和超个人法益。❶ 高铭暄教授等认为设立假冒专利罪保护的法益是专利权主体的国家专利管理秩序和专利专用权。❷ 也有学者认为，刑法规定侵犯知识产权犯罪是为了保护市场竞争秩序，知识产权权利人的私权可以视为刑法保护的对象而不是犯罪客体。❸ 有学者概括地指出，设立该罪保护专利权人利益和社会公共利益，类似于前述保护个人法益和超个人法益。❹

观点三，法益多元论认为，设立该罪保护的法益是多元化的法益。有学者认为设立破坏社会主义市场经济秩序罪保护的法益是市场交易秩序，因此其下位罪名，即设立知识产权犯罪保护的

---

❶ 张明楷. 刑法学 ［M］. 5 版. 北京：法律出版社，2016：823.
❷ 高铭暄，马克昌. 刑法学 ［M］. 8 版. 北京：北京大学出版社，2018：440.
❸ 谢焱. 知识产权刑法法益分析 ［J］. 北方法学，2017，11（4）：109 – 120.
❹ 刘科. 侵犯专利权犯罪立法完善的理念、政策与措施 ［M］//国家知识产权局条法司. 专利法研究（2015）. 北京：知识产权出版社，2017：13.

法益因而也是市场交易秩序，而非知识产权专有权。❶ 有学者认为，设立该罪保护的法益关系到专利权人的商誉和国家专利管理制度、消费者合法权益等多元法益。❷ 也有学者认为，设立假冒专利罪保护的法益是由权利主体专利权、专利管理秩序法益和消费者法益等组成。❸

综上所述，专利权犯罪属于经济犯罪组成部分，经济犯罪的罪名保护的法益至少有两种或以上。法益一元说的立场脱离专利权人的利益保护，单纯认为该罪保护经济秩序或管理秩序，完全不符合该罪的立法目的和客观现实。法益二元说是主流学说，但是正如前文所述，专利权关系到专利权主体的财产权法益、经济秩序法益和专利管理秩序法益，经济秩序法益包括竞争秩序法益、交易秩序法益、经营秩序法益等，专利管理秩序法益包括技术秩序法益和管理秩序法益等，法益二元说简化了经济犯罪具体罪名保护法益的复杂性。

侵犯专利权犯罪保护的法益明显具有多元性和抽象性，根据笔者的观察和研究，专利权刑事立法应该保护的法益至少包括四个方面：一是国家方面，专利权保护关系到国家经济安全、对外贸易经济合作、国家整体经济竞争力、国家专利管理秩序等；二是市场经济方面，专利权保护关系到市场经济秩序法益，具体包括市场经营秩序、交易秩序、竞争秩序法益；三是专利权人方面，专利权保护关系到专利权人的财产权利益；四是社会公众方面，专利权保护关系到消费者合法权利和社会公共福祉等。显然，专

---

❶ 卢建平. 刑法法源与刑事立法模式 [J]. 环球法律评论, 2018, 40 (6): 5 - 25.
❷ 田宏杰. 侵犯专利权犯罪刑事立法之比较研究——兼及我国专利权刑法保护的完善 [J]. 政法论坛, 2003 (3): 77 - 85.
❸ 胡安瑞. 犯罪化与非犯罪化：涉专利刑事政策的双极取向 [J]. 山东审判, 2016, 32 (6): 20 - 24.

利权刑事立法目的不是固定不变的，也不是单纯保护某个法益，而是关系到多元法益保护。

从刑法学视域很难判断专利权刑事保护关系到多元性法益，但如果站在国家治理主体的高度，可以认识到专利权保护的战略重要性。例如，习近平总书记指出知识产权保护工作关系到：其一，知识产权保护工作关系国家治理体系和治理能力现代化，只有严格保护知识产权，才能完善现代产权制度、深化要素市场化改革，促进市场在资源配置中起决定性作用、更好发挥政府作用。其二，知识产权保护工作关系高质量发展，只有严格保护知识产权，依法对侵权假冒的市场主体、不法分子予以严厉打击，才能提升供给体系质量、有力推动高质量发展。其三，知识产权保护工作关系人民生活幸福，只有严格保护知识产权，净化消费市场、维护广大消费者权益，才能切实为人民服务。其四，知识产权保护工作关系国家对外开放大局，只有严格保护知识产权，才能优化营商环境、建设更高水平开放型经济新体制。其五，知识产权保护工作关系国家安全，只有严格保护知识产权，才能有效保护我国自主研发的关键核心技术、防范化解重大风险。❶ 专利权的重要性远远超出普通人理解的范畴，立法者需要根据现阶段社会新形势，重新定义专利权刑事立法目的和保护程度。

2.1.2.3 专利权刑事立法模式

立法者对假冒专利罪采取行政刑法和刑法典相结合的模式，从形式上看，国家采取这种结合型立法模式比较妥当；从本质上看，专利权刑事立法模式是单轨制刑法立法模式，有学者评价这

---

❶ 申长雨. 以习近平新时代中国特色社会主义思想为指导，加快知识产权强国建设 [J]. 时事报告（党委中心组学习），2018（3）：56–71.

种立法模式是"附而不属"的"影子"刑法。单轨制刑事立法模式不可避免地使刑法规范与其依托的专利法、民法、行政法等有关法律法规形成毛与皮分离的状态。[●] 客观而言，专利权刑事立法模式采取行政刑法立法模式和空白罪状的立法技术，无疑增加了假冒专利罪刑法解释和刑事司法适用的难度。我国刑事立法模式与传统治国理政的经验密切相关，传统中国适合统一的刑法典模式。然而，随着社会变迁和发展，法定犯的出现使得单轨制立法模式难以适应社会发展新情势，因而受到学者们的诸多批判。

2.1.2.4 专利权刑事立法效果

专利权刑事立法效果是指立法者设置该罪的目的，即旨在预防和控制侵害专利权的行为，发挥刑法保护专利权、维护市场经济秩序和国家管理秩序的作用。立法效果需要根据社会现实和法律实施效果来评价，立法效果需要立法者、执法者和社会公众三者对刑法规范保护目的达成共识才能体现。根据专利权刑事立法沿革、立法目的、立法模式、规范保护目的及立法效果进行体系性的观察和描述，假冒专利罪从刑法规范外进入刑法规范内，且不论该规范能否发挥行为指导规范和裁判规范的作用，但是至少从形式上表明了在立法层面贯彻国家对专利权某个面向的保护态度。问题是"书面上的法"与"行动中的法"是否合致？市场经济中破坏专利权的现象是否因为该罪的设置得到一定程度上的预防或者遏制？笔者从中国裁判文书网查阅，至 2018 年仅发现 7 起假冒专利罪的刑事案件，换言之，40 年来平均每年不到 1 件。这表明该罪的司法适用率极低，专利权刑事司法保护存在缺位的问题。有学者指出，某一罪名自设置以来如果极少得到适用，无论是什么原因导致这样的结

● 储槐植. 刑事一体化论要 [M]. 北京：北京大学出版社，2007：72.

果，我们都不得不重新审视该罪名设置的正当性、必要性及有效性，这是科学立法、民主立法和依法立法的要求。❶

2.1.3　专利权刑事司法保护现状

前文针对专利权刑事立法保护现状进行描述，旨在对专利权刑事立法现状有基本认识。刑法规范是刑事立法的结果，而刑事司法又是刑事立法的继续。如果刑事立法是对专利权保护的第一道屏障，那么刑事司法无疑是对专利权保护的第二道屏障，也是最关键的屏障，因而有必要对专利权刑事司法保护现状进行考察。

2.1.3.1　专利权刑事司法解释

专利权的刑事立法指概括性地规定假冒专利罪的罪刑条文，对假冒他人专利与情节严重成为该罪解释的重点。

其一，关于假冒他人专利的解释。最早关于该罪的司法解释是《最高人民法院、最高人民检察院关于办理侵犯知识产权刑事案件具体应用法律若干问题的解释》，该解释旨在为依法惩治侵犯知识产权犯罪活动，维护社会主义市场经济秩序的有关问题作了细化解释，❷指出该罪保护的对象之一系专利权的标记权（标识权）和标记使用权的权利，保护对象之二是国家专利管理秩序法益。学界以此推测该罪保护的法益是专利权人的专利标识权、国家专利管理秩

---

❶ 李永升，袁汉兴. 我国经济刑法中"僵尸罪名"的检讨与调适［J］. 湖南社会科学，2020（6）：104 – 111.

❷ 该解释规定假冒他人专利行为的判断依据第 10 条四种情形：（1）未经许可，在其制造或者销售的产品、产品的包装上标注他人专利号的；（2）未经许可，在广告或者其他宣传材料中使用他人的专利号，使人将所涉及的技术误认为是他人专利技术的；（3）未经许可，在合同中使用他人的专利号，使人将合同涉及的技术误认为是他人专利技术的；（4）伪造或者变造他人的专利证书、专利文件或者专利申请文件的。

序、消费者合法权益。该罪中假冒他人专利的行为解释需要根据《专利法》第68条和《专利法实施细则》第84条规定，其中《专利法实施细则》第84条规定的假冒专利的行为有五种情形。● 比较专利权刑事司法解释和《专利法实施细则》对假冒他人专利的具体规定发现，前者规制的范围比后者规制的范围明显狭小。这表明假冒专利的专利权行政执法案件和民事案件中只有符合专利权刑事司法解释的才构成该罪，进一步限缩了成立该罪的刑事法网。

其二，成立该罪需要具备"情节严重"要素，即定量的要求。《最高人民法院、最高人民检察院关于办理侵犯知识产权刑事案件具体应用法律若干问题的解释》第4条规定了假冒专利罪定量要素的判断需要根据非法经营数额、违法所得数额、给权利人直接造成的经济损失或假冒两项以上他人专利及其他情节严重的情形。●

其三，以营利为目的对成立假冒专利罪的影响。根据专利权刑事立法和司法解释，不要求该罪以营利为目的。但是，根据侵犯商标权和著作权的犯罪构成要件，要求行为人主观上具备以营利为目的，该罪因此也要求行为人具备这一条件。此外，该解释还对非法

● （1）在未被授予专利权的产品或者其包装上标注专利标识，专利权被宣告无效后或者终止后继续在产品或者其包装上标注专利标识，或者未经许可在产品或者产品包装上标注他人的专利号；（2）销售第（一）项所述产品；（3）在产品说明书等材料中将未被授予专利权的技术或者设计称为专利技术或者专利设计，将专利申请称为专利，或者未经许可使用他人的专利号，使公众将所涉及的技术或者设计误认为是专利技术或者专利设计；（4）伪造或者变造专利证书、专利文件或者专利申请文件；（5）其他使公众混淆，将未被授予专利的技术或者设计误认为是专利技术或者专利设计的行为。
● 该规定为：（1）非法经营数额在二十万元以上或者违法所得数额在十万元以上的；（2）给专利权人造成直接经济损失五十万元以上的；（3）假冒两项以上他人专利，非法经营数额在十万元以上或者违法所得数额在五万元以上的；（4）其他情节严重的情形。

经营数额、单位成立假冒专利罪的刑罚及成立共犯的情形作了解释。

　　随着社会经济快速发展，对外贸易合作关系始终处于变动状态，基于国内外双重原因，我国专利法不断修改，专利保护水平不断提升。例如，2007 年分布《最高人民法院、最高人民检察院关于办理侵犯知识产权刑事案件具体应用法律若干问题的解释（二）》（法释〔2007〕6 号）❶，2010 年最高人民检察院、公安部发布《关于公安机关管辖的刑事案件立案追诉标准的规定（二）》（公通字〔2010〕23 号），2016 年 3 月最高人民法院发布《关于审理侵犯专利权纠纷案件应用法律若干问题的解释（二）》（法释〔2016〕1 号，以下简称《解释（二）》），主要针对近年来办理侵犯著作权和商标权刑事案件中遇到的新情况、新问题，进一步明确了某些法律适用问题。❷ 司法实践部门指出，在涉知识产权的三大类型纠纷中，专利权纠纷是最为复杂的，经常与其他学科有非常紧密的联系。纯粹学习法律的人难以驾驭该领域，中小城市经常找不到专业的法律人才处理这类纠纷。随着中国经济的发展，此类

---

❶　该解释旨在维护社会主义市场经济秩序，依法惩治侵犯知识产权犯罪活动，涉及假冒专利罪的条文有三个，分别是：第一，成立假冒专利罪的可以适用缓刑。该解释第 3 条规定侵犯知识产权犯罪，符合刑法规定的缓刑条件的，依法适用缓刑。有下列情形之一的，一般不适用缓刑：（1）因侵犯知识产权被刑事处罚或者行政处罚后，再次侵犯知识产权构成犯罪的；（2）不具有悔罪表现的；（3）拒不交出违法所得的；（4）其他不宜适用缓刑的情形。第 4 条规定，对于侵犯包括假冒专利罪在内的知识产权犯罪案件，人民法院应当综合考虑犯罪的违法所得、非法经营数额、给权利人造成的损失、社会危害性等情节，依法判处罚金。罚金数额一般在违法所得的一倍以上五倍以下，或者按照非法经营数额的 50% 以上一倍以下确定。第二，解释第 5 条规定，包括假冒专利罪在内的知识产权犯罪案件，被害人有证据证明的侵犯知识产权刑事案件，直接向人民法院起诉的，人民法院应当依法受理；严重危害社会秩序和国家利益的侵犯知识产权刑事案件，由人民检察院依法提起公诉。第三，解释第 6 条规定，单位成立知识产权犯罪的定罪量刑标准定罪处罚。

❷　逄锦温，刘福谦，王志广，等 .《关于办理侵犯知识产权刑事案件适用法律若干问题的意见》的理解与适用 [J]. 人民司法，2011（5）：16 - 23.

纠纷也开始往中小城市扩散，所以亟须在该领域制定更为细致的裁判规范。最高人民法院扮演着经验总结提炼、推广者的角色，《解释（二）》是在 2009 年司法解释的基础上，对专利侵权判定标准的进一步细化，以便保证《专利法》的正确实施，并及时回应科技创新给专利审判工作带来的新挑战。《解释（二）》主要来源于《最高人民法院公报》所刊登的典型案例以及对专利审判经验的总结，这也足见此次司法解释指导审判工作的价值导向。

2020 年《最高人民法院、最高人民检察院关于办理侵犯知识产权刑事案件具体应用法律若干问题的解释（三）》（法释〔2020〕10 号，以下又称《解释三》）发布，主要针对商业秘密入罪门槛高、刑法保护不力问题。此解释下调了入罪门槛，上调法定刑，进一步加大对商业秘密的刑法保护。此解释在量刑方面的规定也适用于所有知识产权犯罪案件，当然也包括假冒专利罪的案件。❶

纵观以上有关专利权刑事司法解释，假冒专利罪的追诉条件、构成要件和情节严重要素基本上保持恒定不变，解释主要针对著作权、商标权和商业秘密的刑事司法保护。假冒专利罪从最初制定后，入罪门槛设置得又高又窄，司法适用率极低。近年来，刑

---

❶ 《最高人民法院、最高人民检察院关于办理侵犯知识产权刑事案件具体应用法律若干问题的解释（三）》第 8 条规定，具有下列情形之一的，可以酌情从重处罚，一般不适用缓刑：（1）主要以侵犯知识产权为业的；（2）因侵犯知识产权被行政处罚后再次侵犯知识产权构成犯罪的；（3）在重大自然灾害、事故灾难、公共卫生事件期间，假冒抢险救灾、防疫物资等商品的注册商标的；（4）拒不交出违法所得的。此外，第 9 条规定，具有下列情形之一的，可以酌情从轻处罚：（1）认罪认罚的；（2）取得权利人谅解的；（3）具有悔罪表现的；（4）以不正当手段获取权利人的商业秘密后尚未披露、使用或者允许他人使用的。针对司法实践中侵害知识产权行为无法处罚的情形，解释第 10 条规定，对于侵犯知识产权犯罪的，应当综合考虑犯罪违法所得数额、非法经营数额、给权利人造成的损失数额、侵权假冒物品数量及社会危害性等情节，依法判处罚金。该条款弥补了以往对侵害知识产权行为无法处罚的司法困境。

事司法不断下调对著作权、商标权和商业秘密的入罪门槛，严密相关刑事法网，提升法定刑，加强保护政策取向非常明显，但是，对专利权刑事保护没作任何调整。

2.1.3.2 专利权刑事司法适用

司法审判的有效执行是践行司法公正的关键，是落实和贯彻立法目的的根本举措。司法审判是再次界定行为人的行为合法或违法的决定性活动，也是实现权利救济的关键一环。专利权法律保护包括民事保护、行政保护和刑事保护。针对假冒专利违法行为较轻的案件主要通过行政手段处理。以 2018 年为例，笔者在国家知识产权局官网查询到行政执法机关查处假冒专利案件 42679 件，总计查处假冒专利案件 158320 件；查处专利侵权纠纷立案 33976 件，结案 33256 件，总计查处专利侵权纠纷案件 108234 件，结案 104993 件；查处其他专利纠纷案件 512 件。❶ 除了行政救济方式，针对假冒专利行为违法比较严重或者专利权人不想以行政方式处理的案件，主要诉诸司法手段处理。笔者在中国裁判文书网以知识产权犯罪为搜索词和刑事案由，检索显示 5362 篇文书，以假冒专利罪为检索关键词显示有 7 篇文书，实际上仅有 6 起假冒专利罪的刑事案件。在法信网以"假冒专利罪"为搜索词显示 12 个案例，其中省份分布为：最高人民法院 1 个，辽宁省 2 个，上海市 2 个，山东省 5 个，湖南省 3 个；审判年份分布为：2020 年以来 4 个，2019 年 2 个，2018 年 3 个，2017 年 4 个，2016 年 2 个，2014 年 1 个。❷

❶ 国家知识产权局官网，http://www.cnipa.gov.cn/tjxx/jianbao/year2018/a/a1.html，访问于 2020 年 4 月 21 日。因国家知识产权局官网作了调整，现已查询不到原来的统计数据，而是按照新的统计方式运行，每月只统计和公布全国专利侵权纠纷行政裁决数据。

❷ 法信网，https://wenshu.faxin.cn/wenshu/v2/#/search?from=cpws&cid909312c6-4l0b-4180-a3e0-584dcae0309c&casecause=假冒专利罪，访问于 2022 年 9 月 11 日。

　　为了进一步了解全国法院审判和执行的案件情况，笔者查阅最高人民法院官网，发现目前只有 2015 年的数据。最高人民法院研究室在其官网上公布的《2015 年全国法院审判执行情况》显示全国法院新收案件近 1800 万件，新收、审执结案件同比增幅均创新高。知识产权案件审理方面，民事案件数量急剧上升，行政案件数量大幅下降。2015 年全国法院审理的知识产权刑事、民事、行政一审案件共计 123493 件（见图 1），案件审理数量呈现不断增长的趋势。其中新收知识产权刑事一审案件 10975 件，相对以往有所下降，知识产权民事一审案件 109386 件，有所上升；知识产权行政一审案件 3132 件，显著下降。另不正当竞争、专利权案件大幅上升，新收专利权案件 11607 件，上升 20.3%。

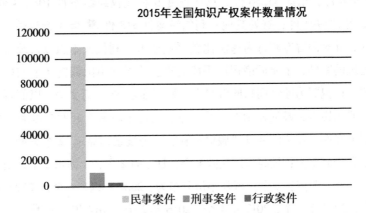

图 1　2015 年全国法院审理的知识产权案件数量情况（件）

　　资料来源：最高人民法院研究室. 2015 年全国法院审判执行情况 ［EB/OL］.（2016 - 03 - 18）［2020 - 05 - 10］. http：//www. court. gov. cn/fabu - xiangqing - 18362. html.

　　总体来看，对比以行政救济手段或以司法手段解决假冒专利案件，以行政手段解决案件的情形要多于司法手段；在以司法手段解决假冒专利案件中，假冒专利类的行为进入刑事司法追诉的情况非常少。早前有学者统计，2014 年我国假冒专利行政执法案件 16259 件，追究刑事责任的只有 1 起，指出我国行政执法案件数量如此之大，但是刑事司法案件数量如此之少，这是极不成比例的。❶ 此也说明假冒专利案件中刑法"假冒专利罪"的适用相当少见。

2.1.3.3 专利权刑事个案评析

为了避免局限在理论研究层面，即只关注"书面之法"，忽略"行动之法"，本书根据在中国裁判文书网和无讼网查询结果，经过梳理和筛选，统计到仅有 8 起假冒专利罪的刑事案件。根据这 8 起假冒专利罪的刑事案件的案情简介和法院司法裁判文书载明的内容进行陈列和分析，揭示假冒专利罪在司法实践中的实际运作现状。

案例一：庞某甲假冒专利二审刑事裁定书❷

案情简介：专利权人庞某甲曾授权被告人庞某乙与上海封浜中药厂签订金脉胶囊委托加工合同，以上海封浜中药厂为生产单位，加工金脉胶囊在全国销售。后被告人庞某乙未经专利权人许可，擅自与大连美创药业公司口头签订金脉胶囊委托加工合同，并给大连美创药业公司提供专利号为 ZL200410102684.2 的制备方法的发明专利材料，让大连美创药业公司以此技术作为企业生产

---

❶ 刘科. 侵犯专利权犯罪立法完善的理念、政策与措施 [M] // 国家知识产权局条法司. 专利法研究（2015）. 北京：知识产权出版社，2018：13.

❷ 庞某甲假冒专利二审刑事裁定书，辽宁省抚顺市中级人民法院（2018）辽 04 刑终 351 号.

标准加工金脉胶囊，大连美创药业公司共加工 1300 余万粒金脉胶囊，被告人庞某乙给大连美创药业公司提供了生产单位是上海封浜中药厂的规格为 108 粒和 120 粒的金脉胶囊外包装盒，让大连美创药业公司把生产的金脉胶囊装进生产单位是上海封浜中药厂的外包装盒中，从而冒充上海封浜中药厂生产的金脉胶囊产品。被告人庞某乙把大连美创药业公司生产的假冒金脉胶囊产品在全国销售，销售金额为 56,965,242.00 元。被告人庞某乙的犯罪行为致使原告遭受 2970 万元的直接经济损失，要求被告人庞某乙承担赔偿责任。

法院判决：行为人庞某乙冒充专利权人的专利产品非法获利致使被害人遭受 2970 万元的直接经济损失，行为人庞某乙构成假冒专利罪。后被害人上诉，提出行为人赔偿经济损失的请求，但是赔偿请求被法院驳回。

案件评析：（1）上述案件中侵犯的客体是专利权人的专利独占权和专利处分权，具体包括：专利制造权、专利使用权、提供销售权、专利销售权、专利转让权、专利处分权、专利许可权等多束权利。庞某甲发明的金脉胶囊药方法专利和产品专利，庞某乙未经庞某甲的允许，侵犯其金脉胶囊药方法专利的独占权和处分权，且利用该方法专利生产、制造、销售权利人名下的专利产品；（2）本罪的客观方面，庞某乙未经庞某甲的许可，违反《专利法》第 11 条，非法实施庞某甲产品专利和方法专利独占权和处分权，非法获利近 5700 万元，给专利权人造成近 3000 万元的经济损失；（3）本罪的主体系庞某乙；（4）本罪的主观方面，庞某乙故意非法实施庞某甲的专利权谋取经济利益。该案行为人侵害的客体对象不是假冒专利罪保护的专利标记权，完全不符合假冒专利罪的构成要件，法院仍以假冒专利罪定罪处罚。

案例二：张某、郑某某假冒专利一审刑事判决书❶

案情简介：被告人张某、郑某某在未经专利权人授权的情况下，由被告人张某负责生产经营以及销售、采购仿冒包装盒等业务，被告人郑某某负责财务管理并提供银行账户收发货款等，二人在其经营的位于天津市静海区砖垛村加工厂以及在山东省乐陵市张桥乡设立的加工点内仿造德城区菁英坊床用水循环加热器厂生产的"眠尔康"牌养生床垫，并在采购的外包装盒上印制使用未经授权的专利号，后将假冒的专利产品销售给金某、储某等人，经查被告人张某、郑某某销售假冒专利床垫金额达 1,658,806 元。

法院判决：该案侵害的客体是专利权人的专利标记权，因原告和被告达成赔偿协议，被告对原告假冒专利的行为予以谅解。

案件评析：（1）该案行为人侵犯的客体是专利权人的专利标记权。（2）本罪的客观方面，表现为行为人在采购的外包装盒上印制使用未经授权的专利号，后将假冒的专利产品销售给他人，行为人属于冒充专利的行为。2008 年《专利法》修改将冒充专利的行为纳入假冒专利行为中，但是专利权刑事司法解释对假冒他人专利的四种情形中，不包括冒充专利号的行为。（3）本罪的主体系张某和郑某某。（4）本罪的主观方面，根据判决书载明行为人使用未经授权的专利号 ZL20112005××××，行为人主观上存在故意。根据法益二元论观点，成立假冒专利罪需要同时侵害专利权人的专利标记权和破坏专利管理秩序法益。

---

❶ 张某、郑某某假冒专利一审刑事判决书，山东省德州市德城区人民法院（2017）鲁 1402 刑初 104 号.

案例三：被告人杜某某假冒专利罪案❶

案情简介：2007 年 11 月 27 日受害人江某某向国家知识产权局申请了可整体嵌入餐桌的火锅实用新型专利，并于 2008 年 10 月 29 日通过，专利号为 ZL200720065259。在此期间，受害人江某某就该专利权于 2008 年 1 月 1 日与被告人杜某某签订了一份"关于联合开发一种火锅炉的合同书"，合同书中规定江某某该专利技术、产品联合开发成功后，双方享有共同的使用权，合同权限从 2008 年 1 月至 2013 年 12 月止，共计 5 年。在合作期间，当事人江某某在 2010 年 8 月 4 日对原产品进行了改进，又向国家知识产权局申请了另外一个专利：专利号为 ZL201020286261.1，该专利于 2011 年 1 月 26 日获得通过。上述合同期满后，受害人江某某没有再与被告人杜某某就上述专利签订合同，而仅于 2014 年 3 月 13 日与被告人杜某某签订了一份关于酒精炉具现金财务管理办法，该办法约定期限为 2014 年度。2015 年上半年双方因财务问题产生矛盾，双方没有达成协议。同年 5 月 19 日受害人江某某以律师函的名义向被告人杜某某邮寄了要求其停止侵权的律师函。但在 2015 年 5 月至 2016 年 1 月期间，被告人杜某某在未经专利权人江某某的许可情况下，仍然销售专利权人的专利号为 ZL201020286261.1 的专利产品。经查证，从 2015 年 5 月至 2016 年 1 月，被告人杜某某向艾某某、罗某某、黄某某、李某某、袁某某、文某某、肖某某、裴某某、陈某某、杨某共计 10 人销售假冒的专利产品，经营额达到 285,172 元。

法院判决：被告人杜某某违反国家专利法的有关规定，未经专利权人许可而销售他人的专利产品，情节严重，其行为已构成

---

❶ 被告人杜某某假冒专利罪一审刑事判决书，湖南省常德市人民法院（2016）湘 0703 刑初 321 号.

假冒专利罪。

案件评析：刑事司法解释没有将专利侵权与假冒他人专利行为加以区分，原因在于专利法中对这两类行为作了区分。● 根据《专利法》的规定，专利侵权行为与假冒专利行为是两种不同类型的违法行为。该案中的行为人违反了《专利法》第11条的规定，根据假冒专利罪的构成要件：（1）本罪行为人侵犯的客体是专利权人的专利标记权，同时也侵害了国家专利管理秩序；（2）本罪的客观方面，表现为杜某某违反专利管理法，在未经专利权人江某某的许可情况下，仍然销售专利权人的专利号为ZL201020286261.1的专利产品；（3）本罪的犯罪主体是杜某某；（4）本罪的主观方面，杜某某属于直接故意。根据假冒专利罪的成立条件，该案中杜某某的行为符合假冒专利罪。

案例四：周某某假冒专利罪案●

案情简介：1996年9月7日，山东阳谷玻璃工艺制品厂职工卢某就其"双层艺术玻璃容器"发明设计获实用新型专利，专利号是中国ZL95229146.0，专利保护期限10年。1997年5月山东阳谷玻璃工艺制品厂与卢某就该专利的实施达成书面实施许可合同，并生产专利产品"诺亚"牌双层艺术玻璃口杯。1999年3月，被告人周某某注册成立乐凯制品厂（个体性质），同年4月，河北开元实业有限公司授权乐凯制品厂使用其拥有商标权的"乐凯"商标，即自滕州天元瓶盖厂购进杯体，生产双层艺术玻璃口杯。同年5月13日，被告人向国家知识产权局专利复审委员会请求宣告卢某的"双层艺术玻璃容器"实用新型无效。被告人遂于同年的

● 尹新天.中国专利法详解［M］.北京：知识产权出版社，2011：559.
● 山东省阳谷县人民法院刑事判决书（2001）阳刑初字第41号；山东省聊城市中级人民法院刑事裁定书（2000）聊刑经终字第7号.

5月至9月以每只78元至182元的不等价格在成都、南昌等地公开大量销售"乐凯"牌口杯，共销售3168只，经营额282,366.52元，非法获利76,446.52元。2000年3月20日，专利复审委员会作出决定，维持卢某ZL95229146.0号专利有效。此前山东省专利管理局就被告人生产的"乐凯"口杯，与卢某的ZL95229146.0号专利的权利要求是否相同，是否属于侵犯专利权的行为，于1999年10月11日作出专利侵权咨询鉴定书，认为："乐凯"口杯具备了ZL95229146.0号专利的必要技术特征。在没有经过专利权人许可或者不符合《中华人民共和国专利法》第62条等条款以及其他不属于侵犯专利权的规定的前提下，乐凯制品厂为生产经营目的制造、销售上述产品，其行为属于侵犯专利权人卢某的ZL95229146.0号实用新型专利权的行为，被告人生产、销售乐凯口杯侵犯了卢某的专利权。

　　法院判决：一审法院判决认为，被告人周某某在生产、销售乐凯口杯前即明知卢某具有ZL95229146.0号专利权，被告人具有假冒专利罪的主观要件。被告人在专利保护期内，未经专利权人许可，为生产经营目的非法制造、销售侵犯他人专利权的乐凯口杯，属假冒专利行为。被告人生产、销售乐凯口杯3168只，非法经营额282,366.52元，非法获利76,446.52元，属假冒专利情节严重，被告人具备假冒专利罪的客观要件。被告人的行为，严重侵犯了国家的专利管理制度和他人的专利专有权，构成假冒专利罪，应予刑罚。被告人非法获利76,446.52元应予追缴，赃物乐凯口杯300只应予没收。上诉人生产、销售乐凯口杯的行为，直接侵犯了山东阳谷玻璃工艺制品厂对专利的实施权，损害了其生产经营，对其经济损失应予赔偿。根据《中华人民共和国专利法实施细则》规定的专利侵权损害赔偿计算方法，该案以被告人的非法获利作为损失赔偿额，根据《中华人民共和国刑法》第 216 条、第 52 条、第 53 条、第 64 条、第 36 条，《中华人民共和国民法通则》（现已废止）第 118 条之规定，作出刑事附带民事判决，以假冒专利罪判处被告人周某某有期徒刑二年，并处罚金 5 万元；被告人周某某非法获利 76,446.52 元予以追缴，赃物乐凯口杯 300 只予以没收；被告人周某某赔偿附带民事诉讼原告人山东阳谷玻璃工艺制品厂经济损失 76,446.52 元。宣判后，附带民事诉讼原告人表示服判不上诉，被告人周某某不服，提出上诉。

二审法院判决认为：专利制度的关键环节在于保护专利权人对其发明创造的独占和垄断权，促进科学技术的推广运用，同商标权、著作权一样，专利权也是一种无形财产，通过对专利权的使用，可以创造很大的经济效益，专利权人以其对专利的独占和垄断对抗第三人，他人不得未经专利权人许可使用其专利而获得非法经济利益。上诉人周某某明知卢某具有 ZL95229146.0 号专利，且在保护期内，未经专利权人许可，为生产经营目的非法制造、销售侵犯他人专利权的乐凯口杯，属假冒专利行为，上诉人销售乐凯口杯 3168 只，非法经营额 282,366.52 元，非法获利 76,446.52 元属假冒专利情节严重，上诉人的行为严重侵犯了国家的专利管理制度和他人的专利专有权，构成假冒专利罪，应予刑罚。上诉人生产、销售乐凯口杯的行为，直接侵犯了山东阳谷玻璃工艺制品厂对专利的实施权，原审法院判处上诉人赔偿经济损失是正确的。上诉人所执一审认定事实不清，证据不足，程序违法及辩护人关于上诉人不构成假冒专利罪，阳谷县人民法院没有管辖权的辩解及辩护意见不能成立，不予采纳。原审判决认定事实清楚，证据确实、充分，定罪准确，量刑、赔偿数额适当，审判程序合法，应予维持。

　　案件评析：该案备受学界和实务界关注，是一起非常有争议的假冒专利罪案件。争议的焦点是，假冒专利行为与侵犯专利权之间是什么关系？回答这个问题需要解决两个问题：第一，假冒专利行为是否必须同时构成侵犯专利权行为？第二，非法实施他人专利行为是否有可能同时构成假冒专利行为？这两个问题都需要根据《专利法》进行分析，2001 年以前《专利法》第二次修改前，即认定的假冒他人专利行为必须同时也是专利侵权的行为。从 2001 年 7 月第二次《专利法》修改后，假冒他人专利行为的认定发生变化，假冒他人专利行为是违法行为，且是侵犯专利权行为，但是不属于专利侵权行为。第二次《专利法》修改后，从立法层面区分开假冒专利行为与专利侵权行为。

　　该案中的行为人违反了《专利法》第 11 条的规定，需要进一步判断行为人是否满足假冒专利罪的构成要件：（1）本罪的客体体现为，行为人侵犯的客体是专利权人的专有权，此处专有权是指专利独占权，即实施专利的权利，而假冒专利罪保护的客体是专利标记权。因此，周某某没有侵害假冒专利罪保护的客体之一专利标记权，但是侵害了国家专利管理秩序。（2）本罪的客观方面，表现为周某某违反《专利法》第 11 条，在专利保护期内，未经专利权人许可，为生产经营目的非法制造、销售侵犯他人专利权的乐凯口杯，侵害了专利权主体的产品专利和方法专利的独占权、处分权。该案中周某某的行为本质上是专利侵权行为，而非假冒专利的行为。（3）本罪的犯罪主体是周某某。（4）本罪的主观方面，周某某属于间接故意，因为周某某先向国家知识产权局专利复审委员会提出宣告卢某的"双层艺术玻璃容器"实用新型无效的申请，预测对方的实用新型专利权可能无效，在此期间销售涉案的"乐凯"牌口杯。根据假冒专利罪的成立条件，该案中周某某的行为并不符合假冒专利罪。

案例五：熊某假冒专利案❶

案情简介：被告人熊某于 2012 年 7 月 20 日注册成立北京德力视贸易有限公司，后于 2013 年 3 月 8 日以该公司名义在天猫商城注册成立"某旗舰店"并开始销售眼镜。某旗舰店由熊某独自经营，经营收入由其个人支配。为了提升某旗舰店的眼镜销量，熊某于 2015 年 6 月 1 日至同年 11 月 4 日间，未经专利权人某（漳州）光学科技有限公司授权许可，盗用该公司"一种防蓝光光学镜片"的专利申请文件，将专利号"X1"篡改为"X2"，并用于某旗舰店销售的防蓝光眼镜产品广告宣传页面，误导消费者。经厦门诚联兴会计师事务所有限公司审计鉴定：某旗舰店于 2015 年 6 月 1 日至同年 11 月 4 日间销售防蓝光眼镜产品经营数额为 883,273.93 元。另查明，被告人熊某为了提升某旗舰店的信誉，得到消费者的好评，以此增加眼镜的销量，获取利润，于 2015 年 7 月至 11 月间，分别在"聚者良品""众划算"第三方网络平台开展"0 元购""6.9 元购"的虚假刷单交易。消费者通过第三方网络平台在某旗舰店购买眼镜后，熊某实际发送给消费者的物品为小礼品或廉价眼镜，而非该案中假冒专利的眼镜。消费者在予以好评后，将获得现金返还。该部分虚假刷单的交易数额共计 298,410 元。2015 年 11 月 4 日，被告人熊某在济南被抓获，到案后如实供述上述犯罪事实。2016 年 1 月 29 日，熊某赔偿某（漳州）光学科技有限公司经济损失 3 万元并取得谅解。审理期间，熊某向法院预缴相关款项 15 万元。

法院判决：被告人熊某为牟取非法利益，违反国家专利管理

---

❶ 福建省漳州市龙文区人民法院刑事判决书（2016）闽 0603 刑初 139 号.

法规，未经专利权人许可，擅自篡改专利权人的专利号，变造专利申请文件并在其销售的产品宣传资料上使用，侵害专利权人的合法权益，非法经营数额达 584,863.93 元，情节严重，其行为已构成假冒专利罪，依法应予追究其刑事责任。被告人熊某到案后如实供述自己的犯罪事实，依法可以从轻处罚；已赔偿被害单位某（漳州）光学科技有限公司部分经济损失并取得谅解，酌情予以从轻处罚。根据被告人熊某的犯罪情节和悔罪表现，结合司法行政机关的社会调查情况，对被告人熊某可依法宣告缓刑。据此，依照《中华人民共和国刑法》第 216 条，第 52 条，第 53 条，第 62 条，第 67 条第 3 款，第 72 条第 1 款、第 3 款、第 73 条第 2 款、第 3 款和《最高人民法院、最高人民检察院关于办理侵犯知识产权刑事案件具体应用法律若干问题的解释》第 4 条第（一）项、第 10 条，《最高人民法院、最高人民检察院关于办理侵犯知识产权刑事案件具体应用法律若干问题的解释（二）》第 4 条的规定，判决被告人熊某犯假冒专利罪，判处有期徒刑一年，缓刑二年，并处罚金 30 万元。

案件评析：根据假冒专利罪的犯罪构成要件，熊某违反了《专利法》第 11 条的规定，但是需要进一步判断熊某是否满足假冒专利罪的构成要件：（1）本罪的客体体现为，熊某未经专利权人授权许可，盗用某（漳州）光学科技有限公司一种"防蓝光光学镜片"的专利申请文件，将专利号"X1"篡改为"X2"，并用于网店销售的防蓝光眼镜产品广告宣传页面，误导消费者，该行为本质上是冒充专利的行为，行为人侵害了国家专利管理秩序法益；（2）本罪的客观方面，表现为熊某违反《专利法》第 11 条，实施了冒充专利的行为，按照《专利法》的规定，该行为本质上是假冒专利的行为，但是按照《刑法》的规定仅禁止假冒他人专利的行为，而不包括冒充专利的行为；（3）本罪的犯罪主体是熊某；（4）本罪的主观方面，熊某系故意。根据假冒专利罪的成立条件，该案中熊某的行为不构成假冒专利罪。

案例六：孙某甲假冒专利罪案❶

案情简介：2011 年 11 月，被告人孙某甲与周某乙达成合作协议，共同组建安徽某某印刷设备有限公司，周某乙以专利技术等无形资产作为投资股金，被告人孙某甲以现金作为投资股金。后 2012 年 10 月 22 日安徽某某印刷设备有限公司变更股权，被告人孙某甲脱离该印刷有限公司。2012 年 11 月 12 日被告人孙某甲以其儿子孙某乙名义注册成立安徽某某包装设备有限公司，注册资本 100 万元，公司法定代表人为孙某乙，股东由孙某乙、郑某、何某组成，三名股东分别占 60%、20%、20% 的股份，但该公司实际由被告人孙某甲控制，被告人孙某甲全面负责公司生产、销售等事项，孙某乙在办公室负责接听电话，郑某、何某在被告人孙某甲安排下负责跑业务，三人按月领取工资。自安徽某某包装设备有限公司成立伊始，为吸引客户，提高销售量，被告人孙某甲未经专利权人周某乙许可，指使工人在其生产的贴窗机显著位置上粘贴带有周某乙专利号（ZL20101027×××.4、ZL20102052×××.5）的标识。经查，周某乙于 2012 年 7 月 25 日取得发明专利 ZL20101027×××.4，于 2011 年 4 月 20 日取得实用新型专利 ZL20102052×××.5。后被告人孙某甲分别于 2013 年 7 月 31 日和 2013 年 8 月 14 日取得 ZL20132001×××.2、ZL20132015×××.8 两项实用新型专利，遂将带有四个专利号的标识粘贴在其生产的贴窗机显著位置，经营期间共向 39 家企业销售贴窗机

---

❶ 安徽省蚌埠市禹会区人民法院刑事判决书（2014）禹知刑初字第 00018 号．

41 台，销售数额为 727, 660 元，经公安机关对购买者核实，确定带有受害人周某乙专利号标识的贴窗机数额为 290, 020 元，其中核实中的两台贴窗机未见上述专利号标识。被告人孙某甲生产的粘贴有被害人周某某乙专利号标识的贴窗机共 16 台，每台纯利润为 3000 元。

法院判决：被告人孙某甲为牟取非法利益，未经他人许可，在其制造的产品上标注他人专利号，情节严重，其行为已构成假冒专利罪，公诉机关指控的事实清楚、证据充分，罪名成立。经公安机关对购买企业进行核对，发现部分企业购买的贴窗机粘贴有被害人周某乙专利号的标识，而部分企业购买的贴窗机上未发现粘贴有被害人周某乙专利号的标识，根据刑事案件证据排除一切合理性怀疑原则，应按核实的销售数额定罪量刑，故被告人孙某甲的犯罪数额为 290, 020 元。根据被告人孙某甲供述每台贴窗机纯利润为 3000 元，从有利于被告人的原则，被告人孙某甲违法所得为 48, 000 元。鉴于被告人孙某甲归案后能够主动交代犯罪事实，属于坦白，依法可以从轻处罚。另外被告人孙某甲认罪态度较好，能够积极赔偿被害人损失，并得到被害人谅解，可酌情从轻处罚。根据被告人的犯罪情节、社会危害性以及对专利权人的侵权程度，被告人孙某甲没有再犯罪的危险，宣告缓刑对所居住社区没有重大不良影响，故决定对被告人孙某甲适用缓刑。为维护社会主义市场经济秩序，保护知识产权权利不受侵犯，根据被告人的犯罪情节、社会危害性、认罪悔罪态度等，案经法院审判委员会讨论通过，依照《中华人民共和国刑法》第 216 条，第 52 条，第 64 条，第 67 条第 3 款，第 72 条第 1、2 款，第 73 条第 2、3 款和《最高人民法院、最高人民检察院关于办理侵犯知识产权刑事案件具体应用法律若干问题的解释》第 4 条第（三）项、第 10 条，

《最高人民法院、最高人民检察院关于办理侵犯知识产权刑事案件具体应用法律若干问题的解释（二）》第 4 条之规定，判决如下：被告人孙某甲犯假冒专利罪，判处有期徒刑一年，缓刑二年，并处罚金 25 万元。被告人孙某甲退出违法所得 48,000 元，予以上缴国库。

案件评析：根据假冒专利罪的犯罪构成要件，孙某甲违反了《专利法》第 11 条的规定，具体而言：（1）本罪的客体体现为孙某甲未经专利持有人周某乙的授权许可，擅自在该公司生产的所有 CTC – C 型、CTC – D 型、TCT – E 型系列贴窗机正面显著位置，粘贴带有专利持有人周某乙专利号号码字样的不干胶设备标识，并将带有周某乙专利号的贴窗机通过互联网在百度、优酷、搜狐等网站上进行宣传和销售，该行为侵害了专利权人的专利标记权和国家专利管理秩序；（2）本罪的客观方面，表现为孙某甲未经专利持有人周某乙的授权许可，假冒周某乙的专利号，该行为本质上是假冒他人专利的行为；（3）本罪的犯罪主体是孙某甲；（4）本罪的主观方面，孙某甲系故意。根据假冒专利罪的成立条件，该案中孙某甲的行为符合假冒专利罪。

案例七：杭州耐德制冷电器厂自诉假冒专利罪案❶

案情简介：杭州耐德制冷电器厂认为，艾欧史密斯（上海）水处理产品有限公司假冒他人专利的专利号为 ZL××××××××××.9 及 ZL×××××××××××××.2，构成侵害专利的犯罪行为。

法院判决：一审法院认为，自诉人杭州耐德制冷电器厂现有的证据尚不足以证明被告人实施了侵犯其专利的犯罪行为。故裁

---

❶ 上海市第三中级人民法院刑事裁定书（2016）沪 03 刑终 5 号．

定不予受理自诉人的起诉。

二审法院认为，《中华人民共和国刑法》第 216 条规定的假冒专利罪是指自然人或者单位，违反专利管理法规，故意假冒他人专利，情节严重的行为。《最高人民法院、最高人民检察院关于办理侵犯知识产权刑事案件具体应用法律若干问题的解释》第 10 条就属于《刑法》第 216 条规定的"假冒他人专利"的几种行为作出明确解释，主要是指未经许可，在制造、销售、广告宣传、合同中使用或标注他人专利号等行为，现上诉人提供的证据无法证明被告人实施了假冒上诉人专利的行为。另根据《中华人民共和国刑事诉讼法》第 204 条第 1 款第（二）项、《最高人民法院关于适用〈中华人民共和国刑事诉讼法〉的解释》第 259 条之规定，上诉人并非该案适格被害人，不符合提起刑事自诉的条件，故上诉人的上诉理由不能成立，二审法院不予支持。原审法院裁定不予受理自诉人的起诉，并无不当。据此，二审法院依照上述法律条文及《中华人民共和国刑事诉讼法》第 225 条第 1 款第（一）项、第 229 条之规定，裁定如下：驳回上诉，维持原裁定。

案件评析：根据法院判决情况，杭州耐德制冷电器厂不是 ZL × × × × × × × × × × × × ×.9 及 ZL × × × × × × × × × × × × ×.2 两项专利的专利权人，不符合上诉人要求，从而拒绝受理该案。

案例八：王某自诉赵某、欧某假冒专利罪案❶

案情简介：王某是 ZL95112500.1 号专利的发明人、原始权利人、申请人代表、实审答辩人，ZL95112500.1 号专利是王某提供技术、花垣县环保局提供资金共同研发的。2001 年 8 月 29 日，赵某等人策划将该专利授权人变更为全价基公司，是该交易最直接

---

❶ 湖南省湘西土家族苗族自治州中级人民法院刑事附带民事裁定书（2014）州刑裁字第 1 号.

的利害关系人。为此，王某提供了充分证据证实他们的犯罪行为，并指出 2001 年 8 月 29 日该专利的授权公告书是在 1996 年 7 月 31 日初审通过公开书的篡改版，内容雷同，只是专利权人作了变更，这是赵某、欧某合意订立欺诈违法合同的结果。王某特请求州人民法院监督吉首市法院立案受理该案。

法院判决：一审法院认为，自诉人王某未向法院提交其系该专利权人等与该案有直接利害关系和证明被告人犯罪事实的证据，不符合自诉案件的受理条件，经解释说明王某仍坚持起诉。依照《最高人民法院关于适用〈中华人民共和国刑事诉讼法〉的解释》第 259 条第（三）项、第（四）项和第 263 条第 2 款第（二）项之规定，裁定对自诉人暨附带民事诉讼原告人王某的起诉不予受理。

二审法院经审查认为，该案系自诉人王某诉赵某、欧某假冒专利犯罪的刑事附带民事自诉案件。根据《中华人民共和国刑事诉讼法》第 49 条"……自诉案件中被告人有罪的举证责任由自诉人承担"和第 204 条第（二）项"被害人有证据证明的轻微刑事案件"的规定，自诉人王某首先应向人民法院提交足以证明被告人犯罪的证据，如无相应的证据证实其主张，则不符合自诉案件的立案受理条件。假冒专利罪是指行为人违反国家专利管理法律法规的规定，在法律规定的有效期内，假冒他人或单位已向国家专利主管部门提出申请并经审查获得批准的专利，情节严重的行为。构成该罪至少必须同时具备两方面的条件：（1）自诉人已经取得专利权；（2）犯罪嫌疑人实施了假冒自诉人专利的行为。如无这两方面的证据，则不符合自诉案件的立案条件。同时，我国法律并未规定发明人与专利权人必须为同一人。该案中，自诉人王某自始未取得争议专利的专利权，故其提交的 ZL95112500.1 号专利证书、《专利权转让合同》、办理查新情况、实审答辩等相关证据均不能证明赵某、欧某假冒了自诉人王某的专利并构成犯罪。因此，王某的自诉不符合《刑事诉讼法》规定的立案受理条件。依照《中华人民共和国刑事诉讼法》第 229 条、第 233 条之规定，裁定如下：驳回上诉，维持原裁定。

案件评析：根据法院判决情况，王某自始未取得争议专利的专利权，不符合自诉案件受理条件，故法院拒绝受理该案。

前述几起假冒专利罪的案件，按照假冒专利罪的成立标准，只有案例三、案例六构成犯罪，其他几起案例属于冒充专利行为、专利侵权行为，本质上不符合假冒专利罪的构成要件，不构成犯罪。法律的生命在于实践，实践是产生法律的土壤。专利权刑事立法没有禁止冒充专利的行为、专利侵权行为，但是司法实务对这两种类型的违法行为升格为犯罪行为定罪处罚。侵犯专利权犯罪的主体可以是自然人或单位犯罪，但是根据司法实务的具体判决情况来看，主要以自然人定罪处罚。

2.2 专利权刑事保护存在的问题

前文在刑事一体化方法论指导下对专利权刑事保护从刑事政策、刑事立法及刑事司法等方面的现状进行体系性的梳理，目的在于通过观察专利权刑法体系现状，发现现行专利权刑事保护存在的问题。刑法规定了假冒专利罪但司法适用率极低的现状，反映了专利权刑事立法及刑事司法客观上对专利权保护存在缺位和虚置的问题，本质上揭示了刑法对国家创新保护方面存在困境的现实。

2.2.1 刑事政策保护层面的问题

根据前述对专利权刑事政策的横向角度和纵向角度的现状描述，从横向角度看，专利权刑事政策在定罪政策上存在保护对象错位、刑罚政策不严厉和处遇政策宽松的问题。刑事政策横向角度的三个组成部分之间是双向制约、互动的关系。正向制约关系表现在专利权犯罪的定罪政策影响刑罚政策，刑罚政策进而影响处遇政策。反向制约关系具体表现在处遇政策影响刑罚政策，刑罚政策影响定罪政策。行为受后果制约是行为科学的一个基本原则。刑罚政策合理与否需要受到处遇效果的检验。定罪政策与刑罚政策之间也有类似关系。其中，专利权刑罚政策符合此类犯罪刑罚配置轻缓的价值取向是值得肯定的。

2.2.1.1　保护对象错位

刑法设置侵犯知识产权犯罪的罪名有八个。❶ 目前刑法对专利权的保护只设置假冒专利罪一个罪名。根据专利法的规定，专利权人享有的权利包括专利申请权、专利申请权转让、专利独占实施权、专利制造权、专利使用权、许诺销售权、提供销售权、专利销售权、专利进口权、专利转让权、专利处分权、专利许可权、专利标记权、专利标记使用权、专利放弃权等多束权利。假冒专利罪仅对侵害专利标记权的行为进行打击，对专利标记权以外的权利不进行保护，但是，根据前置民法、行政法、专利法主要规定了假冒专利行为和专利侵权行为的不法行为类型。刑法"二次违法性"决定了应当对侵害专利权行为类型中最严厉的行为进行

---

❶ 假冒注册商标罪，销售假冒注册商标的商品罪，非法制造、销售非法制造的注册商标标识罪，假冒专利罪，侵犯著作权罪，销售侵权复制品罪，侵犯商业秘密罪，为境外窃取、刺探、收买、非法提供商业秘密罪。

打击，假冒专利罪的本质是保护专利权人的标记权，在专利权的多种权能类型中，标记权是所有权能类型中相对不重要的一项权利，专利权最核心的权能是独占权或垄断权，但是刑法没有对之进行相应的保护。我们从前文 8 起假冒专利罪的案件中，发现至少有 3 起案件应以专利侵权的行为定罪处罚，这反映专利权定罪政策上的模糊性，模糊容易造成罪名设置不科学的问题。由于刑事政策对专利权的本质属性和价值认识存在缺陷，进而导致刑事立法对专利权保护对象的错位。

2.2.1.2 刑罚政策不严厉

目前我国刑法对专利权的保护只设置假冒专利罪，而以德国和日本为代表的大陆法系国家，德国根据专利权的客体特征制定了专利法、实用新型专利法、外观设计专利法，分别规定了侵害专利罪、侵害实用新型罪、侵害外观设计专利罪的禁止性条款，即打击专利侵权行为，同时禁止主观上有企图通过非法实施他人专利行为获取商业利益的故意。德国的预防主义刑法观的理念十分突出，禁止行为犯以外，还禁止思想犯。这里的思想犯是故意判断的客观化，不是指行为人主观上具有想要非法实施他人专利谋取经济利益的故意。日本对专利权的刑法保护超出世界平均水平，专利权刑法保护法网的严密程度从其设置侵害专利权罪、诈骗专利权罪、虚假标记罪、伪证罪、泄密罪、违反保密命令罪等予以体现，并且根据侵害专利权不同权利类型的危害程度，在法定刑配置方面呈现了十年、五年、三年的梯级刑罚模式。相比之下，我国刑法对专利权的保护有范围过于狭小、法网过于粗疏之嫌。❶

---

❶ 田宏杰. 侵犯专利权犯罪刑事立法之比较研究——兼及我国专利权刑法保护的完善 [J]. 政法论坛，2003（3）：77 - 85；刘宪权，吴允锋. 假冒专利罪客观行为的界定与刑法完善 [J]. 华东政法学院学报，2006（1）：59 - 66.

2.2.1.3　处遇政策宽松

理论上讲，侵害知识产权具有严重社会危害性的行为入罪或者非罪，都是在经济犯罪刑事政策的指导下予以设置，并以之保持政策的统一性和权威性。前文通过从横向角度和纵向角度观察专利权刑事政策存在的问题，结合刑事立法和刑事司法现状，可以发现，从经济犯罪重刑的政策延续和贯彻到产权犯罪领域，进而统摄知识产权犯罪，宽严相济刑事政策对知识产权犯罪采取的治理策略是逐步加强对著作权、商标权、商业秘密的保护，但立法者对专利权刑事保护始终保持谨慎立场，仅设立一个假冒专利罪，反映了宽严相济的刑事政策对专利权弱保护立场。有学者指出，现行《刑法》483 个罪名中，《刑法分则》第三章破坏社会主义市场经济秩序罪中至少有 10 个罪名属于"僵尸罪"。❶ 假冒专利罪可以说是典型的"僵尸罪"。我国刑法不仅存在微罪虚置的问题，部分轻罪也存在类似问题。❷ 有个别学者指出，我国法律规范规定的诸多权利得不到救济，没有救济就没有权利，这样的法律规范面临的就是形同虚设的现实。❸ 就此而言，刑事政策忽略了对专利权的保护。

2.2.2　刑事立法保护层面的问题

不论是刑法解释学还是刑法教义学，在接受既有法律解释原则的制约下，可以对法律条文进行解释和批判，通过解释使法律

---

❶ 李永升，袁汉兴. 我国经济刑法中"僵尸罪名"的检讨与调适 [J]. 湖南社会科学，2020（6）：104 – 111.

❷ 储槐植. 解构轻刑罪案，推出"微罪"概念 [N]. 检察日报，2011 – 10 – 13（003）.

❸ 陈瑞华. 增列权利还是加强救济？——简论刑事审判前程序中的辩护问题 [J]. 环球法律评论，2006（5）：530 – 536.

条文在体系上和逻辑上实现自洽，通过解释弥补法律条文存在的缺陷或漏洞，通过解释批判法律条文存在的问题。❶ 刑法教义学具有批判刑法立法的功能，法益本身也具有批判刑法立法规范的功能。因而，可结合刑法解释与法益两者的批判功能分析专利权刑事立法存在的问题。

2.2.2.1 立法目的模糊

TRIPS 协议将知识产权定性为私权，反映了加入该组织的各成员方肯定专利权是私权的共识，也说明我国同世界其他国家和地区一样，承认专利权是私权的属性。世界各国各地区对知识产权的保护立场和法律实践存在极大差异，正是因为知识产权兼具公权和私权的属性，各国各地区可以选择私法及公法予以不同程度的保护。根据财产权本质上是一种政治权利的观点，法律对发明创造者授予专利权是初次分配，对专利权的多项权利予以不同程度的保护是再次分配，分配正义原则是这两次权益分配的首要伦理价值。❷

根据我国刑法基本上是按所侵害的法益类型来安排相应罪名的位置，可以看出立法者对物权上的财产权和知识产权采取了不同保护模式，分别是物权保护模式、经济秩序保护模式。由于侵犯经济秩序利益的犯罪而存在，也为个人财产权利提供保障的刑法保护，可称为经济秩序保护模式。❸ 立法者最初考察了世界各国的立法实践，认识到英美等国对危害专利权的行为按照抢劫罪、盗窃罪定罪处罚。刑法草案对专利权规定了民事赔偿和刑事惩罚两种保护路径，但是当时全国人大常委会法工委认为只给予民事

---

❶ 车浩. 刑法教义的本土形塑 [M]. 北京：法律出版社，2017：3.
❷ 刘鑫. 专利权益分配的伦理正义论 [J]. 知识产权，2020（9）：47-60.
❸ 劳东燕. 个人数据的刑法保护模式 [J]. 社会科学文摘，2020（12）：73-75.

制裁就够了。鉴于刑法明确了保护商标的规定，如果不对侵犯专利权的行为配置刑罚有失平衡。学者们认为，将一般侵犯专利权的行为按照民事处理，对于假冒他人专利的行为，建议仿照假冒商标罪规定罪刑规范，理由是假冒他人专利的行为可能会欺骗消费者、损害消费者的利益。❶ 根据假冒专利罪刑事立法文献资料，可以发现专利权刑事立法的制定逻辑。

其一，仿照假冒商标罪的罪刑条款制定了假冒专利罪。商标权和专利权都是知识产权客体，商标权也是由多个权利组成，它们分别是商标专有使用权、商标处分权。例如，可口可乐公司的文字商标 Coca-Cola 和弧形瓶成为注册商标，被全世界公认为认知度最高的商标和品牌之一。可口可乐公司的理念是："品牌是最宝贵的无形资产。"商标是企业形象和信誉的集中表现，保护商标权就是保护企业的品牌和信誉。假冒商标行为是侵害商标权最严重的行为之一，刑法规制假冒商标行为本质上是保护商标权最核心的权利，同时也维护消费者免受假冒伪劣商品的损害。但是专利权与商标权截然不同，假冒专利权的行为仅保护专利权人的专利号，破坏了专利权人的标记权，专利标记权不像商标专用权代表着企业商誉及形象。

其二，专利权刑事立法低估了专利权的重要性，没有认识到专利权关系到国计民生的重要性。保护专利权实际上是保护社会创新，因此目前对专利权刑事保护的制度设计仍缺乏前瞻性。社会构建的正式组织结构通过某些改进，可以服务于市场驱动的交易，但是法律实施的不平等毕竟构成了实质性障碍。市场经济的良好运行，必须是在法律的轨道上前进，法律既是经济运行的保

---

❶ 转引自刘科. 中国知识产权刑法保护国际化研究 ［M］. 北京：中国人民公安大学出版社，2009：24.

障，同时也为经济运行提供了基本前行的方向。实际上，法律的可预见性对于经济行动者来说更具价值。如果法律缺乏可预见性，法律效力就会受到损害，因为人们无法确定相关的成文法律或其他形式的法律是否会在类似条件下得到适用，结果是缺乏可预见性的法律无法产生减少交易成本的效果。❶ 创新是一个国家发展的根本动力，刑法对专利权的保护偏向经济秩序保护法益，但对专利权人财产法益予以弱保护或保护不足，这种制度设计不仅不能激励公民创新的积极性，不利于社会技术创新成果的生产，也不利于促进社会经济发展。

2.2.2.2 立法打击偏向

专利权刑事政策立法打击对象偏向和定罪不严密深刻地影响了刑事立法和刑事司法对专利权的制度安排。两大法系国家的专利权刑事立法模式各不相同。大陆法系的专利权罪刑条款规定在行政刑法中。以德国和日本为代表的大陆法系国家，德国针对专利权的客体分别制定《专利法》《实用新型专利法》《外观设计专利法》，对专利权的核心权利，即专利独占权进行刑事保护。日本对侵犯专利权的刑事法网设置得更加严密，对专利独占权、专利申请权及专利标记权专门予以保护。英美法系则属于多轨制立法模式，普通法、衡平法、判例法及专利法等都涉及专利权的罪刑规范，可以对侵害专利权的不同行为进行调整和规制，对专利权等同于物权意义上的财产予以同等保护和严格保护。美国专利法中规定了虚假标记罪和伪造专利证书罪，两个罪名旨在保护其管理制度法益。英国和美国是判例法国家，法律授予专利权人专利

---

❶ 奥斯汀·萨拉特.布莱克维尔法律与社会指南［M］.高鸿钧，刘毅，等译.北京：北京大学出版社，2011：660.

所有权，将专利权等同于无形动产予以保护，比较轻的或轻微财产犯罪用故意毁坏财产/财物罪和非法侵害财产/财物产罪，针对刑事损害设置了专门的刑事损害法案。❶ 其普通法、衡平法及判例法等诸多成文、不成文的法律法规全方位地规制侵害专利权各项权利的行为。

2.2.2.3 立法模式不足

我国刑法立法模式是一元化的刑法典模式，或称单轨制立法模式。现行知识产权犯罪在《刑法分则》第三章第七节专门规定了知识产权犯罪的八个罪名，同时在著作权法、商标法、专利法等法律法规中对知识产权违法行为追究刑事责任予以规定，但是此类法律没有设置罪刑条款。例如，《专利法》第 68 条规定，构成犯罪的，依法追究刑事责任。新《刑法》修正之前，我国以类推原则规定了假冒专利罪，其构成要件和成立犯罪需要依据假冒商标罪的具体规定。新《刑法》颁布后，废除了类推原则，确定了罪刑法定原则，在现行《刑法》第 216 条单独增设了假冒专利罪，将假冒专利罪置于破坏社会主义市场经济秩序罪的章节，完善了刑法对知识产权保护的体系性制度安排。此也表达了刑事立法对物权财产权和知识产权无形财产权两种不同的保护立场，前者采取物权保护立场，严格保护模式；后者采取经济秩序保护立场，同时兼顾权利人的法益。

第一，专利权刑事保护选择单轨制立法模式，容易造成侵犯专利权犯罪的罪名虚置问题。有学者指出，我国的立法者不允许行政刑法里存在罪刑条款，只允许其出现在刑法中。这种一元化

---

❶ 储槐植，江溯. 美国刑法 ［M］. 4 版. 北京：北京大学出版社，2012：198 - 201；Irina D. Manta. The Puzzle of Criminal Sanctions for Intellectual Property Infringement ［J］. Harvard Journal of Law & Technology, 2011, 24 (2)：469 - 518.

的刑法立法模式的出发点是突出刑法优位,结果却是弱化了刑法的功效。❶ 在造假频现的背景下,近四十年来,每年全国法院对假冒专利案件的判决都没有突破个位数,这与专利权民事案件和行政案件数量庞大形成鲜明的反差。

第二,专利权单轨制立法模式容易造成专利权刑事立法滞后的问题。法律滞后性问题可能是法律体系固有的缺陷,刑法也不例外。1984 年制定的《专利法》第 63 条创设了行政刑法规范,后被假冒专利罪替代,人们视该罪是保护专利权的专门刑法规范。可以发现,刑法对专利权的保护明显落后于前置法,这易导致刑事司法实践产生冤假错案的问题。以前文周某某假冒专利罪案为例,《专利法》在第二次修改以前,行为人成立假冒专利行为同时构成侵犯专利权行为。从 2000 年 8 月第二次《专利法》修改后,假冒他人专利行为有可能构成侵犯专利权行为,但不一定是侵犯专利权的行为。2008 年《专利法》对"假冒专利"行为除规定没收违法所得、罚款等行政处罚外,还规定"构成犯罪的,依法追究刑事责任"。专利法对假冒专利行为拓宽了打击范围。相反,1997 年《刑法》对"假冒他人专利"行为构成要件的规定已丧失原本明确的、前置法上的准确依据。由于侵犯知识产权犯罪属于典型的法定犯或行政犯,"知识产权法律法规制度成为知识产权刑法的前置法,前置法及其变动决定着知识产权犯罪边界如何被厘定及调控"。❷

前置法界定的假冒专利行为范围远远大于刑法上的假冒专利行为范围,专利法不断修订和调整,并没有影响立法者对假冒专

---

❶ 储槐植.刑事"三化"述要 [J].中国检察官,2018(1):4-6.
❷ 贺志军,袁艳霞.知识产权刑事司法:中国特色实证研究 [M].北京:北京大学出版社,2016:227.

利罪的修订。研究该罪的学者都难以界分专利法规定的假冒专利
行为和刑法所规制的假冒专利罪构成要件内容之间的差异，刑事
司法实践中恐怕也难以避免这种认识偏差。刑事立法不仅从形式
上使刑法与专利法产生脱节，而且给刑法解释和刑事司法适用带
来障碍。立法滞后会造成书面上的法和行动中的法两者之间的脱
节。所以可以说，专利权刑事立法采取单轨制立法模式，容易造
成刑法与专利法不一致。

2.2.3　刑事司法保护层面的问题

专利权是"诉讼中的动产"或"预期的财产权"，专利权案件
不进入司法程序，就难以实现对专利权人的权利救济。例如，20
世纪末期美国最大的专利侵权案件涉及柯达公司与波拉罗伊德公
司之间的诉讼，波士顿联邦地方法院最终判决柯达公司成立专利
侵权行为，赔偿对方近9亿美元的罚金。❶专利权得不到法律的救
济，专利权的法定权利就不存在，司法审判是落实保护专利权的
关键。假设刑事立法方面到位，刑事司法却得不到适用，这样的
法律终究沦为"书面之法"，相应的法律权利也没有得到保障和
救济。

刑事政策对刑事司法具有重要的指导意义。❷客观地讲，专利
权弱保护刑事政策对刑事司法效能具有直接指导作用。专利权刑
事立法本身如存在缺陷，则专利权自诉案件存在举证难的问题，
前述 8 起假冒专利罪刑事案件中，只有 2 起案件是自诉案件，其他

---

❶ 姚欢庆. 对簿公堂 14 载——美国最大的专利侵权赔偿案始末 [J]. 中国科技信
息，1996 (7)：20.

❷ 赵秉志. 宽严相济刑事政策视野中的中国刑事司法 [J]. 南昌大学学报 (人文社
会科学版)，2007 (1)：1 - 8.

6 起案件是公诉案件。对知识产权，我国采取民事保护、行政保护和刑法保护模式，在刑事司法层面存在低立案率、低侦破率和低定罪率的情形。其原因与法律规定行使追诉犯罪权的形式，即向国家审判机关控告犯罪，要求惩罚犯罪人的途径和渠道关系密切。我国刑事诉讼法对于假冒专利罪采取刑事自诉为主、公诉为例外的追诉原则，使得追诉专利犯罪行为者陷入程序性困境。● 刑事程序法的规定与刑事司法实践之间存在的这种冲突也进一步形成该罪进入刑事司法环节的障碍。因此，通过对专利权刑事司法现状的观察，可以发现现行专利权刑事司法存在以下几方面问题。

2.2.3.1 刑事司法保护虚置

专利权行政保护、司法保护双轨制保护路径，行政保护的确有其高效便捷的一面，但是也容易导致不按照合法程序处理侵害专利权相关的违法行为。行政保护的优点是保护手段单一，保护速度快，假冒专利行为、专利侵权行为的证据调取便捷，政府投入综合成本较低，但是保护效力低。司法保护手段多样，保护效力高，但是保护速度慢，违法证据调取难度大，投入的司法资源综合成本较高。从受害者、违法者、行政机关、司法机关等不同利益代表的立场出发，行政执法成为处理知识产权违法的首选方式。

第一，行政法保护优先性。专利权的私权属性和权利的法定性需要公权力介入并予以保护。既然受到法律的保护，人们先要找到保护这种权利的法律依据。对于侵害专利权的行为，《专利法》有第 68 条、第 71 条及第 72 条这三个十分重要的条款，另有第 67 条规定专利侵权纠纷中被控侵权人有证据证明其实施的技术

● 朱德宏. 假冒专利罪的刑事自诉程序解析［J］. 科技与法律，2008（3）：81–85.

2 专利权刑事保护的现状与问题 | 093

或者设计属于现有技术或者现有设计的，不构成侵犯专利权。前述这四条法律条款是专利权寻求保护的立法依据。根据《专利法》的规定，侵害专利权存在三种情形：非法实施他人专利的行为、专利侵权的行为、假冒专利的行为。

第二，民事救济是司法救济的主要方式。《民法典》第123条规定，民事主体依法享有知识产权。知识产权的权利人依法就下列客体享有专有权利：（1）作品；（2）发明、实用新型、外观设计；（3）商标；（4）地理标志；（5）商业秘密；（6）集成电路布图设计；（7）植物新品种；（8）法律规定的其他客体。侵犯专利权的行为是一种民事侵权行为，行为人应当承担相关民事责任。《民法典》第176条规定，民事主体依照法律法规和当事人约定，履行民事义务，承担民事责任。承担民事责任的方式有11种类型，如停止侵害、排除妨碍等，这些民事责任的方式可以单独适用，也可以与其他部门法合并适用。

与《民法典》相比，《专利法》属于特殊法，侵犯专利权的民事责任应当优先适用《专利法》的有关规定，但现实中行政执法和民事执法优先性地位确定无疑。结合我国知识产权刑事诉讼领域实行"公诉为主、自诉为辅"的诉讼结构，刑事自诉适用率很低。❶ 排除行政执法和民事保护两种路径处理的案件，剩下的案件可以选择刑事司法处理，但刑事司法实际上常被"悬空"。根据前文无讼网对民事案件、行政案件及刑事案件的统计数据，可以发现涉专利案件违法行为主要是通过行政救济和民事救济两种方式处置。前置性法律堵截了刑事司法救济的空间，造成刑事司法对专利权保护缺位的问题。由于专利权是诉讼中的动产，刑事司法没

---

❶ 高艾冷，杨春华.知识产权案件刑事自诉权的重构［J］.人民检察，2019（14）：70－72.

有发挥应有的保护作用，间接地导致了专利权犯罪刑事立法的虚置。

专利权刑事司法追诉的依据是假冒专利、情节严重的情形。《专利法实施细则》对假冒专利的五种情形规定比较明确，即定性部分比较明确；对情节严重的认定，即定量部分需要根据司法解释规定的四种情形认定，只要满足其中之一就可以成立该罪，然而，这四种情形在司法实践中都很难确定。如何计算和证明非法经营数额、违法所得数额、直接经济损失数额将直接决定罪与非罪、此罪与彼罪以及定罪量刑是否准确的问题。造成专利权刑事司法备而不用主要原因大概如下。

其一，调查取证难度大。2004 年《最高人民法院、最高人民检察院关于办理侵犯知识产权刑事案件具体应用法律问题的解释》明确了行为人在实施侵犯知识产权行为过程中，制造、储存、运输、销售侵权产品的价值的计算方法。已销售的侵权产品的价值，按照实际销售的价格计算；其他情形按照标价或者已经查清的侵权产品的实际销售平均价格计算。侵权产品没有标价或者无法查清其实际销售价格的，按照被侵权产品的市场中间价格计算。多次实施侵犯知识产权行为，未经行政处理或者刑事处罚的，非法经营数额、违法所得数额或者销售金额累计计算。非法经营数额以涉及的侵权产品总数额为主，实际上，侵权产品涉及的主体之多、范围之广、跨区域之大，给执法机关的查处活动带来极大的难度，执法成本也因此高昂，执法效果刚好相反，甚至存在处罚"真空"的问题。为此，最高人民法院、最高人民检察院 2020 年发布的《关于办理侵犯知识产权刑事案件具体应用法律若干问题的解释（三）》（法释〔2020〕10 号）力图解决整个知识产权犯罪中取证难、定罪难的问题，弥补了处罚真空的漏洞。

其二，违法证据确认困难。由于知识产权犯罪案件直接证据收集和发现非常困难，间接证据较多。本书列举的 8 起假冒专利罪案件中，有的裁判文书列明诸多涉案人物和证据资料，包括第三方机构作出的专利侵权咨询鉴定意见；某些案件既有涉案财产价格鉴定结论，又有各犯罪嫌疑人对涉案物品价格的供述、账本、出入库清单等可能记载销售价格的销售记录，但是这些证据在反映销售价格上可能有所不同，证据采信选择存在两难困境。此外，产品标价和实际销售价格无法确定的，"非法经营数额"按照被侵权产品的市场中间价格计算，但是某些案件计算"市场中间价"时既有价格鉴定机构的鉴定结论，又有被害人出具市场平均销售价格证明，此情况下对是否必须采信鉴定机构的鉴定结论存在争议。主流观点认为应当以有利于被告为原则，在采信价格方面"就低不就高"。❶ 根据《刑事诉讼法》，违法所得的计算并没有规定有利于被告人的原则，但是，知识产权犯罪似乎存在这种例外情形。所以，治理知识产权犯罪都存在举证难、诉讼周期和维权成本代价高等问题。

2.2.3.2　刑事司法与刑事立法脱节

美国学者德雷斯勒分析了刑事程序与实体的三种复杂关系：第一，程序性规则能够妨碍实体目标的贯彻；第二，由于存在某些程序法规则，可能促使立法者拒绝制定某些刑事法律；第三，有的法律文本是程序法与实体法的混合。刑事司法将专利侵权行为按照假冒专利罪定罪处罚，揭示了"书面之法"与"行动之法"脱节的问题。以前文列举的案例——庞某乙假冒专利案为例❷，行

---

❶ 刘惠，王拓，邱志英，等. 侵犯知识产权犯罪数额探析 [J]. 中国检察官，2012 (9)：41–44.

❷ 庞某乙假冒专利二审刑事裁定书，辽宁省抚顺市中级人民法院（2018）辽 04 刑终 351 号。

为人侵犯的客体是专利权人的专利独占权和专利处分权，表现在庞某甲发明的金脉胶囊药方法专利和产品专利，庞某乙未经庞某甲的允许，侵犯其金脉胶囊药方法专利的独占权和处分权，且利用该方法专利生产、制造、销售权利人名下的专利产品，根据《专利法》的规定，行为人不是违反第 68 条假冒专利罪的条文，而是违反《专利法》第 11 条，非法实施庞某甲产品专利和方法专利独占权和处分权，非法获利五千多万元，给专利权人造成近 3000 万元的经济损失。该案行为人侵害的客体对象不是假冒专利罪保护的专利标记权，完全不符合假冒专利罪的构成要件，法院却以假冒专利罪定罪处罚，造成专利权刑事司法保护与刑事立法脱节的问题。

2.2.3.3 被害人权利救济不足

有学者指出，我国知识产权刑事法律中没有关于刑事损害赔偿的具体规定，我国现行知识产权刑事法律制度中关于赔偿被害人的处罚方式明显偏少，现有的相关规定可操作性较差。❶ 从现实情况看，我国现有知识产权刑事法律中只有财产上交国库的罚金刑、没收财产，没有规定关于直接针对被害人进行赔偿的刑罚方式。民事法律中规定的赔偿制度则由于规定过于原则、笼统以及缺乏较好的衔接制度而大打折扣。这既不利于惩治知识产权犯罪，也不利于充分保护被害人的利益。

我国关于知识产权犯罪刑事责任的制度设计不利于专利权被害人权利的救济。其主要表现是：一方面被告人对被害人的赔偿与被告人刑事责任之间缺乏必要的联系，法律上没有关于犯罪人积极履行对被害人赔偿义务从而减轻或者免除其刑事责任的明确

---

❶ 赵赤. 知识产权刑事法保护专论［M］. 北京：中国检察出版社，2011：167－168.

规定；另一方面现有刑罚特别是罚金刑的运用方式比较简单、不够灵活。刑事责任是刑法中的核心问题。刑法中贯彻恢复性司法理念要求在刑事责任制度中考虑被告人实施对被害人赔偿的意义。两大法系国家的刑法在量刑制度中一般都有关于犯罪人积极履行对被害人赔偿义务从而减轻或者免除其刑事责任的明确规定。❶

　　根据前述所举案例，我们发现，司法实践中实际上会作出有利于被告人的决定。以孙某甲假冒专利罪案为例，被告人孙某甲与周某乙达成合作协议，共同组建安徽某某印刷设备有限公司，周某乙以专利技术等无形资产作为投资股金，被告人孙某甲以现金作为投资股金。后该公司变更股权，被告人孙某甲脱离该公司后，以儿子孙某乙名义注册成立公司，但该公司实际由被告人孙某甲控制，为吸引客户，提高销售量，被告人孙某甲未经专利权人周某乙许可，指使工人在其生产的贴窗机显著位置上粘贴带有周某乙专利号的发明专利、实用新型专利标记，带有被害人周某乙专利号标记的贴窗机总金额为 290,020 元。根据被告人孙某甲供述每台贴窗机纯利润为 3000 元，从有利于被告人的原则，被告人孙某甲违法所得为 48,000 元。法院在违法所得数额上明显违反常理。有学者指出，没收财产是一种附加刑，它的适用以被告人被判定有罪为前提条件；至于对被扣押、冻结的赃款赃物及其孳息的没收，也同样应当在人民法院作出的有罪判决生效后执行。❷ 我国现有知识产权刑事法律中只有财产上交国库、没收财产的刑罚，没有规定关于直接针对被害人进行赔偿的刑罚方式。民事法律中规定的赔偿制度则由于规定过于原则、笼统以及缺乏较好的衔接制度而大打折扣。这既不利于惩治侵犯知识产权犯罪的行为，更

---

❶ 赵赤. 知识产权刑事法保护专论 [M]. 北京：中国检察出版社，2011：169.
❷ 黄风. 论对犯罪收益的民事没收 [J]. 法学家，2009 (4)：89-97，158-159.

不利于对被害人权利的救济。

此外，前述案例一和案例七，行为人侵害的对象系专利独占权，违反《专利法》第 11 条的规定，而不属于《专利法》第 68 条和刑法对假冒专利罪规制的情形，法院却以假冒专利罪定罪处罚。有学者客观地指出，司法的可错性是法治建设中无法避免的问题，因为法律规范和案件事实认定总是存在复杂性和不确定性。对于出现司法裁判错误的案件，应当在制度设计上给予被害者救济的权利，当纠尽纠。❶ 2020 年最高人民法院加强产权司法保护，依法纠正涉产权刑事冤错案件 34 件 56 人。❷ 学界和社会公众的关注或者呼吁非常必要，一个以人民至上的国家会倾听民意，对现行制度存在不合理的地方适度作出调整或修订。

2.3　本章小结

本章以专利权刑事政策现状为起点，首先，就专利权刑事政策进行观察和分析，从横向角度和纵向角度对专利权刑事政策现状，即专利权刑事定罪政策、刑罚政策、整体刑事政策描述和分析，发现专利权刑事政策在定罪方面存在打击错位且刑事法网不严密、专利权刑事政策弱保护的问题。专利权刑事政策问题直接影响到刑事立法和刑事司法的制度安排。其次，就专利权刑事立法进行观察和分析，本章通过梳理专利权刑事立法沿革，发现专利法多次修订，而专利权刑事立法始终不变，主要原因是专利权

❶ 陈科. 论司法的可错性 [J]. 法学，2020（12）：80 - 96.
❷ 澎湃新闻. 最高法：去年依法纠正涉产权刑事冤错案件 34 件 56 人 [N/OL]. (2021 - 03 - 08)［2022 - 01 - 12］. www. thepaper. cn/newsDetail_forward_11604897.

刑事立法模式单轨制，一是通过假冒专利罪一个罪名的分析，发现专利权刑事立法打击错位，罪名设置不合理。二是通过观察专利权刑事立法目的，发现立法者对知识产权采取经济秩序保护模式，立法目的旨在保护经济秩序，这种抽象法益的保护脱离了社会经济发展现实，在不对知识产权主体的财产权利进行保护的前提下谈对经济秩序的保护，无异于缘木求鱼。三是通过对专利权刑事立法模式的分析，发现专利权刑事立法不仅与专利法脱节，也易引发专利权刑事司法与刑事立法的脱节，从而揭示了专利权刑事立法单轨制模式会引发法定犯刑法运作的系统性问题。最后，就专利权刑事司法进行观察和分析，发现进入刑事司法追诉的专利权案件非常少，且刑事司法适用存在将非假冒专利罪案件定性为假冒专利罪案件处罚的问题，反映了专利权刑事司法保护缺位、专利权刑事司法保护与刑事立法脱节、被害人权利救济不足等问题。

3

专利权刑事保护不足的原因辨析

学界对我国刑法发展走向持两极化立场，主流立场坚持积极刑法观，即刑法增设新罪、扩大处罚范围符合社会发展情势；少数学者坚持消极刑法观，批判我国刑法存在过度犯罪化的倾向。这两种宏观性的学术争议掩盖了具体问题的讨论和分析。有学者指出，近年来刑法规制社会生活的深度、广度和强度呈现出明显的扩张趋势，揭示了刑法已经成为控制社会风险和危害的优先手段，刑法不仅"管得宽"，而且"管得严"。^❶ 然而，在刑事立法严密法网的主流发展趋势下，专利权对我国经济发展方式转型起着至关重要的作用，为何刑法对专利权保护存在缺位和虚置的问题？专利权刑事保护不足的问题表明，刑法过度犯罪化的判断其实是个伪命题，犯罪原因为制定刑事政策提供科学根据。根据刑事一体化理论，刑法学研究如果只局限在刑法自身之

---

❶ 周光权. 积极刑法立法观在中国的确立 [J]. 法学研究，2016，38（4）：23 – 40.

内，它要取得重大进展非常困难，因此，本章拟在刑事一体化理论的指导下，从刑法之内和刑法之外两个层面进行体系性分析。

3.1 刑法之内的原因辨析

根据刑事一体化理论，刑法之内主要指罪刑关系，以及刑法与刑事诉讼的关系。❶ 刑事政策在整个刑法体系中占居统率全局的重要地位，它是指导刑法及刑事诉讼法的思想指南。刑法规定某种行为属于犯罪，依据的是此行为具有危害社会的特征。❷ 对社会没有危害的行为，刑法就不会把这种行为规定为犯罪。所以，犯罪的违法性特征是由其社会危害性所决定和派生的特征。假冒专利罪是刑法明文规定的唯一侵害专利权的罪名，反映了国家注意到专利权需要刑法保护。至于侵害专利权何种行为需要科处刑罚，取决于国家对专利权的认识和定位。这足以体现刑事政策制定之不易和刑事政策的重要性。刑法是规定犯罪和刑罚的刑事法律规范，刑事政策对刑法规范的制定和修正具有导向功能，而刑法观对刑事政策的产生和形成具有指导作用。因此，本章从考察刑法观与刑事立法保护的角度出发，分析专利权刑事保护不足的原因。

3.1.1 刑法观层面的原因辨析

刑法观对刑事政策具有指导作用，刑事政策是刑法观的表现形式，刑事立法和刑事司法也是刑法观的不同表现形式，其在一定程度上揭示了国家决策者治理社会犯罪问题的基本价值取向。

---

❶ 储槐植. 刑事一体化论要 [M]. 北京：北京大学出版社，2007：25 – 35.
❷ 储槐植. 刑事一体化 [M]. 北京：法律出版社，2004：3.

文明演进历程不同，国情不同，文化背景不同，价值观不同，刑法观也各有差异。

3.1.1.1 刑法观对刑事政策具有指导作用

中国学界对刑法观的研究肇始于我国颁布第一部刑法典之后。最早有学者观察到我国社会主义初级阶段的刑法观与社会经济发展不相适应，彼时国家从计划经济向市场经济转型，社会经济发展从产品经济向商品经济发展阶段转型，认为刑法观已经明显滞后于经济发展，提出顺应商品经济发展的刑法观，即商品经济刑法观，同时指出国家对经济的宏观管理应当以政策实施型的刑法观向经济服务型的刑法观转型，从不平等的刑法观向平等保护、自愿交易、互惠互利型的刑法观转型。[1] 目前，学界就刑法观的定义与内容并未形成共识，仍然存在分歧。

其一，传统刑法观的定义。虽然学界对传统刑法观没有统一的定义和共识，但传统刑法观相对于现代刑法观，是指与现代化国家不相适应的理念，例如，产品经济刑法观、工具主义刑法观等。目前学界提出了各式各样的刑法观[2]，这些多元化的刑法观都

---

[1] 李永昇. 试论经济体制改革与刑法观的转变 [J]. 中国法学, 1988 (3): 70 – 75；陈宝树. 社会主义初级阶段与刑法观的更新 [J]. 法学研究, 1989 (2): 63 – 68.

[2] 经过梳理，刑法观分别有：产品经济刑法观、商品经济刑法观、理性化刑法观、人本化刑法观、开放化刑法观、效益化刑法观、一体化刑法观、多元化刑法观、实质刑法观和形式刑法观、传统刑法观和现代刑法观、积极主义刑法观、消极主义刑法观和折中主义刑法观、主观主义刑法观和客观主义刑法观、工具主义刑法观、人类中心主义刑法观和非人类中心主义刑法观、现代人类中心主义刑法观、风险刑法观、功利主义刑法观、民生刑法观、市民刑法观、象征刑法观、安全刑法观、经济刑法观、法制刑法观、民主刑法观、平等刑法观、人权刑法观、适度刑法观、轻缓刑法观、效益刑法观、开放刑法观、超前刑法观、市场经济刑法观、敌人刑法观、犯罪人刑法观、立体刑法观、常识主义刑法观、政治刑法观、功能主义刑法观、机能主义刑法观、整体刑法观、爱的刑法观、刑法性质观、刑法作用观、刑法理性观，等等。

是学者们人为建构的，他们尝试着描述和刻画各自眼中的刑法观，赋予刑法人格化的特征。刑法保护的法益关涉国家、社会和个人利益的方方面面，这些多元化的刑法观都以点状方式被学界发现，试图揭示刑法观的全部内容，多角度地接近刑法观的本质。刑法观多元化的特征也间接反映了刑法调整范围的广泛性和复杂性。我们无法将前述多个刑法观按照某种标准进行精准划分，但是，刑法观是国家决策者的思想观念，思想观念属于上层建筑；随着不同时期的社会发展变化，国家决策者会拥有不同的思想观念；就此可言，刑法观具有时代性这一特征。

其二，传统刑法观的内容及特征。传统刑法观也就顺理成章地出现在学者的讨论视域中。传统刑法观是指与传统社会的政治、经济、文化、道德相适应的刑法观。以产品刑法观为例，这种刑法观是计划经济时期存在的刑法观，已经完全被现代刑法观所抛弃，被知识经济刑法观取而代之。关于刑法结构的论述是刑事一体化理论的重要内容，刑事一体化理论从国家决策者的视角观察我国刑法结构，揭示刑法本质特征。知识产权本质上是私权，但是立法者没有将其与财产犯罪保护的对象予以平等保护，而是置于破坏社会主义市场经济秩序罪章节，8 个罪名对应 4 类知识产权客体，涉商标权的罪名是 3 个，涉著作权的罪名是 2 个，涉商业秘密的罪名是 2 个，涉专利权的罪名仅 1 个，从保护范围和保护程度上看，刑法对专利权保护最弱，从法定刑配置上看，专利权的法定刑只有一档，而且是整个刑法分则罪名中法定刑配置属于轻罪的范畴。刑事政策对专利权存在明显的弱保护倾向。

我国《刑法》第 13 条规定，危害行为情节显著轻微危害不大的，不是犯罪。但是晚近立法中的下列情形似乎表明，刑法有时已经不再是最后手段，而是站到了社会治理的最前线，这就在很大程度上偏离了传统刑法观。"刑法对社会的保护出现了保护前置的普遍现象，刑法学界不得不反复思考最后手段性是否得到遵守和贯彻的问题。"❶ 该学者认为传统刑法观具有保守性和谦抑性特征，应坚守刑法最后法的特征。这是根据近几年我国刑事立法活跃性修法实践而得出的结论。实际上，学界部分学者提出我国刑法过度犯罪化的观点与社会现实相矛盾，社会保持一成不变，刑法扩大处罚范围欠缺正当性和必要性根据。但事实上社会是会不断向前发展的，刑法面临的现实处境是呈变化状态的。有学者在10 年前提出我国刑法应当停止犯罪化进程，但随着社会发展变化，10 年后他也转变了先前的立场，肯定了我国刑事法网不断严密和扩大的做法。❷ 马克思主义发展观指出，事物总是不断发展变化的。一些刑法观已不符合现代化国家发展需要，处于边缘化，或者已经与当前社会发展完全不相适应的刑法观，例如，产品经济刑法观、商品经济刑法观、工具主义刑法观、主观主义刑法观、敌人刑法观、犯罪人刑法观、政治刑法观、刑法性质观等。作为社会意识形态的重要组成部分，刑法观的产生、形成和发展受诸多因素的影响，但是根据马克思主义经济基础决定上层建筑的观点，一定时期的刑法观与其所处的社会情势相适应，所以不同时期的刑法观具有鲜明的时代特征。在当下的中国刑事法治理论研究和实践中，传统刑法观面临与当今社会发展需要是否相适应，

---

❶ 王世洲. 刑法的辅助原则与谦抑原则的概念 [A] //北京大学法学院刑事法学科群. 犯罪、刑罚与人格——张文教授七十华诞贺岁集. 北京：北京大学出版社，2009：62.

❷ 刘艳红. 我国应该停止犯罪化的刑事立法 [J]. 法学，2011（11）：108 – 115；刘艳红. 积极预防性刑法观的中国实践发展——以《刑法修正案（十一）》为视角的分析 [J]. 比较法研究，2021（1）：62 – 75.

是否能够与现行刑法体系在逻辑上自洽的问题。❶ 世界上对传统刑
法观的理解肇始于以启蒙运动为核心的古典刑法观，这种传统刑
法观是目前学界理论研究的前提，这与我们的国情实际不相符，
我们不能原封不动地接受和移植域外法律文化、刑法理论及法治
传统。

张明楷教授指出，我国刑法理论存在积极刑法观、消极刑法
观与折中刑法观等不同观点，他是积极刑法观的支持者。❷ 田宏杰
教授从我国刑法立法模式出发，认为我国刑法是以传统刑法观谦
抑性为内核，以前置法定性、刑法定量的二元分离模式为主，刑
法理论体系以封闭性为主，是开放性不足的刑法观。❸ 付立庆教授
认为，传统刑法观是一种比较保守的、滞后的、消极的、被动的
刑法观，对增设新罪刑十分谨慎。❹ 传统刑法观继承了中国古代、
近代先贤的智慧，高度整合了关涉道德、宗教、政治、法律、经
济、习俗等领域经验的共识。中国的专利权保护制度产生于改革
开放之初，社会经济从计划经济向市场经济转变，市场经营活动
主要以产品和商品的交易为主，因此才有前述产品经济刑法观、
商品经济刑法观。国家决策者与普通人都无法预测改革开放不仅
打开了国门，同时中国经济发展也融入了经济全球化发展轨道，
引进外资或对外贸易进口技术加速促进了我国知识经济时代的到
来，同时产生了知识刑法观、科技刑法观、创新刑法观；而数字
经济时代的到来，则出现数字刑法观、信息刑法观。刑法制度总

❶ 周光权. 积极刑法立法观在中国的确立 [J]. 法学研究，2016，38（4）：23 - 40.
❷ 张明楷. 增设新罪的观念——对积极刑法观的支持 [J]. 现代法学，2020，42（5）：150 - 166.
❸ 田宏杰. 立法扩张与司法限缩：刑法谦抑性的展开 [J]. 社会科学文摘，2020（4）：72 - 73.
❹ 付立庆. 论积极主义刑法观 [J]. 政法论坛，2019，37（1）：99 - 111.

是随着社会经济的发展而相应地变化，这正是当前专利权刑事保护制度面临的挑战，经济发展方式从要素驱动型向创新驱动型方式转变，而专利权刑事保护制度还停留在市场经济初期水平，显然，刑法没能及时回应社会经济发展需要。

3.1.1.2 传统刑法观支配下的专利权刑事政策

刑事法治理念现代化的首要问题是刑法观问题，现代刑法观建立在现代刑法理念的基础上。前文指出我国现行刑法规范主要是以传统刑法观为主导制定而成，主要集中于自然犯的罪刑关系。但是，制度存在和发挥作用的关键在于适合社会现实。刑法的制定需要考虑的问题之一是，指导公民行为举止的不是客观的社会现实，而是人们主观世界构建的社会现实。人们对自己主观世界的构建源于自己对这个社会的认识，人们的认识来源于其接受的教育和接收到的以不同方式传播的信息。观念的作用在于它会通过行动引起实际效果。刑法观对刑事政策的制定具有指导作用，刑事政策是刑事政治，即首先在政治层面上考量如何对付犯罪，这表明刑法中所有罪名的设置都受到执政者思想观念的影响，尽管人们很难从具体的罪名中分析和论证其背后的原因。我们需要沿着国家改革的顶层设计思路，理解执政者对刑法价值的基本定位，即刑法应当服务于市场经济体制改革的需要，促进社会经济发展和进步。

其一，传统刑法观对专利权刑事定罪政策错位的影响。如前文所述，专利权刑事政策是国家为了预防和惩治侵犯专利权严重行为的犯罪政策。决策者根据对专利权的认识和把握，于保护专利权或不保护专利权会影响哪些利益集团的利益，都需要作出慎重的利益权衡。市场经济发展四十多年，我国对专利权的重视主要体现在公共政策上，但刑事政策对专利权的重视程度始终没有得到调整。

其二，传统刑法观重视产品经济或商品经济发展，忽视了知识经济、数字经济的重要性。学界早有学者关注到 21 世纪的经济发展走向，提出刑法需要加强对以科技为先导的知识经济发展的关注。❶ 先秦以来，以法家为代表的法治派崇尚严刑峻法管理社会和公民，后来法家执政理念被儒家德主刑辅所取代。刑法的变化发展相对于社会经济、科学技术的飞速进步，一直处于被动的状态，尤其是数字时代的到来，知识创新所带来的社会生活较以往已天翻地覆，刑法对专利权的保护制度并未及时跟进这一变化。

其三，传统刑法观对专利权刑罚轻缓政策的影响。有学者指出，现行刑法观以报应、特殊预防与威慑为品格特征，侧重于惩罚和打击犯罪，忽略了对人权的保障。❷ 古代执政理念以"允执其中"（语出《论语·尧曰》）为主导，执中即是执于中道，告诉人们管理国家和社会需要把握事物中的正道，并以此用政于民，尽量做到不偏不倚。"刑罚不中，则民无所措手足"（语出《论语·子路》），它要求人们摒弃"过"与"不及"两个极端，以不偏不倚、中正客观的整体立场观点来看待与处理问题，以达到从容中道与社会和谐的目的。中庸之道是实现和谐的根本途径，也是事物长久发展之道。中庸的智慧在于事事恰到好处，把握好一个适当的度。刑罚本身不可能直接作用于犯罪成立要件，而只有借助刑事政策的中介才能对后者产生影响。专利权法定刑属于轻罪范畴的配置，反映了国家决策者对侵害专利权行为属于非法牟利型的犯罪，

---

❶ 储槐植，冯卫国. 知识经济与现代化刑法观 [J]. 法制与社会发展，2000（4）：56–62.

❷ 齐文远，夏凉. 徘徊于传统与现代之间的刑法观——以创新社会治理体系为视角 [J]. 武汉大学学报（哲学社会科学版），2015，68（1）：63–70.

施加轻刑的仁政理念，通过轻缓的法定刑可以判断，假冒专利行为的不法性程度或社会危害性明显低于法定刑更高的其他罪名。

3.1.2　刑事立法保护层面的原因辨析

如前文所述，传统刑法观对划定犯罪范围比较保守，刑法设置假冒专利罪一个罪名，从理论层面而言，它符合刑法谦抑性的原则。这使该罪不仅规制范围狭窄，而且规制的犯罪行为与违法行为之间出现明显抵触，即假冒专利行为侵害的是专利标记权，而专利侵权行为侵害的是专利独占权。随着专利权的权利客体不断发展变化，新型权利客体增加，侵害专利权的违法行为、侵权行为与日俱增，刑法为了保持谦抑性原则，而不对侵害专利权更严重的危害行为进行调整，这显然不是刑法谦抑性原则的正确理解。

3.1.2.1　刑法谦抑性原则存在误解

刑法谦抑性原则下对专利权犯罪划定范围太小。刑法"过度干预"与"无为沉默"均会阻碍社会经济的发展，专利权刑事政策定罪错位和定罪不严密深刻地影响了刑事立法和刑事司法对专利权保护的制度安排。侵犯专利权犯罪作为一种社会现象，其原因是十分复杂的❶，关键是因为利益主体多元化，包括专利权人利益、消费者利益、市场相对竞争者利益、社会经济增长、产业发展、社会就业问题、政府部门的政绩、国民生产总值、对外贸易合作方利益，等等。国家对专利权采取何种保护程度关系到社会财富再次分配的问题，如此多元化的利益主体交织在一起，刑法保持谦抑性原则，不过度干预当然是明智的举措。

---

❶ 恩里科·菲利. 实证派犯罪学 [M]. 郭建安，译. 北京：商务印书馆，2016：43.

　　然而，刑法也不能无为沉默或者缺席。随着社会发展，刑法可以扩大处罚范围、增设新罪，这并不违反刑法谦抑性原则。犯罪与经济社会发展不是绝对对立的关系。经济社会不断发展变化，犯罪现象也呈现出动态发展的趋势，立法者增设新的罪名是为了更好地保障权利和维护社会秩序。正如学者指出，刑法谦抑性原则需要国家有节制地发动刑罚权，维护社会的和谐与稳定。❶犯罪问题一直伴随着人类社会发展不断地变化，国家需要根据最新社会发展状况，将危害个体权利和社会秩序的行为有选择地纳入刑法规制的范围。

3.1.2.2　法益保护对象主次倒置

　　刑法规范形成和生成的过程比较复杂，但是可以推断的是现行刑法规范都是建立在立法者对一定时期内社会生活的认识和了解的基础上，从应然层面出发为保护国家利益、社会利益和个人利益制定的规则。法律条文是一种现象，是一种经验事实，是一种客观存在的文本规范，是一个国家的立法者经过深思熟虑后制定的一套规则体系，其目的在于规范全体公民行为，保护个体权利和维护社会秩序。换言之，每条法律条文背后都有特定的理由作支撑。立法理由不存在，法律也就不存在。刑法的目的是保护法益，刑法每一个罪名都保护特定的具体法益或抽象法益。

　　其一，现行专利权刑事立法优先保护消费者利益。根据假冒专利罪的立法资料看，设置假冒专利罪的主要原因是认为假冒专利像假冒商标一样，可能会损害消费者的利益，因此设置该罪。❷

❶ 储槐植，何群. 刑法谦抑性实践理性辨析 [J]. 苏州大学学报（哲学社会科学版），2016，37（3）：59-67，191.
❷ 刘科. 中国知识产权刑法保护国际化研究 [M]. 北京：中国人民公安大学出版社，2009：24.

最初立法者设置该罪既没有考虑是否保护社会创新，也没有考虑是否需要保护专利权人的权利，还没有考虑专利权关系到市场经济秩序、营商环境、企业竞争力和国家竞争力，更没有考虑如果加强保护能够产生自主研发的高科技以增进公共福祉、有利于激励国家经济发展方式朝着创新型发展方式的转变，只考虑了是否欺骗消费者的利益。

其二，现行专利权刑事立法偏向保护经济秩序。专利权犯罪属于经济犯罪，是非法牟取经济利益的犯罪，具有违法投入成本低、获利高、受到惩治风险小的特征。TRIPS 协议第 28 条指出专利权是法律授权的一种财产权利，理所当然是公民合法所有的财产，但立法者没有将其等同于财产予以同等保护，而是将其置于破坏社会主义市场经济秩序罪章节，其立法目的显然更倾向于保护社会公共利益。然而，不以保障个体利益为前提，单纯想保护公共利益，无异于空中楼阁般不切实际，从前文 8 起假冒专利刑事案件中没有一起案件的司法判决载明犯罪人的行为同时破坏了市场经济秩序也可看出这一点。

其三，现行专利权刑事立法最后保护专利权人的利益。假冒专利罪的构成要件表明，立法者将打击对象对准非法使用专利号，规制非法标记专利号的行为，这对专利权的客体，即产品专利和方法专利起不到任何保护作用。对照司法实践中处理的假冒专利罪案件，比起非法标记专利权人专利号的行为，通过侵害专利权人的方法专利生产、制造和销售产品的行为的社会危害性更严重。假冒专利罪刑法规范保护目的是保护社会公共利益和专利权人的财产性利益，而其犯罪构成要件是非法标记专利号的行为，司法实践处理的案件又是非法标记专利号和非法实施他人专利的行为，中间构成要件的规制显然导致其与立法、司法都出现脱节。

根据假冒专利罪的犯罪本质指向的法益是保护消费者的合法利益，立法者明显颠倒了该罪保护的主要法益和次要法益。专利制度制定之初，立法者和专家们没有认识到专利权对社会发展的重要性，同时根据假冒专利罪对比商标权犯罪设置罪名的做法，刑事政策混淆了对商标权和专利权核心权利的认识。在专利权的多种权能类型中，标记权只具有标明专利权人姓名的象征性特征，标记权是所有权能类型中经济价值最低的，与此相反，而商标权是企业声誉或信誉的载体。专利权最核心的权利是独占权、实施权、转让权、质押权等权能类型，刑法却没有对之进行相应的保护，由于刑事政策对专利权的本质属性和价值认识存在缺陷，进而导致刑事立法对专利权保护对象的错位。因此，需要重新审视刑事保护专利权的立法目的。

3.1.3 刑事司法保护层面的原因辨析

刑法是在适用中获得生命的。正是在司法适用中，刑法从"死"的条文转化为"活"的规则，对社会生活产生影响。❶ 法律由司法者执行和运用，人们对法律的认识主要是源于判决中的"法律"。依法治国要得到贯彻和落实，不仅需要确保立法科学完善，更需要严格执法、公正司法，将书面上的法落实到实践中，通过司法审判切实保障护公民权利、维护社会正义。法治是规则之治，具有权威性、确定性、稳定性和可预期性。我国对专利权采取民事保护、行政保护和刑法保护三种途径，表面上看似比较周延，但是实际上专利权并没有得到应有的保护，刑事司法对专利权的保护形同虚设。究其原因，主要有以下两个方面。

---

❶ 陈兴良. 刑法的知识转型（方法论）［M］. 2 版. 北京：中国人民大学出版社，2017：168.

3.1.3.1 传统司法观对刑事司法的影响

刑事政策对刑事司法具有重要的指导意义。❶专利权弱保护刑事政策对刑事司法效能具有间接的指导作用。刑事司法不仅受专利权刑事政策层面弱保护的影响，也受到刑事立法层面的影响，这两个环节制约了专利权刑事司法环节发挥应有的作用。有学者指出，我国刑法中存在诸多罪名虚置问题，原因是我国刑法系形式谦抑性与实质谦抑性的有机统一，被立法谦抑性与司法谦抑性的动态均衡所决定，前置法备而刑事法不用或少用，刑事立法备而刑事司法不用或少用。❷刑事立法本身具有滞后性，刑事司法也具有被动性和保守性，在这种双重谦抑性下，刑事法网存在漏洞，刑罚处罚漏洞更大，假冒专利案件进入刑事司法环节的数量极少，不能通过司法裁判对此类行为进行否定性评价，罪名设置形同虚置。近年来，我国的专利申请数量呈爆炸式增长，而假冒专利犯罪的判决在刑事司法中却极为少见，在大多数地方法院呈现"零判决"现象，这不仅显露我国司法实践对专利制度保护的滞后，也反映了假冒专利罪本身的不完善。❸

专利权刑事司法普遍存在低立案率、低侦破率和低定罪率。刑事程序法的规定与刑事司法实践之间存在的这种冲突进一步造成该罪进入刑事司法环节的障碍。司法控制是整个犯罪控制的策略重点，司法控制要收到最佳效果，实现犯罪控制整体效益，关键在于通过刑罚宣示法律禁止何种行为，向社会上其他人传递司

---

❶ 赵秉志. 宽严相济刑事政策视野中的中国刑事司法 [J]. 南昌大学学报（人文社会科学版），2007（1）：1 - 8.

❷ 田宏杰. 立法扩张与司法限缩：刑法谦抑性的展开 [J]. 社会科学文摘，2020（4）：72 - 73.

❸ 林娟. 论刑法规制假冒专利行为的困境——以刑事判决的阙如为视角 [J]. 广州广播电视大学学报，2020，20（4）：101 - 105.

法裁判的行为指引规范，以起到预防效果。

3.1.3.2　前置法对刑事司法适用的阻隔

其一，行政权过大，挤压了司法权适用的空间，假冒专利的犯罪案件难以进入刑事司法诉讼环节，导致专利权刑事司法保护缺位问题。专利权刑事司法保护虚置的困境主要受到专利行政执法的制约。有学者指出，专利执法"以罚代刑"是制约我国专利制度刑法保护的现实问题。❶ 假冒专利罪保护专利的标记权，成立假冒专利罪不能直接根据刑法规定定罪处罚，而是首先根据专利行政执法情况判断。❷ 知识产权案件整体上都以行政执法为主，且执法主体有时权出多头、职能交叉；行政占大，刑民配套。中国知识产权行政执法案件数量之大、盘查和处置私人物品与场所的能力之强实属"独具特色"的保护模式。一些案件没有考虑危害结果严重与否，几乎都被"一刀切"地视为行政违法案件处理。❸ 行政权决定司法权的介入，以罚代刑，而非以刑代罚。执法机关以罚代刑主要表现在：一是发现和查处涉嫌专利违法犯罪的案件后，实际上不移送。二是前置性行政执法与后续刑事司法衔接机制不顺畅。对"以罚代刑"的理解有两层含义：一是将刑事案件

---

❶ 姜瀛. 论专利行政执法以罚代刑及其刑法应对［J］. 武汉科技大学学报（社会科学版），2016，18（4）：410 –414.

❷ 《专利行政执法办法》第 28 条规定了管理专利工作的部门发现或者接受举报、投诉发现涉嫌假冒专利行为的，应当自发现之日起 5 个工作日内或者收到举报、投诉之日起 10 个工作日内立案，并指定两名或者两名以上执法人员进行调查。第 31 条规定案件调查终结，经管理专利工作的部门负责人批准，根据案件情况分别作如下处理："（一）假冒专利行为成立应当予以处罚的，依法给予行政处罚；（二）假冒专利行为轻微并已及时改正的，免予处罚；（三）假冒专利行为不成立的，依法撤销案件；（四）涉嫌犯罪的，依法移送公安机关。"

❸ 卢建平. 知识产权犯罪门槛的下降及其意义［J］. 政治与法律，2008（7）：16 –21，卢建平. 犯罪门槛下降及其对刑法体系的挑战［J］. 法学评论，2014，32（6）：68 –76.

当作行政案件处理；二是将刑事案件当作民事案件处理。学者们主要批判实务界将刑事案件当作行政案件处理的情形。知识产权保护应当从"行政保护为主，司法保护为辅"转向"司法保护为主，行政保护为辅"的模式，除了打破现行"行政权强势，司法权弱势"的现实格局❶，同时应该降低和避免司法权主动让位于行政权，而以司法权约束行政权，通过司法化的形式保证惩罚的程序正义，以实现刑法保障人权的目的。正是由于专利对经济增长的积极作用，使得某些地方政府对其保护持消极态度。为了应对知识产权整体上存在民事、刑事和行政之间的冲突，解决司法实践中刑事审判庭、民事审判庭和行政审判庭分别审理相关知识产权案件交叉或重叠的问题，原来分离的审判模式已不能适应积极保护知识产权、建设创新型国家的需要，因此我国进行了知识产权案件司法保护改革，建立三审合一的知识产权法庭。

其二，专利权刑事政策弱保护、刑事立法法网粗疏，间接导致刑事司法对专利权保护缺位。假冒专利罪刑事司法适用极少，实际上揭示了刑法对专利权的保护缺位的本质。刑法运作最关键的环节在刑事司法。我国也曾陷入确立权利却无法实施，再确立权利仍无法实施的恶性循环法律运动改革中。❷且因为现行法律体系没有根本性的改革，社会生产力和生产关系没有发生实质性变革，这个问题依然个别存在于现行法律体系中，刑法当然也不例外。目前法律赋予的一些权利得不到真正意义上的救济，法律人正努力促使"实体性救济"能够真正在程序性救济得以实现。这

❶ 罗翔. 刑事不法中的行政不法——对刑法中"非法"一词的追问 [J]. 行政法学研究，2019（6）：71–84.
❷ 陈瑞华. 增列权利还是加强救济——简论刑事审判前程序中的辩护问题 [J]. 环球法律评论，2006（5）.

或许是部分权利得不到救济的原因，但不是假冒专利罪刑事司法保护虚置的根本原因。

刑罚泛化和刑罚缺位体现了刑罚存在矛盾、对立的方面。有学者认为，刑法已经泛化到社会生活的各个领域，刑事司法实践频现刑罚泛化，具体表现在：一是立法者不断增加新罪名，而且是大幅度地增加；二是刑事案件数量有增无减；三是罪犯数量居高不下。刑罚泛化的问题归根到底是国家依赖刑罚的强制惩戒功能，把刑罚作为打击犯罪的主要"武器"、维持秩序的"上等良方"。❶ 这种判断无法解释刑法几十个被悬置的罪名的存在，更不能解释刑法对专利权保护不足的现实。刑法是否过度泛化有待进行精确的实证研究作出评价，我们需要辩证地看待刑罚泛化与刑罚缺位的关系。刑罚泛化和刑罚缺位应该是刑事立法活动和刑事司法活动问题的部分反映，刑罚缺位与刑罚泛化之间的关系是量和质的关系。刑罚缺位的解决途径就是增设新罪名，只要新增设的罪名具有合理性、正当性和合法性，刑法就是适度和谦抑的，刑罚就该罚当其罪。

其三，前置法与刑事司法衔接断裂，专利权刑事司法保护被架空。立法者对侵害专利权的违法行为和犯罪行为做了谨慎的考虑，对有关专利的法益上至宪法层面，下到专利法等部门法设置了周全的保护。从形式上看，立法者通过前置法和刑法对专利违法和犯罪的行为予以规制，但实质上看，无论是整个知识产权的保护还是就专利权保护而言，其立法规制仍受争议。专利权的保护如果仅涉及行政法与刑法的规制，那么寻求解决路径并不困难，但是当行政、民事和刑事诉讼交织在一起，专利权的有效性又暂

---

❶ 徐伟. 社会治理"刑罚泛化"现象之反思——基于实证研究的视角［J］. 中南大学学报（社会科学版），2016，22（3）：47-55.

时处于不确定的时候，案件的处理就会变得异常复杂和曲折。

专利法规定专利行政主体对专利侵权行为、假冒他人专利行为享有行政处罚权，对于民事赔偿请求，其只能进行调解而没有裁决的权利。在自诉案件中，发现他人假冒专利行为的情况下，专利权人可能会选择采用行政处理或司法诉讼的方式寻求权利救济。假冒他人专利行为成立的前提是涉案专利已落入合法有效的保护范围。一般而言，专利权主体确定被告人侵犯了自己的专利权，其会选择提起民事诉讼或刑事诉讼，被告人同时也可能会提出专利权无效诉讼，由此造成两种或两种以上不同性质的诉讼同时并存，交叉展开。所有的诉讼案件都是基于涉案专利是否有效的前提，因而其他涉案诉讼都需要等待专利无效诉讼程序的法律结果。一般被告人会向专利复审委员会提出涉案专利权无效的请求，专利复审委员会再对涉案专利进行复审，启动专利权无效宣告程序，对无效宣告请求进行审查，专利民事诉讼可能就会中止审理。知识产权的权利客体的无形性、抽象性导致权利有效性可能处于待定状态，这也是立法者没有将其等同于传统物权意义上的财产给予严格保护的主要原因。根据 2018 年国家知识产权局专利统计年报数据显示，涉专利案件通过调解处理的占首位，发明专利案件 6821 件，实用新型专利案件 12,028 件，外观设计专利案件 15,127 件，其中行政执法处理的案件有 751 件，通过调解方式处理的案件有 22,923 件，撤诉的案件有 9581 件。❶

在被告人提出涉案专利无效的诉讼中，由于很多涉案专利可能面临专利被宣告无效而原告选择撤诉。一旦涉案专利权被宣告无效且发生法律效力，专利民事诉讼就失去了其存在的基础。据

---

❶ 数据来源：2018 年专利统计年报，全国专利侵权纠纷专利执法统计表。

此，因无效宣告审查决定而形成的专利行政诉讼多半是由假冒专利的诉讼引发的，但专利行政诉讼的结果又会影响假冒专利诉讼的结果，案件最后可能被撤销。检察院提起公诉的案件，这类案件基本上因为国家公权力的介入，最终易以假冒专利罪定罪处罚。

诚然，涉及行政法和民法所规制的假冒专利行为与刑法上假冒专利的行为存在部分重合与交叉的情形。我国的刑事处罚与行政处罚表面上是互相分离的，但犯罪是从侵权中分离出来的，犯罪与侵权没有性质上的差异，只有数量上或者程度上的差异。❶ 所以，针对假冒专利罪刑事案件立案低的"反常"现象，人们理所当然地认为是"以罚代刑"所导致，认为实践中专利执法机关对原本应当依法移送公安机关追究刑事责任的案件因为优先采取了行政处理和民事处理，疏于移送给公安机关处理，从而堵截了符合假冒专利罪的刑事案件进入司法程序的可能性。❷ 假冒专利的情形多种多样，立法者只规定了非法标注他人已授权专利号的行为、签订合同时非法标注他人已授权专利号的行为、破坏国家专利管理秩序的行为等构成假冒专利罪。进一步解析这三种情形，签订合同时非法标注他人已授权专利号的行为实践中几乎不存在，因为权利主体经申请获得专利权后，其专利号和专利技术必须予以公开、公示，人们只要在网上输入专利号进行检索就能识别出专利权主体。至于破坏国家专利管理秩序的行为，也需要行为人构成其他两种情形才能成立，排除签订合同时非法标注他人已授权专利号的行为，就只剩下非法标注他人已授权专利号的行为。但假使行为人为了生产经营的目的，侵害专利权人的专利号，被害人或者选择让行政执法部门处理，或者选择提起民事赔偿诉讼；

---

❶ 劳东燕．刑法基础的理论展开［M］．北京：北京大学出版社，2008：3.
❷ 万里鹏．论我国专利行政处罚权的边界［M］．北京：知识产权出版社，2017：44.

因为刑事诉讼的立案标准门槛较高，且被害方损失的是经济利益，肯定不愿意将行为人判监禁刑。

3.2 刑法之外的原因辨析

立足当前，回望改革开放四十多年的社会发展现状，就国家治理方面看，不断增设新罪，扩大刑罚处罚范围，这种走向的基本依据是社会经济不断发展变化，作为上层建筑中的法律制度也需要跟随社会发展步伐，刑事法治与社会经济发展总体是亦步亦趋的关系。但是，刑法为何对专利权刑事保护制度以"不变应万变"？一种制度往往是国家决策者基于其政治、经济、文化、历史等多方面因素形成的产物，专利权弱保护的刑事政策受我国经济、国际关系公共政策、法律文化等因素的影响。

3.2.1 经济发展决定专利政策选择

马克思指出经济基础决定上层建筑。刑法是一个国家上层建筑的重要组成部分，受经济基础的制约。当社会经济基础发生根本性变革，刑法也需要随之作出调整。经济体制改革需要法律制度体系整体进行调整和完善，建立与市场经济体制改革相匹配的刑法观念和刑法制度，从而保障和促进社会经济发展。储槐植教授指出，刑法服务于经济基础，为经济发展保驾护航，同时经济发展制约和影响刑法走向，这种双向关系就是经济与刑法的全部关系。❶ 社会经济发展现状决定犯罪圈大小和罪名设置。从形式上

---

❶ 储槐植. 刑事一体化论要 [M]. 北京：北京大学出版社，2007：37.

看，中国的知识产权制度与发达国家相比较，也具有现代化、国际化、全球化的特征。但再好的制度设计都是要落地实践的，制度只有与现实契合，顺应社会发展规律才能促进事物朝着好的方向发展，否则只会起到阻碍的作用。

其一，社会经济发展对犯罪态势的变化有决定作用。经济发展对犯罪态势的影响具体表现在：一是调整犯罪总量。世界各国刑法以犯罪化为主流发展趋势，不断新增法定罪名的设置，增加刑法条文，犯罪总量整体呈现上升趋势。二是调节犯罪形式。经济发展对犯罪形式的调节作用表现在，以科技为犯罪手段的智能化犯罪快速增长，而传统犯罪手段的犯罪案件增长缓慢，如网络犯罪、金融犯罪、知识产权犯罪在知识经济时代以前所未有的速度剧增。三是强化犯罪质量。随着知识、科技、互联网的发展，一批与高新技术紧密相连的犯罪产生，同时各种传统犯罪也在一定程度上运用了科技手段，新的犯罪方式和犯罪手段破坏性强，危害性严重，明显提高了预防和打击犯罪的难度。四是恶化犯罪后果。由于知识和科技利用在社会经济活动中量的剧增与面的拓展，利用现代科学技术和现代化手段进行犯罪的活动渐增，其相应的犯罪后果也越来越严重。五是翻新犯罪手段。犯罪手段的科技含量随着目标防护系统的科技的量的提高而不断提高。六是拓展犯罪新领域。随着经济水平和经济发展方式的变革，人类活动的领域得到新的拓展，同时也拓展了犯罪活动的领域。

其二，经济发展影响专利权刑事法网的大小与严密。如前文所述，经济发展决定犯罪态势，新增设的罪名多数以法定犯为主。经济发展产生的罪名主要是以破坏市场经济秩序为主的犯罪，其中涉及的法益包括部分经济秩序性法益、管理秩序性法益和权利性法益等，法定刑配置普遍低于传统刑法罪名的刑罚，且以罚金刑为主。照此发展趋势，刑法结构应该随着经济发展水平和发展方式趋向轻刑结构发展。刑罚结构是刑种配置比例的产物。经济发展低质量、低水平决定了专利权在经济结构处于次要位置，专利法对专利权授权要求低，专利权权利稳定性差，新法保护难。当国家经济发展状况符合前者的阶段，经济发展对专利权的保护需要不强烈，因为经济整体发展水平较低决定了刑法的干预应当节制和有限。所以经济发展质量不高的现实需要宽松的刑事政策对专利权采取弱保护的策略。

其三，经济发展质量决定专利权保护强弱。经济发展低质量阶段，国家重视专利数量，不重视专利质量，形成专利权的权利稳定性差，刑法不能对专利权强保护，刑事法网粗疏，导致刑罚轻缓的制度设计。据统计，我国专利申请量自 2007 年起就呈现"井喷"之势，国家需要在自主知识产权的质量上下功夫，不能片面地追求数量，避免知识产权泡沫化。❶ 其他一些制度性因素对专利增长也发挥了一定作用，例如，外资企业更重视专利，吸引外资促进了专利申请；加强对专利权人的保护，提高个人对职务发明转化收益的分成比例等，也激励了专利申请的增长。新技术企业是重要的企业资质，如果被认定为高新技术企业，企业所得税税率可以从 25% 降至 15%，这对企业具有巨大吸引力，而高新技术企业认定标准中，明确包含专利数量指标要求，一些企业如果专利数量不够，就从外部购买专利——即使购买的专利并无太大的技术价值，这也进一步导致我国技术交易量的虚增。

按照国家的经济发展战略，我国从低质量经济发展方式向高质量经济发展方式转变，从制造大国向创新大国、创新强国转变。

---

❶ 黎运智，孟奇勋. 问题专利的产生及其控制 [J]. 科学学研究，2009，27（5）：660－665.

重视创新、保护创新，加强对专利权的保护愈加重要，因为社会就像人的身体一样，也有自己的发展限度，发展不足或发展超越一定限度，必然会引起经济上的紊乱。❶ 前期对专利权保护不足，突然加强保护，短时间内不易收到成效。从事物发展规律上观察，保护不足与创新不力之间客观上存在极大的关联性。因此，我们需要省思现行的专利激励机制存在的缺陷，提高专利权授权和确权的稳定性，确保获得授权的专利权高质量和有价值，朝着有利于激励社会创新和保护专利权的方向发展。

3.2.2 中美贸易影响专利政策制定

我国知识产权制度的制定与修改在一定程度上与中美经济贸易关系有关。有学者指出，我国的知识产权制度是在来自美国的压力的推动下进行的。从国家强调以更大力度加强知识产权保护国际合作到中美贸易摩擦，知识产权保护问题始终是中美贸易谈判的核心议题。毫无疑问，中美贸易关系的走向对我国知识产权制度发挥了重要的作用。❷

第一，基于中美贸易合作的需要和加入世界知识产权组织的需要，中国建立知识产权制度。20 世纪 80 年代，中国开始系统建立现代知识产权制度。1982 年通过《商标法》，1984 年通过《专利法》，1986 年《民法通则》通过，在中国的民事基本法中，知识产权首次作为一个整体被明确，将知识产权确认为公民和法人享有的民事权利，同时也明确了公民、法人等享有著作权。1990 年

---

❶ 切萨雷·贝卡里亚. 论犯罪与刑罚 [M]. 黄风，译. 北京：商务印书馆，2017：60.

❷ 易继明. 改革开放 40 年中美互动与中国知识产权制度演进 [J]. 江西社会科学，2019，39（6）：158 – 170，256.

《著作权法》的通过，使得中国知识产权制度基本形成。与贸易有关的中美知识产权争端客观上促进了中国知识产权立法体系的完善。一方面，中国加入了重要的国际知识产权保护条约，如《伯尔尼公约》《世界版权公约》《专利合作条约》等。另一方面，国内立法进程加快，1991 年，《计算机软件保护条例》颁布；1992年 9 月，中国第一次修正了《专利法》，进一步加大了对专利的保护力度，如扩大专利保护客体覆盖范围，对专利的保护期限延长等；1993 年 2 月，中国第一次修正《商标法》；1993 年 9 月，《反不正当竞争法》颁布；1995 年，中国颁布《知识产权海关保护条例》。我国还依据 TRIPS 协议修改了一系列与知识产权保护有关的法律制度，如《专利法》《商标法》《植物新品种保护条例》《计算机软件保护条例》《集成电路布图设计保护条例》等经过了修改，重新制定并颁布；有关知识产权的司法解释也不断由最高人民法院等出台颁布。自此，中国知识产权的国际保护迈出了关键的一步，知识产权制度逐渐向国际知识产权保护标准靠近。

第二，受中美贸易关系走向的影响，我国不断加强对知识产权保护的强度。最初的中国专利法对专利权的保护没有得到美方的认可，于是美国政府利用特别 301 条款对我国知识产权保护施加压力，特别是 1994 年以后美国贸易代表依中美知识产权协议对我国知识产权执法进行多次审查，进而导致中国的知识产权保护脱离实际地不断攀高，使某些方面达到了超国民待遇甚至超世界水准的境地。知识产权法律在 20 世纪末伴随着市场经济的发展，中国逐渐融入世界经济贸易体系，超国民待遇作为当时为适应本国经济发展水平且不违反所加入的国际多边经贸条约的一种妥协，在国际投资法领域也曾引起巨大的争论。从法律规范形式上看，我国的专利法、著作权法、商标法等已经与国际接轨，跨越了西方发达国家近三四百年的知识产权发展历史❶，但当时学者认为国家应美方要求对知识产权整体保护过高，作为一种过渡性安排，超国民待遇的安排不无道理，但是作为法律法规，则不利于调动本国国民创作与传播作品的积极性，不利于我国知识产权者处于竞争优势，亦有损国家形象。吴汉东教授则比较客观地指出，超国民待遇是中国最初加入国际公约，尚未来得及修改国内法时的不得已而为之；随着法律的修改，提高对本国国民著作权保护水平，会达到内外平衡。❷ 中美第二个知识产权协议达成后，中国在全国范围内建立了知识产权执法体系，成立了特别执法小组，严厉打击盗版侵权活动，中国海关也加强了对边境的突击检查，没收侵权商品。

2020 年中美两国达成的《中华人民共和国政府和美利坚合众国政府经济贸易协议》（以下称《中美第一阶段经贸协议》）❸，签订该协议旨在声明维持中美两国双边经贸关系符合双方的利益需求，贸易增长和遵循国际规范以促进基于市场的成果，符合中美两国的利益。竞争中寻求合作是中美双方共同努力的结果，此时评价中美贸易协议谁是真正的获益方为时尚早。不过，中美关系和谐发展、扩大全球贸易和促进更广泛的国际合作是必经之路。该协议显示，美国对中国出口的产品目录清单包含制成品、农产

❶ 参见吴伟光. 版权制度与新媒体技术之间的裂痕与弥补 [J]. 现代法学，2011，33（3）：55 −72.

❷ 吴汉东. 国际化、现代化与法典化：中国知识产权制度的发展道路 [J]. 法商研究，2004（3）：73 −79.

❸ 中华人民共和国中央人民政府. 关于发布中美第一阶段经贸协议的公告 [EB/OL]. （2020 − 01 − 16）[2020 − 18 − 22]. http：//www. gov. cn/xinwen/2020 − 01/16/content_ 5469650. htm.

品、能源产品和服务等四类项目，服务项目中占据首位的是知识产权使用费。投资、消费、出口是拉动经济发展的"三驾马车"，知识产权是美国贸易出口的重要组成部分，加强知识产权保护符合其国家利益和企业利益。我国最新出台的 2020 年《最高人民法院、最高人民检察院关于办理侵犯知识产权刑事案件具体应用法律若干问题的解释（三）》，主要针对商业秘密入罪门槛高、刑法保护不力的问题，因此《解释（三）》下调了入罪门槛，上调法定刑，进一步加大对商业秘密的刑法保护。国家对专利权和商业秘密的保护力度是此消彼长的关系，加强商业秘密保护，就易忽视对专利权的保护，也意味着诸多核心领域的技术创新成果无法及时获得，将在一定程度上阻碍社会生产力的提升，不利于增进社会公众的公共福祉，这也是需要思考的问题。

3.2.3　公共政策影响专利执法实践

一个国家的经济政策，只能制定与该国国情相适应的政策；同样，我国刑事政策的制定只能依据我国实际的经济发展水平和国民素质而制定。有的政府部门认为宽松的专利监管制度对经济增长有积极作用，于是对专利权持消极保护态度。曾有学者指出，经济增长和就业状况是决定地方政府官员能否升迁的主要指标，而部分侵犯知识产权的行为确实可以在一定时期内促进地方经济增长和增加就业，因此，政府不愿意以牺牲经济增长为代价过度保护知识产权市场。❶ 还有个别学者尖锐地指出，政府向社会公众传递了对知识产权弱保护的姿态，知识产权假冒、盗版和侵权行为屡禁不止不是执法不力的结果，而是与中国经济结构中预设的

---

❶ 姬鹏程，孙凤仪，赵栩. 知识产权对经济增长作用的实证研究 [J]. 宏观经济研究，2018（12）：40-54，144.

激励因素有关，这样的经济结构中的激励因素导致保护知识产权与国家利益无关，只有中小民营企业渴望对知识产权强保护，但是等中小企业发展成为大企业后，也很难保护已经持有的知识产权权利。❶

国家公权力对知识产权法律保护发挥着决定性作用。政府权力可以直接介入刑法运作的过程，阻断刑事司法对权利人的救济，这是以往研究中被忽视的一个因素。专利知识是公开的，但其权利是垄断的，这即是专利权权利内容的公开性与权利的独占性，只能在依法治国的社会得到良好的存在和发展。❷ 专利权的权利内容是公开的，法律是保护专利权的屏障，未经权利人许可，利用专利权人的专利行为是非法行为。政府公权力向社会传递对知识产权弱保护的立场，滋长了侵犯知识产权社会的不法行为和犯罪行为，短时间看，的确有利于经济的增长，但是不利于社会经济可持续和高质量增长，也面临着"公地悲剧"的问题，最终适得其反。吴宗宪教授早期研究发现，国家对知识产权采取弱保护政策不利于人们形成尊重知识产权、激励社会创新的规则意识，政府为了促进国内经济发展，很长一段时间内鼓励国内公民积极进行仿造和创新，对域外知识产权采取弱保护政策。❸ 但是，随着经济发展水平的提高，弱保护政策明显不利于对专利权人利益的保护，也不利于社会创新，专利权刑事政策应当根据经济发展方式转型予以调整，向强保护政策转变，加强保护力度以适应经济发展新情势。

---

❶ 陈夏红. 中国知识产权法中国特色知识产权新探索 [M]. 北京：中国大百科全书出版社，2018：19.

❷ 中国科学技术情报所专利馆. 国外专利法介绍 [M]. 北京：知识出版社，1981：12.

❸ 吴宗宪. 知识产权刑法保护的基本理念 [J]. 山东警察学院学报，2010，22（1）：5 – 9.

3.2.4　法律文化削弱专利制度效果

侵犯知识产权的犯罪行为在中国传统的伦理道德层面缺乏谴责性基础，法律报应论成为惩治侵犯知识产权犯罪行为的主要依据。有学者指出，国家借助法律保护知识产权，不仅是为了促进经济社会发展，同时也应该基于伦理道德的需要。社会应当对知识产权权利人的智力成果在一定期限内进行保护，确保社会可共享的信息资源不会枯竭。❶

可见，保护专利权不仅需要国家出台法律，明文禁止侵害专利权权利的行为，更需要全社会道德层面的自我约束。我国长期处于封建专制主义统治，重家族财产共有制度，轻个人权利和私有财产的保护，将个体发明创造的成果融于家族利益，这种传统的财产保护与专利制度的价值取向完全背道而驰，很难培育和形成专利保护制度。专利制度保护没有其滋生的文化土壤，在后来计划经济和市场经济发展过程中，这种价值取向也对产权保护产生了较大的负面影响。传统文化过于重视集体主义和国家本位、社会本位，个体的权利意识易被忽视。有学者指出，历数中国古代的法律典籍，很难发现有关保护科技创新成果权益的规范，这与传统的自然经济为主导，众人所持的家族财产观念及儒家的"义利观"文化理念有密切的关系。❷

每一项制度不仅与特定时代的社会发展相适应，也与人们当时的观念和理论密切相关。如今市场经济快速发展，国家层面高

---

❶ Richard A. Spinello and Maria Bottis. A defense of intellectual property rights［M］. E. Elgar, 2009：vi.

❷ 杨利华. 中国知识产权思想史研究［M］. 北京：中国政法大学出版社，2017：12－20.

度重视对知识产权保护的问题，出台一系列政策法规，提升法律保护标准和水平，然而，专利权保护效果仍须加强。因此，社会需要公众增强和提升对知识产权保护的意识，从道德层面和法律层面双重约束知识产权侵权行为，尽可能在专利权法律保护期限内维护相应专利权。

3.3　本章小结

本章通过对专利权刑事保护虚置的原因进行系统性分析，从刑法之内和刑法之外两个层面，系统性地分析和讨论了专利权刑事保护缺位及刑事专利保护虚置的问题。从刑法之内的原因辨析，我国专利权刑事政策弱保护的理念基础受传统刑法观的制约和影响。传统刑法观以刑法谦抑性为内核，固守"厉而不严"的重刑结构，强调刑事法网粗略，犯罪圈较小，但配置较为严厉的刑罚。就专利权刑事立法层面的原因看，刑法谦抑性原则下对专利权犯罪圈划定范围太小且打击错位。专利权刑事立法目的是优先保护消费者利益，其次是保护经济利益和专利权人利益。就专利权刑事司法层面而言，我国刑事司法呈现出被动型司法，即前置法备而刑事法不用或少用，刑事立法备而刑事司法不用或少用的被动性特征，主要由于行政权较大，挤压司法权存在和适用的空间，造成专利权犯罪案件难以进入刑事司法诉讼环节，专利权刑事司法保护实际上缺位。在某些方面可以说，专利权刑事政策的保护不足、刑事立法存在一定的疏漏，削弱了刑事司法对专利权的保护。前置法与刑事司法衔接断裂，专利权刑事司法保护被架空。从刑法之外的原因辨析，我国专利权弱保护刑事政策受经济发展、中美贸易关系、公共政策、法律文化等因素的干预和制约。专利权刑事保护虚置是法治理念尚未在我国全方位地贯彻和落实的表现。专利权是法治的产物，这种法定的权利如果没有依法得到救济，社会前进的重要动力——创新就会受到阻碍，从而影响整个社会的发展。法治之所以是最好的营商环境，就在于它能够使人们"持之有据、行之有效、践之有信"。❶

---

❶ 高鸿钧. 英美法原论：上册 [M]. 北京：北京大学出版社，2013：前言.

4

域外专利权刑事保护的
考察与启示

经济全球化使得经济领域犯罪现象趋同化，我国法律制度的建设及改革既要考虑本国国情，又要学习和借鉴国际条约、国际惯例和国际影响。世界范围内，以德、日为代表的成文法的大陆法系国家和以英美为代表的判例法国家在法律制度层面存在一定差异，但是受经济全球化快速发展、互联网及科技领域变革的影响，知识产权法律制度逐渐走向趋同。[1] 经济全球化促进了世界各国在经济贸易领域的互动往来，各国知识产权法律规范的趋同性超越了其他部门法，知识产权成为各国贸易合作的重要内容。本章将考察域外专利权刑法立法情况，以为完善我国的专利权刑事保护提供有益思路。

---

[1] 高鸿钧. 英美法原论：上册 [M]. 北京：北京大学出版社，2013：454.

4.1　考察域外专利权刑事保护的必要性

随着世界科学技术的飞速发展，经济全球化向着纵深方向推进，知识产权的重要性愈加凸显，知识产权保护受到国际社会广泛关注。为了加强经济合作，消除贸易壁垒，实现经济一体化，各国从最初的"区域性合作"的形式向"自由贸易区""关税同盟""共同市场""政治联盟"更高程度的经济一体化合作趋势发展。19 世纪末期欧洲最先签订《保护工业产权巴黎公约》（Paris Convention on the Protection of Industrial Property，简称《巴黎公约》）的国际性公约，知识产权保护开启了由国内法保护走向国际化保护的路径。20 世纪 80 年代，以美国主导的将知识产权保护与对外贸易关联起来制定的 TRIPS 协议为标志，知识产权保护开启了全球化保护的时代。知识产权保护从国内法保护至国际化保护、全球化保护、区域性保护等构筑了一个轮廓清晰的知识产权保护历程。我国不仅积极参与全球化发展，较早地加入了世界贸易组织，也与诸多国家展开双边贸易合作、多边贸易合作。例如，"一带一路"背景下中国—东盟贸易投资合作、中国—缅甸经贸合作、中国—俄罗斯双边贸易合作等打造区域性发展战略，坚持在竞争中求合作的双赢发展战略，促进各国经济快速发展。有关国际性的人类知识产权在经历几个世纪的历程后，已经形成相对稳定的内容保护体系和保护制度，以专利、著作权和商标为主的国际性条约已经构成知识产权国际化保护的基本格局。专利权刑事保护也呈现出国际化与全球化的特征，这决定了完善我国专利权刑事保护需要参考域外相关刑事立法。

4.1.1　专利权刑事保护的国际化

第一，专利权保护国际化初始阶段。最早出现的有关专利保护的国际性条约是 1883 年《巴黎公约》，其调整对象是工业产权，工业产权是一种独占权或专用权，大多数国家都制定专利法、商标法等单行法律对之加强管理与保护。❶ 这一时期的英国经济发展水平跃居世界第一，其知识产权保护需求最为迫切，因为此时其他许多国家对英国作者的作品复制、翻印、盗版现象十分严重，以美国为例，美国不仅不对国外作者的作品进行保护，而且还鼓励本国公民的盗版行为，不做任何限制和处罚。❷ 我国于 1985 年加入《巴黎公约》，作为成员方应当接受和遵守该公约的所有法律条款的约束。

第二，专利权刑事保护发展阶段。TRIPS 协议通过联合不同国家制定国际性条约，目的是保护经济趋于全球化发展的进程中的市场经济秩序，维护市场交易秩序，维护市场经济正当竞争秩序，恪守诚实守信的基本公德，保护公众健康等多元化。尽管发达国家与发展中国家对该协议内容的公平性和合理性存在诸多质疑和批评，甚至抵制 TRIPS 协议中诸多实体性和程序性的规定，反对贸易和知识产权保护一体化，但是经过多方谈判和彼此妥协，最终达成一个国际性协议。国际评论家们乐观地认为，TRIPS 协议是一种新规则体系，以法律取代强权的做法显然值得肯定，因为该协议对比原先《关税及贸易总协定》（以下又称 GATT 协议）的实体性和程序性的规定更加规范和完备。发达国家第一次制定有利于维护其知识产权利益的强制性规则，而发展中国家可以借此避

---

❶ 夏征农．大辞海（法学卷修订版）［M］．上海：上海辞书出版社，2015．

❷ 崔国斌．专利法：原理与案例［M］．北京：北京大学出版社，2016：40．

免发达国家随意、专断的权力干预，自身也能从新构建的国际法律秩序体系中获益。❶ 然而，这并不表示各国都对专利权没有进行刑事保护，事实上，世界上许多国家都对专利权进行了严格的刑事保护。

随着欧洲国家签订《巴黎公约》带来的积极附随效果，1891年《马德里协定》签订，旨在保护国际商标注册，商标国际注册马德里体系由此诞生。20世纪以后知识产权保护国际化时代正式开启，例如，进入国际协议调整范围的有1925年保护外观设计的《海牙协定》，1961年保护表演的《罗马公约》及保护植物品种的《保护植物新品种国际公约》，1970年保护专利的《专利合作条约》、1989年保护半导体芯片的《关于集成电路知识产权的华盛顿条约》，等等。这些公约及协议随着国际经济发展情况相应地进行修改和调整，推动区域性经济一体化不断向前发展。

4.1.2 专利权刑事保护的全球化

第一，《专利合作条约》（Patent Cooperation Treaty，简称PCT）开启了专利权保护全球化进程。1970年世界知识产权组织于美国华盛顿签订了PCT，这是自《巴黎公约》缔结以来在专利国际合作方面具有里程碑意义的标志性事件。PCT旨在搭建一个国际性"申请"体系，而不是一个国际"授权"体系。PCT条约实际上仅向《巴黎公约》的缔约方开放，是《巴黎公约》的补充。世界各国企业申请PCT专利的目的在于保护其出口产品。该条约的产生与第二次世界大战之后发达国家对于工业产权保护的加强有着密切关系。马歇尔计划的实施使得以西欧为中心的发达国家

---

❶ Okediji, Ruth L. Africa and the Global Intellectual Property System: Beyond the Agency Model [J]. African Year book of International Law, 2004 (12): 207–254.

经济迅速复苏，新技术的不断产生促进了经济的发展。为了鼓励持续的技术创新，发达国家纷纷通过立法等措施加强了对工业产权的保护。我国于 1994 年正式加入 PCT，推动了诸多域外企业对华投资，增强了域外企业就高新技术向我国申请专利合作，间接地推动了国内经济发展。❶ 目前 PCT 至 2022 年已有 157 个成员方。PCT 有利于各成员方及时查询和获悉全球各领域发明创新的最新进展，促进经济全球化市场中拥有核心技术的企业保持竞争优势。

第二，世界贸易组织（World Trade Organization，以下简称WTO）成立于 1995 年。WTO 涉及经济领域的货物贸易、服务贸易、知识产权、投资等。WTO 所定规则覆盖的国际贸易额约占世界贸易总额的 95%。WTO 搭建了一个相对统一、稳定、透明、可预测性的世界贸易平台，建立以规则为基础的国际性规范贸易体制。WTO 采用的是一种多边解决贸易冲突的体制。它具有排他性，争端解决效率高，结案快，可预测性强。WTO 的争端解决机制是采取免费机制，而其他国际性仲裁机构处理案件需要支付高昂的仲裁费。WTO 是比较彻底地采取"规则导向方法"（Rule - Oriented Approach）来设计的国际组织。

第三，世界知识产权组织（World Intellectual Property Organization，简称 WIPO）是专利权全球化保护的专门性机构。为了使国际性公约有统一的执法机构，1893 年成立保护知识产权联合国际局（the United International Bureau for the Protection of Intellectual Property，简称 BIRPI），后来该组织被 WIPO 所代替。❷ WIPO 管理下的主权国家统一接受其规定的基本原则，也享有一项最重要的权利，即国民待遇原则。各类知识产权公约下的唯一救济机制是通过国际

---

❶ 参见林青，刘陵景，苏鹏. WTO 与 PCT［J］. 科技信息，2000（3）：38-39.
❷ 崔国斌. 专利法：原理与案例［M］. 北京：北京大学出版社，2016：40.

法院起诉，大多数国家都对此作了保留。进入知识产权全球化保护阶段，美国在推动知识产权保护与对外贸易关联方面发挥了重要的作用，也促成了知识产权保护标准的全球覆盖率。

这些国际性、全球性公约载明的知识产权刑事保护条例同时也约束了发达国家和发展中国家，不过，它们仍然避免不了"书面之法"与"行动之法"脱节的窠臼。例如，印度就未按照TRIPS协议要求修改其国内知识产权法律规定，后来出现了与美国知识产权纠纷的案件，世界贸易组织专家团作出了有益于美国的决定。发达国家整体上认为发展中国家对知识产权保护水平不高且执法效果不理想，而发展中国家又认为该协议要求太高，对其经济发展和产业发展不利，但是，根据国际法条约必须遵守的基本原则，世界贸易组织或世界知识产权组织作出的裁决基本都会按照判决要求执行或整改。

4.2　大陆法系专利权刑事保护制度考察

大陆法系与英美法系对财产权的认识存在明显差异，我们很难从英美法系的知识产权法中找到侵害知识产权不同客体的罪刑条款，即使发现有关专利的罪名条款，其设立也是为了保护国家管理秩序法益或消费者利益，原因在于英美法系将知识产权视为动产一样的财产，通过普通法或衡平法进行保护。大陆法系则与此相反，通过采取行政刑法的立法模式，在专利法中规定相关条款。专利权由多项权利组成，但重点是保护专利独占权，另也对专利标记权和专利申请权适当地保护。

4.2.1 德国专利权刑事保护制度

德国和日本分别对专利、实用新型专利和外观设计专利制定了对应的三部法案。现行《德国专利法》是 2009 年修订后生效的法案，该法案规定专利可授予所有技术领域的发明，只要是新颖的、具有创造性并适于工业应用的；且发明涉及一项由生物材料组成的产品发明或者包含生物材料的产品发明，或者是一个制造、加工，或者应用该生物材料的方法发明等也应当授予专利。

4.2.1.1 德国专利权罪种制度

侵犯专利权犯罪的罪种规定方面，《德国专利法》第九章第 142 条规定了侵害专利权罪（保护专利独占权），成立该罪的要求：行为人主观上有投放市场，或进口，或储存的目的；行为人客观上实施了：一是未经专利权人许可，非法制造、提供、使用受专利法保护的产品；二是未经专利权人许可，使用或者许诺使用受专利法保护的方法；三是行为人主观上以商业目的实施专利的；四是行为人主观上企图实施前述行为。❶

《德国实用新型专利法》第 25 条规定，（1）未经实用新型权利人的必要同意，从事下列行为之一的情形：制造、提供、使用属于实用新型主题的产品，或者将其投放市场，或者为上述目的而进口或者存储该产品；（2）以商业目的实施实用新型的；（3）企图实施上述行为的，也应受处罚。

《德国外观设计专利法》第 38 条外观设计权及其保护范围有：（1）外观设计权利人享有实施其外观设计以及禁止第三人未经其

---

❶ 国家知识产权局条法司. 外国专利法选译：上册［M］. 北京：知识产权出版社，2015：926–927.

同意实施其外观设计的独占权。此处的实施是指制造、许诺、销售、投入市场、进口、出口或使用包括了该外观设计或应用该外观设计的产品，或为上述目的占有上述产品。（2）外观设计保护范围延伸到每一个不会使有见识的使用者认为不同于授权外观设计的整体印象的设计。在判断保护范围时，应当考虑设计者在开发其外观设计时的创作自由程度。（3）破坏符合该法第21条规定的延迟公开的外观设计专利的情形。

4.2.1.2 德国专利权刑罚制度

刑罚配置方面，《德国专利法》第九章规定，违反该法第142条的行为，即专利侵权罪规定的，法定刑处3年以下有期徒刑或者罚金。对于行为人有营利目的或者带有商业目的实施侵犯专利权行为的处以5年以下有期徒刑或者罚金。德国不仅惩治侵犯专利权犯罪的结果犯，也处罚主观上有非法侵害专利权人专利权的情形。相比侵害专利权的刑罚，对侵犯实用新型专利的行为配置的法定刑是3年以下有期徒刑或者罚金。针对侵犯外观设计的行为的刑处，同前述侵害专利权的情形一样。

4.2.2 日本专利权刑事保护制度

日本对专利权的保护超出世界平均水平。日本有学者曾提出私有财产权利观应当是立国为私而非为公的观点❶，揭示了日本对私权及专利权的保护非常重视。日本知识产权战略具有两个显著特征：其一，知识产权战略的实现并不以法律的调整为主轴，公共政策是有效利用知识产权制度的必要支撑。《日本知识产权基本

---

❶ 转引自许晓光．论日本近代"私权"思想的形成 [J]．日本学刊，2006（5）：117－128．

法》清晰地展示了政府重视知识产权的立场。其二,日本知识产权战略由政府主导,政府成为实现知识产权法治目标的核心力量。近年来,日本国际专利申请数量少,不占绝对竞争优势,但其专利申请质量一直保持高标准。新能源汽车的发展走在世界前列,涉及的核心技术及市场优势非常明显。❶ 日本也因此在新能源和部分核心技术领域享有世界声誉。

4.2.1.1 日本专利权罪种制度

日本的专利权刑事立法与德国保持一致,有关知识产权犯罪的罪刑条款具体规定在不同知识产权法中。日本有《日本专利法》《日本实用新型专利法》《日本外观设计专利法》。《日本专利法》的宗旨是保护专利权人的发明。该法将发明定义为自然人或者单位利用自然法则作出的具有一定高度的技术思想创作,它将发明分为产品专利和方法专利两种类型,但是专利法对方法专利的保护延伸至通过方法专利生产的产品。

第一,《日本专利法》于1959年将专利权犯罪的罪名规定为侵害专利权罪、诈骗专利权罪、虚假标记罪等。侵害专利权罪保护的是专利独占权。侵害专利权罪的成立要求:主观上要求行为人有故意或过失,成立犯罪没有数额要求。犯罪行为主体系自然人和法人。侵害专利权罪的行为不法性具体体现在该法第101条。

第二,《日本实用新型专利法》旨在通过保护和应用与物品的形状、构造或者组合相关的实用新型,以鼓励实用新型,进而推动产业的发展。实用新型专利中的实施是指实用新型专利所涉

---

❶ 张天舒. 日本新能源汽车发展及对我国的启示 [J]. 可再生能源, 2014, 32 (2): 246–252.

及的物品的制造、使用、转让、出租、出口、进口、许诺转让或者许诺出租（包括以转让或者出租为目的的展示）的行为。该法第 56～62 条规定了专利权犯罪的罪名，有专利侵权罪、诈骗专利权罪、虚假标记罪等罪名。专利侵权罪的行为不法性具体体现在该法第 28 条：（1）以经营活动为目的，仅为登记实用新型所涉及的物品的制造所使用之产品的生产、转让；（2）以经营活动为目的，明知登记时实用新型所涉及物品的制造所使用之产品，生产、转让、进口、许诺转让等行为；（3）以经营活动为目的，为了转让、出租或者出口登记实用新型所涉及的物品的行为。❶

第三，《日本外观设计专利法》于 1959 年 4 月法律第 125 号制定，于 2008 年 4 月 18 日第 16 号法律作了修改。该法律颁布的目的在于通过保护和应用外观设计，以鼓励外观设计创作，进而推动产业的发展。该法保护已经登记过、正式获得外观设计专利的权利。日本对外观设计的定义是能够引起视觉上美感的物品的形状、图案、色彩或者这些要素的结合。物品的构成部分的形状、图案、色彩或者其结合包括用于物品的操作，仅限于为了使该物品可发挥其功能的状态进行的操作，并且在该物品上或者在与该物品一体使用的物品上表示的图像。该法规制外观设计的"实施"是指外观设计所涉及的物品的制造、使用、转让、出租、出口、进口、许诺转让或者许诺出租（包括以转让或者出租为目的的展示，下同）行为。❷

侵害外观设计专利权罪的行为不法性具体体现在该法第 38 条：

---

❶ 国家知识产权局条法司. 外国专利法选译：上册 [M]. 北京：知识产权出版社，2015：120－121.

❷ 国家知识产权局条法司. 外国专利法选译：上册 [M]. 北京：知识产权出版社，2015：148－149.

（1）以经营活动为目的，仅为登记外观设计或者与其类似的外观设计涉及物品的制造所使用之产品的生产、转让等（转让等指转让及出租，当该产品为程序等时，包括通过电信线路提供程序等的行为）、进口、许诺转让等（包括以转让为目的的展示）行为；（2）以经营活动为目的，为了转让、出租或者出口登记外观设计或者与其类似的外观设计所涉及之物品的行为。❶

4.2.1.2　日本专利权刑罚制度

《日本专利法》《日本实用新型专利法》及《日本外观设计专利法》三部法案对发明专利、实用新型专利、外观设计专利都进行同等保护。《日本专利法》第 196 条规定，根据侵害专利权核心权利和次要权利，对前者法定刑配置 10 年以下，对后者法定刑配置 3 年以下。《日本专利法》第 196 条第 1 款规定，根据该法禁止的不法侵害专利权的行为，专利侵权罪具体保护专利权的独占权和处分权，由于这两项权利是专利权的核心权利，因此刑罚规定比较严厉。

《日本专利法》对于国内、国际专利权保护作了区别规定。该法第 184 条第 10 款规定，日本公民申请的专利在国际公开后、外文专利申请在国内公布之后，国际专利申请的申请人提示记载了有关国际专利申请的发明内容的书面文件进而提出警告的，对于在该警告后专利权的设定登记之前以经营活动为目的实施该发明的人，可以请求其支付如同该发明是专利发明时实施该发明应支付的金额的补偿金。即使未提出警告，关于日文专利申请，在得知为已经进行了国际公开的国际专利申请的发明后至专利权的设定登记之前，关于外文专利申请，在得知为已经进行了国内公开

---

❶ 国家知识产权局条法司 . 外国专利法选译：上册［M］. 北京：知识产权出版社，2015：167.

的国际专利申请的发明后至专利权的设定登记之前，对于以经营活动为目的的实施该发明的人，也同样适用。❶

在权利救济方面，专利权人有权向行政执法部门请求停止侵权或者请求预防侵权的发生，请求销毁构成侵权行为的产品，清除用于侵权行为的设备及请求其他预防侵权所必要的行为。《日本专利法》第 106 条规定了违法者恢复信用的救济措施。对故意或者过失侵害专利独占权和标记权的行为，因此损害权利人业务信誉的人，依专利权人的请求，法院有权命令为恢复专利权人业务上的信誉而采取必要措施，以取代损害赔偿或者在给予损害赔偿的同时采取必要措施。

4.3　英美法系专利权刑事保护制度考察

4.3.1　英国专利权刑事保护制度

英国是世界上最早制定专利法的国家，专利权保护历史悠久且比较完善。英国对专利权的法律保护制度成为现代化国家制定专利法的模板，例如，美国 1790 年颁布的《美国专利法》、法国 1791 年颁布的《法国专利法》等。英国最早的垄断法全名是《1623 年关于垄断、刑法上的处置及其罚没的法案》，人们普遍认为这部法案是世界上第一部具有现代意义的保护专利权的法律制度，其对世界各国专利法的制定产生了深远的影响。虽然有个别

---

❶　国家知识产权局条法司 . 外国专利法选译：上册［**M**］. 北京：知识产权出版社，2015：84.

学者持反对意见，认为这部法律制度本身与现代意义的专利法并无关联，它是新兴资产阶级的崛起为寻求自身发展，与君主权力作斗争的胜利成果。1948 年，英国《成文法修订法案》中简称其为《垄断法案》，《垄断法案》中明确指出，一切垄断和特权都是非法的，但是经法律授予的专利权是正当且合法的。❶ 英国于13 世纪开始以 letters patent 的形式，即国王特许状的方式授权和奖励公民的发明创新成果。如果其他人对该特权持有人的权利提出异议，那么持有特许状的文件便是对抗侵害方的有力证据和武器。这等于是旗帜鲜明地公开告诉全社会，拥有专利的主体其权利具有垄断性和排他性的特征。直到 18 世纪英国普通法逐渐将专利视为特殊财产，即这种权利是"诉讼中的动产"（a chose in action）。❷ 从这里可以看出，专利权是一种可预期的、需要启动法律救济才得以兑现的财产权。换言之，专利权或整个知识产权没有法律救济，其权利就是一纸空文。因此，专利权是法治的产物。专利权具有私人财产属性的方面，因为位居垄断地位的专利权人可以排斥相对竞争者，在市场经济中占有绝对优势地位。

专利权属于法定的权利，17 世纪的英国统治者为了推动重商主义经济的发展而制定了一项政策。依据这项政策的需要，法官在某些具体个案中对专利权人的垄断性权利予以肯定和保护。随着工业革命的快速发展和商业的繁荣，专利权受法律保护的理念

---

❶ 《英国垄断法案》第6 条规定，前述法律规定适用于任何经过正当程序申请获得专利权的主体，专利权人享有垄断权，其在法律规定的 14 年有效期内可以独占性地运用或实施其专利。但是，法律禁止专利权人享有超过法律规定的特权或权利，禁止提高本国国内产品价格损害社会公共利益和国家利益，禁止故意破坏贸易秩序，造成市场经济秩序失序。

❷ Williston, Samuell. Is the Right of an Assignee of a Chose in Action Legal or Equitable [J]. Harvard Law Review, 1916, 30 (2): 97 – 108.

和实践进一步得到强化。它是政府授予发明人的一种特殊权利，它只要符合一系列法律规定的发明创新的标准，最终就会获得这样一种权利。❶ 专利权的主体系自然人，要求是第一个真正的发明人，不包括企业、团体等组织。专利权客体指新发明的产品。专利权内容指在国内独占性运用或实施该新产品的生产方法。专利权期限规定为法律授权之日起 14 年或以下。这部法案首次将人类的智慧成果以法律的方式赋予权利加以保护，使这部法案具有深远的历史意义。现行《英国专利法》及其实施细则在 1977 年作了修改和完善，修改内容涉及：一是进一步拓宽了专利保护范围，而这些领域其他国家可能都不纳入保护范围；二是增设了专门审理专利诉讼案件的法庭。

4.3.1.1 英国专利权罪种制度

英国分别制定《英国专利法》和《英国 1949 年注册外观设计专利法》两部法律。《英国专利法》保护的对象是发明，《英国 1949 年注册外观设计专利法》保护注册外观设计和外观设计版权。《英国专利法》针对专利侵权的行为作了比较严格的规制，涉及专利权犯罪的有四个罪名：伪造专利记录罪、假冒专利权罪、假冒已申请专利罪、滥用专利局名义罪。《英国专利法》第 109 条规定伪造专利记录罪❷；第 110 条规定假冒专利权罪。假

---

❶ Oren Bracha. The Commodification of Patents 1600 – 1836: How Patents Became Rights and Why We Should Care [J]. Loyola of Los Angeles Law Review, 2004 (38): 177.

❷ 伪造专利记录罪指在按专利法设置的登记册内登记时伪造不实事项或致使他人伪造不实事项，制造或致使他人制造冒充为登记项目的抄本或复制本，或明知记录或文件虚伪不实故意提出或呈交或致使他人提出或呈交作为证据的行为。犯该罪的，处 1000 英镑以下罚金；经起诉宣判，以两年以下徒刑或罚金，或判处徒刑并罚金。参见田宏杰. 侵犯专利权犯罪刑事立法之比较研究——兼及我国专利权刑法保护的完善 [J]. 政法论坛, 2003 (3): 77 – 85.

冒专利权罪指在有偿处理的物品上标有、刻有或印有、或以其他方式附有"专利"或"获准专利"等字样或任何其他事物以表示或暗示物品为专利产品的行为,或者将非专利产品冒充是专利产品销售的行为。犯该罪的,处 200 英镑以下罚金。对侵害专利管理秩序的行为,第 112 条规定了滥用专利局名义罪,构成该罪的判处 500 英镑以下的罚金。滥用专利局名义罪指在业务地点,或发出的文件中,或在其他情况下,使用"专利局"或任何其他字样,把业务地点说成是专利局或与专利局有隶属关系的行为。

《英国 1949 年注册外观设计专利法》将外观设计作为专利之外的一类知识产权单独加以保护,其中第 15 A 条规定,注册外观设计或者外观设计注册申请属于个人财产,即无形动产。第 15B 条规定,注册外观设计及其申请的转让:(1)依据本条的规定,注册外观设计和外观设计注册申请与其他个人财产或者动产一样,可以以转让、继承以及法律规定的形式进行移转。(2)移转注册外观设计或者外观设计注册申请的,都受到已在外观设计登记簿记载的人的权利的限制,对外观设计注册申请的移转,则受到已通知注册转让的人的权利的限制。(3)注册外观设计和外观设计注册申请的转让或者授予应当经转让人、转让人的代表人或者某些情形下的个人代表签字方能生效。该法第 33 条规定,非法侵害外观设计专利申请权罪,对于任何人违反该法第 5 条作出的决定或者违反该条规定提出或意图提出外观设计注册申请的,其行为均构成犯罪,应被处以下述刑罚:(1)2 年以下监禁或罚款,或并处;(2)即席判决 6 个月以下监禁或法定最高限额以下的罚款,或并处。第 34 条规定登记簿的篡改等明知登记项目或者文件是虚假的,在外观设计登记簿中登记人或者导致登记人虚假登记项目,或者用文件冒充登记簿登记事项副本，或者出示、提供或者明显导致出示或提供此类文件的，其行为构成犯罪，应被处以2年以下监禁或罚金，或并处；通过简易判决判处6个月以下监禁或法定最高限额以下的罚金，或并处。该法第35条规定了虚假描述外观设计已注册的罚金：（1）虚假描述其出售的产品上应用或包含的外观设计是注册外观设计的人，应被处以不超过第3标准等级的罚金；为本条的目的，在所售产品上标注、镌刻、铭记或以其他方式应用"已注册"，或其他明示、暗示该产品应用或包含了已注册外观设计的字样，视为虚假描述其产品上应用或包含的外观设计是注册外观设计。（2）在注册外观设计的保护期限届满后，在应用或包含该外观设计的产品上标注"已注册"字样，或用文字暗示根据本法存在注册外观设计的权利，或诱导在产品上进行此类标识的，应被处以不超过第1标准等级的罚金。（3）为本条之目的，在大不列颠联合王国对外观设计：（a）标注"已注册"，或（b）用其他任何文字或符号明示或暗示外观设计已注册应当被视为是对"根据本法进行了注册"的描述，除非表明所提及的是在大不列颠联合王国之外的其他地方进行了注册，并且该外观设计实际上是如此获得注册的。❶

4.3.1.2　英国专利权刑罚制度

根据前文《英国专利法》和《英国1949年注册外观设计专利法》中对侵犯专利权犯罪的罪名设有伪造专利记录罪、假冒专利权罪、假冒专利申请罪、滥用专利局名义罪等罪名，可见，英国对侵犯专利权犯罪的刑事法网设置比较严密。

---

❶ 国家知识产权局条法司. 外国专利法选译：中册 [M]. 北京：知识产权出版社，2015：1067－1082.

在刑罚配置上，《英国专利法》第 109 条规定伪造专利记录罪，配置了可以单独处罚 1000 英镑以下的罚金刑。第 110 条规定假冒专利权罪配置了 200 英镑以下的罚金刑。第 112 条对侵害专利管理秩序的行为，规定了滥用专利局名义罪，配置了 500 英镑以下的罚金刑。

《英国 1949 年注册外观设计专利法》第 33 条规定外观设计专利侵权罪配置了两档法定刑，对于情节严重的设置两年以下监禁或罚款，或并处；对于情节比较轻微犯罪行为判决 6 个月以下监禁或法定最高限额以下的罚款，或并处。第 34 条规定伪造专利记录罪分别配置了：（1）2 年以下监禁或罚金，或并处；（2）通过简易判决判处 6 个月以下监禁或法定最高限额以下的罚金或并处。第 35A 条规定法人犯前述罪名的应当予以处罚。英国专利权刑法保护规定了两类违法阻却事由，一类情形是对产品专利或方法专利法律保护期限已满、或已撤销，但是原告没有主动采取任何措施及时停止诉讼的，法院应当作出有利于被告的判决；另一类情形是，依据前述法律起诉的案件，被告能够证明自己主观上没有故意，客观上为了避免违反专利权做了适当努力的情形，都可以作为被告方出罪的理由。

4.3.2 美国专利权刑事保护制度

美国有关专利法的法律规范规定在美国法典第 35 章中。众所周知，英美国家系判例法国家，普通法、衡平法及判例法等诸多成文、不成文的法律法规作为其预防和控制专利犯罪的手段。

4.3.2.1 美国专利权罪种制度

第一，《美国专利法》规定了客体类型有发明专利、植物专利和外观设计专利三种类型。专利权是一种无形动产，权利主体享有所有权和处分权的自由。专利申请、专利或者其中的任何利益，在法律上均可以依书面文件予以转让。申请人、专利权人，或者其受让人、法定代理人，可以以同样方式授予和转移专利申请或者专利中的排他权，效力可以及于美国全国或其任何特定地域。❶

第二，《美国专利法》严厉禁止侵犯专利权的行为。❷ 其中，专利所有人因他人侵犯或者帮助侵犯其专利权而有权获得救济的，不能因其有下列一项或多项行为而被拒绝给予救济，或者被视为犯有滥用其专利权或者非法扩张其专利权的罪责：一是从他人如未经其同意而实施即构成帮助侵犯专利权的行为获得收入的；二是许可或者授权他人实施如未经其同意即构成帮助侵犯专利权的行为的；三是努力保护其专利权以制止侵权行为或者帮助侵权行为的；四是拒绝给予许可，或者拒绝运用任何权利的；五是以给予另一专利的任何权利的许可或者购买另一种产品为条件，给予专利的任何权利的许可或者销售专利产品的许可的，除非按照具体情况，专利权人在有关市场上对该专利或者专利产品具有市场支配力，而该许可或者销售是以该专利或者专利产品为条件的。本条文中对部分行为排除有违法的性质，同时对专门构成专利侵权的行为作了非常详细的分类和陈列。

根据现行《美国专利法》对侵犯专利权犯罪的罪刑条文规定，设置了两个罪名：虚假专利标记罪和伪造专利证书罪。虚假专利

---

❶ 国家知识产权局条法司. 外国专利法选译：下册 [M]. 北京：知识产权出版社，2015：1647.

❷ 国家知识产权局条法司. 外国专利法选译：下册 [M]. 北京：知识产权出版社，2015：1648 – 1649.

标记罪具体包括三种情形。● 第一种情形是，任何人未经专利权人同意，在其在美国制造、使用、为销售而提出要约或者销售的，或者在其向美国进口的任何物品上，标注、缀附或者在与该物品有关的广告上使用专利权人的姓名或名称，或者其姓名或名称的任何模仿、专利号码，或者"专利""专利权人"等类似字样的标记，意图伪造或仿造专利权人的标记，或者意图欺骗公众，使其相信该物品是专利权人或者经专利权人同意而制造、为销售而提出要约、销售或者向美国进口的。第二种情形是，任何人为欺骗公众的目的，在未获得专利的物品上标注、缀附或者在与该物品有关的广告中使用"专利"字样或者任何含有该物品已获得专利之意的其他字样或号码。第三种情形是，任何人为欺骗公众的目的，在其未申请专利，或者已申请但并非未决时，就在物品上标注、缀附或者在有关广告中使用"已申请专利""申请未决"或者任何含有已申请专利之意的其他字样的。符合这三种情形的，对犯罪人应处以 500 美元以下的罚金。同时，还明确规定任何人都可以请求对违法者给予处罚，在此种情形下，罚金的一半给予起诉人，另一半归美国政府使用。

4.3.2.2　美国专利权刑罚制度

根据《美国专利法》的规定，对成立虚假标记专利罪的，应当处以 500 美元以下的罚金。行为人构成伪造专利证书罪，应当处以 10 年以下的监禁或者单处罚金，或二者并处。《美国专利法》

● 《美国专利法》第 292 条。见国家知识产权局条法司. 外国专利法选译：中册 [M]. 北京：知识产权出版社，2015：1662；刘科. 中国知识产权刑法保护国际化研究 [M]. 北京：中国人民公安大学出版社，2009：72，157；田宏杰. 侵犯专利权犯罪刑事立法之比较研究——兼及我国专利权刑法保护的完善 [J]. 政法论坛，2003（3）：77 - 85.

规定了任何人都可以请求对违法者给予处罚，案件授予结束后，罚金的一半给予起诉人，另一半归美国政府使用。《美国专利法》对于专利侵权行为、滥用他人专利的行为，一般采取民事救济措施，不予刑事制裁。20 世纪 80 年代，美国由于经济发展占居世界主导地位，开始明确地向其他国家提出加强知识产权保护水平和强度，为此设立了一系列的双边救济措施，用以对付知识产权保护不够充分或者知识产权救济不力的国家。《1974 年贸易法》将知识产权纳入该法"301 条款"的贸易监督程序。1984 年的修订产生了《1988 年综合贸易和竞争力法案》（The Omnibus Trade and Competitiveness Act of 1988），该法案强化了"301 条款"的监督程序，增加了所谓"普通 301""特别 301"和"超级 301"等不同程序。这些条款要求美国的贸易代表针对知识产权保护不力的国家，评估美国知识产权利益被侵害的程度，以此作为谈判筹码进行协商和解决问题。如果上述努力以失败告终，美国则可以进行贸易制裁。被美国"301 条款"制裁的国家发现：如果不对知识产权保护采取行动，可能会面临美国更严厉的制裁。

4.4　域外专利权刑事保护制度的启示

纵观知识产权保护国际化和全球化的发展历程，其间贯穿着一条发展主线，即知识产权是人为建构的财产性权利。专利权从最初的一种特权演变成一种法定权利，经历了工业革命时代和知识经济时代，在全球化市场竞争中变得更重要，各国法律也给予了更强力、更有效的保护。起初阶段世界各国对专利权"搭便车"的行为容忍度都比较低，后来经济发展水平以科技取胜，知识产

权的保护程度越来越强、保护范围越来越全面。随着经济全球化
的发展，世界各国在激烈的竞争中求合作与发展的空间。根据目
前专利权国际化保护现状，发达国家以科技为核心竞争力，要求
合作国加强对专利权的保护是必然趋势，不会忽视将刑法作为预
防和控制侵害专利权行为的重要保护手段。以上选择了大陆法系
和英美法系具有代表性国家的专利权刑法制度进行考察，从宏观
上看，大陆法系与英美法系对发明的定义、专利权的客体、专利
权保护范围和保护程度都根据本国发展历史和经济水平不同而各
有差异。西方国家对知识产权的保护经验至少有五百多年的历史，
因此它们积累了不少保护专利权的经验，有以下四方面值得我们
学习和借鉴。

4.4.1 专利权刑事保护"严而不厉"

其一，专利权刑法保护法网严密。以德国和日本为代表的大
陆法系国家，德国针对专利权的客体分别制定专利法、实用新型
专利法、外观设计专利法，分别制定了侵害专利权、侵害实用新
型专利权、侵害外观设计专利权的禁止性条款。这种规则设计以
"规定、禁止、允许"表示某种行为的方式，旨在塑造社会尊重专
利权人享有专利实施独占权的权利，不仅禁止侵害专利独占权的
行为，还禁止主观上企图通过非法实施他人专利行为获取商业利
益的故意。预防主义刑法观的理念十分突出，禁止行为犯以外，
还禁止思想犯。这里的思想是指故意判断的客观化，不是指行为
人主观上具有非法实施他人专利谋取经济利益的故意。日本对专
利权的刑法保护超出世界平均水平，专利权刑法保护法网的严密
程度从其设置侵害专利权罪、诈骗专利权罪、虚假标记罪、伪证
罪、泄密罪、违反保密命令罪等罪名上可以看出。并且日本根据

侵害专利权不同权利类型的危害性程度不同，在法定刑配置方面展陈了 10 年、5 年、3 年的梯级模式，向公众传递了危害专利独占权属于重罪，将面临严厉的刑罚制裁威胁。

有学者认为，《美国专利法》规定了虚假标记专利罪、冒充专利罪和冒充已申请的专利罪三个罪名。❶ 以英国和美国为代表的英美法系国家是判例法国家，普通法、衡平法及判例法等诸多成文、不成文的法律法规作为其预防和控制专利犯罪的手段。英美法律规定专利权人享有专利所有权权利，而大陆法系学者认为所有权是物权意义上的财产，是有体物财产。这表明英美法系对专利权无形财产权的法律定位异于大陆法系国家。随着新专利权客体类型的出现，拓展了专利权刑法保护范围。例如，植物新品种、原产地证明、半导体掩膜产品以及拓扑图等新兴的知识产权也被呼吁纳入刑法保护的范围。❷ 有学者建议我国应当也将植物发明、疾病诊断治疗方法专利纳入刑法保护。❸

其二，专利权刑事制裁有轻有重。大陆法系在专利权刑事制裁方面不及英美法系严厉。德国对侵害发明专利的犯罪行为，法定刑配置在 5 年以下，对侵害实用新型专利和外观设计专利的犯罪行为，法定刑配置在 3 年以下，整体上比较轻缓。相反，日本专利权刑事制裁则比较严厉，根据该法禁止的不法侵害专利权的行为，专利侵权罪具体保护专利独占权和处分权，由于这两项权利是专利权的核心权利，因此刑罚比较严厉。对于成立侵犯专利权罪的行为，刑罚为判处 10 年以下徒刑或者处 1000 万日元以下罚金，或者两者并判。对专利侵权行为判处 5 年以下徒刑或者处 500 万日元

❶ 赵赤. 知识产权刑事法保护专论［M］. 北京：中国检察出版社，2011：156.
❷ 雷山漫. 中国知识产权刑法保护［M］. 北京：法律出版社，2014：31.
❸ 李天志. 专利权扩张化及其刑事保护研究［D］. 北京：北京师范大学，2018.

以下罚金，或者两者并判。对实施虚假标记专利的四类情形之一，判 3 年以下徒刑或者处 300 万日元以下罚金。日本根据侵害专利权的核心权利和次要权利设置了不同规制，主要体现在刑罚配置上不同，对前者法定刑配置 10 年以下，对后者法定刑配置 3 年以下。日本的专利权刑事制裁呈现出明显的轻与重，正是刑罚上这种鲜明的差异性，有利于向社会传递重罪与轻罪的宣示性效益。

4.4.2 专利权刑事立法模式多元化

从立法实践方面看，两大法系国家的专利权刑事立法模式各不相同。大陆法系的专利权罪刑条款规定在行政刑法中，英美法系则属于多轨制立法模式，普通法、衡平法、判例法及专利法等都涉及专利权的罪刑规范，可以对侵害专利权的不同行为进行调整和规制。《美国专利法》中规定了虚假专利标记罪和伪造专利证书罪，两个罪名旨在保护其管理制度法益，将专利权等同于财物予以保护，比较轻的或轻微财产犯罪用故意毁坏财产/财物罪（vandalism）和非法侵害财产/财物罪（criminal trespassing，criminal damage），针对刑事损害设置了专门的《刑事损害法案》（Criminal Damage Act）。❶ 但是，英国刑法与美国刑法在刑法理论的发展上仍然表现出相当程度的同质性。田宏杰教授早期文献认为，各国的专利权刑法保护主要采取两种模式：一是行政刑法即专利法保护模式；二是刑法典保护模式，如我国、罗马尼亚及巴西等国。❷ 实际上这种判断与本书考察结果不符，英美两国与德日两国的专利权刑事立法模式存在本质上的差异。

---

❶ 储槐植，江溯. 美国刑法 [M]. 4 版. 北京：北京大学出版社，2012：198 –201.

❷ 田宏杰. 侵犯专利权犯罪刑事立法之比较研究——兼及我国专利权刑法保护的完善 [J]. 政法论坛，2003（3）：77 –85.

其一，大陆法系国家刑事立法模式采取双轨制模式。大陆法系国家刑事立法模式采取刑法典和行政刑法双轨制并行的模式，即刑法典规定刑事犯，行政刑法规定行政犯或法定犯。根据专利技术具有复杂性、专业性和变动性，更应该将罪刑条款规定在行政刑法，即专利法中，这样有利于保障专利罪刑制度安排的科学性和合理性，也有利于执法人员和公民获悉规范内容。

其二，英美法系国家刑事立法模式采取多轨制模式。英美国家系判例法国家，采用的是普通法、衡平法及判例法等诸多成文、不成文的法典法案相结合的多轨制立法模式。18 世纪英国普通法逐渐将专利视为特殊财产，规定专利权是一种诉讼中的动产。当时，英国法官詹姆斯·艾尔（Sir James Eyre）曾声明文学作品和机械发明都属于知识产权的客体，与著作权相比，专利权的任何一种权利类型更有资格成为普通法财产的客体。换言之，詹姆斯·艾尔法官认为法律应当同等保护不同类型的知识产权客体。因此，专利权是法治的产物，是一种预期的、需要启动法律救济得以兑现的财产权。换言之，专利权或整个知识产权没有法律救济，其权利就是一纸空文。英国分别制定《英国专利法》和《英国1949年注册外观设计专利法》两部法律。《英国专利法》保护的对象是发明，针对侵害专利权的行为作了比较严格的规制。《英国1949年注册外观设计专利法》保护注册外观设计和外观设计版权法。而且英国是《巴黎公约》《欧洲专利公约》《专利合作条约》的核心成员。

如前文所述，《美国专利法》中规定了虚假专利标记罪和伪造专利证书罪，两个罪名旨在保护其管理制度法益。其将专利权等同于财物，予以同等保护，比较轻的或轻微财产犯罪用故意毁坏财产/财物罪和非法侵害财产/财物罪，针对刑事损害设置了专门的刑事损害法案。随着社会经济快速发展，资本主义国家市场经济结构转型，从工业经济时代跃进到知识经济时代，知识产权的经济价值和重要性凸显，市场主体的经济利益受到威胁，开始强烈呼吁国家加强对知识产权保护的力度，这才引起立法者对知识产权法律保护问题的重视，考虑将知识产权侵权行为是否升格为犯罪行为的问题。其刑罚是采取"一刀切"的方式全部升格，还是理性地选择对部分特殊侵权行为予以刑事处罚？因此，美国在知识产权法中增设相应的罪刑条款，进而缩小了知识产权与财产权的差距，认为盗窃罪的对象不仅是物权意义上的财产权，还包括像知识产权一样的财产权。❶ 伊琳娜·D. 曼塔（Irina D. Manta）教授的分析表明，知识产权不同于财产权是因为它作为一种法定权利，权利范围大小和法律保护程度是一个动态发展的过程，其主要取决于在社会经济发展中的重要性，美国司法机关针对学者们提出将专利侵权行为纳入刑法制裁的建议需要认真对待。

4.4.3　专利权刑事立法技术精细化

世界各国专利权刑事立法技术精细化，一方面源于专利法规范的精细化需要，另一方面也是适应现代化国家社会高度分工化的现实需要。据此也可以印证社会系统理论认为社会可以分为经济系统、政治系统、法律系统及科学系统等不同的子系统，各领域都按照其符码运作，相互影响且运作独立。专利客体分门别类立法，进而影响专利权刑事立法技术精细化。以《日本专利法》第 101 条为例，规定了六类侵害专利权的情形，这与我国假冒专利罪规定的五种行为类型相比较，更专业、更复杂、更精细。有些

---

❶ Irina D. Manta. The Puzzle of Criminal Sanctions for Intellectual Property Infringement [J]. Harvard Journal of Law & Technology, 2011, 24 (2): 469 – 518.

大陆法系国家专利权罪刑条款规定更明确。以《德国专利法》规定的专利侵权罪为例，罪刑条款很明确，成立专利侵权罪要求行为人主观上以投放市场，或进口，或储存的目的要件；行为人客观上实施了：（1）未经专利权人许可，非法制造、提供、使用受专利法保护的产品；（2）未经专利权人许可，使用或者许诺使用受专利法保护的方法；（3）行为人主观上以商业目的实施专利的；（4）行为人主观上企图实施前述行为。双轨制和多轨制立法模式会形成犯罪法网比较严密的特征，国家如同给社会编织了一张能全方位覆盖的法律之网，这张网不仅大而且缝隙比较严密，客观上赋予了公民更高的知法、守法的权利及义务，要求公民在法律的统摄下，能够严格地自我约束、自我治理，如果触犯刑事法网，便受到严厉的制裁。这样的立法模式使执法机关操作方便而且准确，也更加贴近刑法是其他法律的保障法，具有"第二次违法"的性质。

4.4.4　专利权刑罚制裁多元化

刑罚配置以自由刑和罚金刑为核心。从前述对两大法系部分国家专利权刑罚制度的考察可以看出，首先，二者都重视轻罪防控的理念。❶ 其次，随着罚金刑的规定日趋完善，罚金刑的运用方式日益灵活、有效。最后，注重对被害人的权利救济。以德、日为代表的大陆法系国家，对侵害专利权犯罪的行为实行自诉和公诉两种权利救济方式，自诉是主要方式，公诉是辅助方式。德国规定，根据《德国刑法》第74A条，可以没收涉及犯罪行为的产品。依据《德国刑事诉讼法》关于受害人的损害赔偿的规定（第

---

❶ 刘科 . 中国知识产权刑法保护国际化研究 [M]. 北京：中国人民公安大学出版社，2009：94.

403 条至第 406C 条)，根据该法第 403 条提出的请求得到支持的，则不适用有关没收的规定。日本对侵害专利权独占权和处分权的行为施加十分严厉的法定刑，而且专利权人有权向行政执法部门请求停止侵权或者请求预防侵权的发生，请求销毁构成侵权行为的产品，清除用于侵权行为的设备及请求其他预防侵权所必要的行为，同时也规定了违法者恢复信用的救济措施。对故意或者过失侵害专利权的独占权和标记权的行为，及因此损害权利人业务信誉的人，依专利权人的请求，法院有权命令为恢复专利权人业务上的信誉而采取必要措施，以取代损害赔偿，或者在给予损害赔偿的同时采取必要措施。以英美为代表的英美法系国家，对被害人权利救济比较周延。英国专利权刑法保护规定了两类抗辩事由：一类情形是对产品专利或方法专利法律保护期限已满、或已撤销，但是原告没有主动采取任何措施及时停止诉讼的，法院应当作出有利于被告的判决；另一类情形是依据前述法律起诉的案件，被告能够证明自己主观上没有故意，客观上为了避免违反专利权做了适当努力的情形，都可以作为被告方免责的依据。

4.5　本章小结

知识产权制度是促进人类经济发展、社会进步、科技创新、文化繁荣的基本法律制度。对专利权刑事保护国际化、全球化的考察有助于理解我国专利权刑事保护现状存在的问题以及未来需要调整的方向。观察专利权刑事保护发展历程，从国内保护走向国际化保护，再到全球化保护，最后又回归国内保护，使得各国专利权刑事保护制度具有国际化、全球化的烙印。现代化国家正在经历着全球化的过程❶，根据法社会学家对现代化社会功能分化的观察，全球经济、贸易、资本、金融、科技、媒体等全球社会系统已经不断突破民族国家领土分化的逻辑，获得在世界范围独立运作的能力。❷专利权保护的国际性、全球性公约涉及发达国家和发展中国家不同协约主体，基于双方或多方利益出发达成的共识性成果，一定程度上促进了全球经济、科技和法律制度的融合与发展。虽然协约背后是发达国家与发展中国家的利益博弈，发达国家通过保护技术专利和产品品牌的战略，实际上控制了"专利"和"品牌"，成为全球分工体系中的高端获益者。❸但是双方在竞争中寻求合作，客观上也促进了发展中国家的技术进步和创新水平。通过观察域外大陆法系与英美法系对专利权刑事保护制度，发现其对专利权的重视程度和保护方式存在明显差异，这种差异具体体现在两大法系对财产权概念的界定和保护方式存在根本性区别。

其一，英美两国对专利权的法律保护也存在差异，英国将专利权定义为无形财产权，但是为破坏专利权危及公众利益和国家专利管理秩序的行为设置了严密的犯罪圈。而美国仅设置虚假专利标记罪、伪造专利证书罪保护消费者法益和国家专利管理秩序法益。根据美国学界的研究，美国法院近年来对专利侵权行为（专利侵权行为或侵害专利独占权）有犯罪化倾向，这表明美国对专利权的保护排除刑事制裁。英美法中法官的决定权很大，而大陆法是成文法，

---

❶ 安东尼·吉登斯. 现代性的后果 [M]. 田禾，译. 南京：译林出版社，2011：56.
❷ 余盛峰. 知识产权全球化：现代转向与法理反思 [J]. 政法论坛，2014，32 (6)：3－22；余盛峰. 全球信息化秩序下的法律革命 [J]. 环球法律评论，2013，35 (5)：106－118.
❸ 彼得·达沃豪斯，约翰·布雷斯韦特. 信息封建主义：知识经济谁主沉浮 [M]. 刘雪涛，译. 北京：知识产权出版社，2005：125－140.

法官的自由裁量权相对有限，但是在考虑案件的时候，法官们要考虑裁决的一致性和可预测性，判决保持相对的稳定。

其二，大陆法系国家对专利权刑事保护立场突出。例如，德国设有专利侵权罪，日本设置了专利侵权罪、诈骗专利权罪、虚假标记专利罪等，在专利制度中规定罪刑条款，宣示了保护专利权的核心权利，即专利权的独占权和处分权，也对专利权的标记权和专利申请权予以适当的保护。概言之，两大法系对专利权的保护整体上高于专利权国际性、全球性公约载明的保护水平。有学者用"微笑曲线"比喻全球生产体系，"微笑曲线"表明加工组装制造环节位于曲线的最底端，利润率相对较低。企业如果要获得更多的附加值，就必须向价值链的两端延伸——要么向上游的标准、专利权、设计研发、系统集成等环节延伸，要么向下游的营销、售后服务及品牌运作等环节延伸。美国、日本等处于全球生产体系的上游，即拥有标准、专利权、涉及研发等高端价值链❶，这与其对专利权高水平的法律保护密切相关。

其三，域外专利权刑事保护对我国的启示。专利权刑法保护法网严密，并且采取多轨制立法模式或双轨制立法模式，不仅有利于保持刑法典的稳定性和权威性，同时选择行政刑法模式，将侵犯专利权的罪刑条款规定在专利法中，有利于执法机关方便而准确操作，也体现了刑法是其他法律的保障法谦抑性特征。在专利权刑罚方面，以自由刑和罚金刑并重，注重对被害人的权利救济。整体而言，专利权刑法保护实现了保障权利和维护社会秩序的双重目的和社会功能。

---

❶ 马云俊. 产业转移、全球价值链与产业升级研究 [J]. 技术经济与管理研究，2010（4）：139－143.

5

完善专利权刑事保护的建议

前文分析了我国专利权保护刑事政策、刑事立法与刑事司法层面存在的主要问题，即刑事保护虚置及其产生的原因，并研究了大陆法系和英美法系代表性国家的刑事立法，总结了可资借鉴的经验。本章将在前述研究的基础上，立足我国现实与刑事政策要求，借鉴域外专利权刑法保护制度，从刑事政策、刑事立法与刑事司法如何完善我国的专利权保护提出具体建议。全面推进依法治国是一个系统工程，法学研究需要从法治系统论的视域着手，研究方法上应将系统科学和系统工程的思想、原理、方法和技术运用于依法治国和法治建设的顶层设计上，优化我国法治体系结构、化解法治发展障碍。❶刑法体系的完善是全面完善我国法治体系的重要内容，也是刑法现代化的题中之义。

---

❶ 李林，莫纪宏．全面依法治国，建设法治中国［M］．北京：中国社会科学出版社，2019：65 – 66.

5.1 专利权刑事政策保护的完善

刑事政策是犯罪学、刑法学、刑法立法及司法运作的基本指导思想。侵犯专利权刑事政策的目的在于威慑和预防权利主体以外的其他人实施侵害专利独占权的行为。国家决策者及社会已经在认识论层面发生变革，将专利权法律保护问题提升到关系国计民生的重要位置上。加强专利权保护问题不是单纯地保护专利权主体利益或者维护市场经济秩序的需要，而是关系到我国发展战略、国际竞争战略、国家安全及国际关系等重大公共利益，2008年国务院印发《国家知识产权战略纲要》、2015年国务院印发《关于新形势下加快知识产权强国建设的若干意见》、2019年国务院知识产权战略实施工作部际联席会议办公室印发《2019年深入实施国家知识产权战略加快建设知识产权强国推进计划》以及2021年中共中央、国务院印发《知识产权强国建设纲要（2021—2035年）》。知识产权已经成为我国经济高质量发展的重要支撑，知识产权整体对经济发展的贡献力占比大幅度上升，国家对知识产权采取严保护、大保护以及平等保护的立场非常明确。❶ 刑法加强对专利权的保护符合社会经济发展规律。

---

❶ 申长雨. 全面加强我国知识产权保护工作 [J]. 知识产权, 2020 (12)：3-5；申长雨. 加快由专利大国向专利强国转变 [J]. 中国发明与专利, 2020, 17 (1)：6-8；申长雨. 以习近平新时代中国特色社会主义思想为指导加快知识产权强国建设 [J]. 时事报告（党委中心组学习）, 2018 (3)：56-71；申长雨. 加强知识产权保护扩大对外开放 [N]. 光明日报, 2018-04-12 (010)；申长雨. 深入学习贯彻党的十九大精神 推动新时代知识产权工作再上新台阶 [J]. 人民论坛, 2018 (9)：6-9；申长雨. 全面开启知识产权强国建设新征程 [J]. 知识产权, 2017 (10)：3-21；申长雨：构建知识产权大保护格局提高知识产权保护效果 [J]. 河南科技, 2016 (8)：5.

5.1.1 指导方针：刑事一体化

其一，更新刑法观，保护专利权就是保护创新，创新是现代刑法观的时代特征。传统刑法观应当全方位向现代刑法观转变，创新是现代刑法观的首要内容。国家政策和专利法鼓励专利权合法主体积极主动地实施专利独占权，将技术成果转化成市场产品，促进经济发展和增进社会公共福祉。同时，国家禁止非专利权主体实施其专利独占权，非法损害或者削减专利权人的利益，尤其是禁止有商业规模地、恶意地、重复地、群体性地侵害专利权的行为，因为这些违法行为容易抑制社会创新、破坏市场管理秩序或市场经济秩序，进而严重危及国家利益、社会利益。财富、声誉、权力是人类共求之物，社会为此发展出伦理道德和法律规范双重约束机制引导人们行正义之举，避免社会失序、失义，违反前者会受到道德谴责，违反后者则应当受到法律制裁。现代刑法观与当代社会经济发展现实相适应，市场经济进入知识经济时代、数字经济时代和智能时代发展阶段，创新成为核心生产力要素，社会各领域涌现出新型专利权客体，不仅对专利法形成冲击，也对专利权保护对象和保护客体带来新挑战。刑法需要将违反专利法的部分严重危及社会公共利益的不法行为升格为犯罪行为，发挥刑法预防犯罪和保障权利的社会功能，为创新建构最后一道保护屏障，弥补刑法对创新保护缺位的缺陷。

其二，调整专利权犯罪的刑法结构。刑法现代化的本质和基本内涵是刑法结构现代化。刑法结构由犯罪和刑罚组合而成。根据犯罪与刑罚的排列组合关系，理论上可以分为四种类型：不严不厉、又严又厉、严而不厉、厉而不严。世界上主要存在严而不厉和厉而不严两种类型的刑法结构，这种判断是立足于世界眼光、

国际标准的宏观视角得出的结论。我们根据人类社会发展历史和
文明演进程度，根据不同的犯罪主体或者被侵害的法益又可以对
应四种不同类型的刑法结构，认为这四种类型的刑法结构也可能
同时并存于一个国家的刑法制度。世界发达国家和发展中国家的
刑法制度，由于经济发展和法治情况整体上趋于较高水平，因而
选择相对又严又厉的刑法结构。例如，美国宪法第十四修正案允
许对有前科的强奸犯判处死刑，这比世界上其他国家的刑罚明显
要严厉得多。❶ 我国经济发展水平和依法治国尚处于初级阶段，刑
法结构可说属于厉而不严的类型。严而不厉的刑法结构是根据犯
罪现象，编织比较严密的刑事法网；根据社会危害性程度，配置
相对不苛厉的刑罚；厉而不严的刑法结构是根据犯罪现象编织粗
疏的刑事法网，根据社会危害性程度配置相对苛厉的刑罚。犯罪
与刑罚不是简单的因果关系，而是复杂的矛盾关系。罪是机体，
刑是神经。刑法结构由犯罪侧结构与刑罚侧结构组成。国家对两
侧结构的影响力度和影响方式差异较大。❷ 国家对刑罚侧结构有直
接的影响力，力度强而明显，国家对社会中违法行为和犯罪行为
的干预也比较明显。我国刑法现代化就是刑法结构现代化，即对
"厉而不严"的刑法结构向"严而不厉"调整的过程。

　　其三，完善专利权刑事保护机制。健全的刑事机制应当是犯
罪情况—刑罚—行刑效果三维双向制约的关系。刑法结构决定刑
法功能，犯罪情况与刑罚、刑罚与行刑效果、犯罪与行刑效果之
间是相互影响、相互制约的双向关系。刑法运行不仅受犯罪情况
的制约，而且受刑罚执行情况的制约。刑法运行是一个过程，它

---

❶ Packer, H. L. Making the Punishment Fit the Crime [J]. Harvard Law Review, 1964,
　77 (6): 1071-1082.
❷ 储槐植. 刑法现代化本质是刑法结构现代化 [N]. 检察日报, 2018-04-02 (003).

应接收行刑效果的信息反馈。不受反馈制约的刑法运行是盲目的，刑法会被犯罪牵着鼻子走；接受行刑反馈才可能摆脱被动局面。刑法运作的结果是确保刑法规范的期待得到确认，确保刑法发挥保障人权和维护社会秩序的社会功能，进而实现正义与秩序的刑法价值。就此而言，无论是从单个刑法条文，还是从分则总体罪名体系设计来看，都期待刑法运作的结果是实现个案正义或社会整体正义价值。

5.1.2　定罪层面：严密法网

严而不厉的刑法结构的特征是刑事法网严密，刑事责任严格，但刑罚并不苛刻，而是讲究刑责相适应，刑罚适度必要。所谓严密刑事法网、严格刑事责任，是指严密设计犯罪构成，将那些真正具有严重的社会危害性并且非动用刑罚手段调整不足以有效遏制的违法行为，尽可能将其犯罪化，用刑罚手段予以调控。严密专利权刑事法网体现在刑法应当增设专利侵权罪，将未经专利权人许可或同意，真正侵害专利独占权的行为、具有严重社会危害性的纳入刑法规制的范围。侵犯专利权保护的法益是专利权人的财产法益和市场经济秩序法益，根据《刑法分则》第三章全部罪名遵循经济秩序保护模式，专利侵权罪的法益二元结构符合破坏社会主义市场经济秩序罪保护的经济秩序法益，同时与侵犯著作权、商标权及商业秘密等罪名保持一致性，即都维护经济秩序法益和权利人财产法益。有学者认为，刑法分则部分具体罪名保护的法益是个人法益和集体法益双重法益，可以将集体法益视为阻挡层法益，个人法益视为背后层法益，保护集体法益只是手段，保护个人法益才是法规范保护的目的。从法益性质看，阻挡层法益是后设的秩序型法益，背后层法益是先验的利益型法益；保护秩序型法益只是手段，保护利益型法益才是目的。❶ 笔者的观点可能与现行刑法分则体系的安排有所不同。《刑法分则》第三章破坏社会主义市场经济秩序罪章节的罪名都具有保护双层法益的特征，但是立法者更侧重于保护经济秩序法益，至少从法益位阶上看，经济秩序的法益位阶高于个体法益。保护个体法益是手段，保护经济秩序法益才是目的；阻挡层法益应该是个人法益，背后层法益应该是经济秩序法益。知识产权是一种特殊的无形财产权，内容上有共享性特征，权利上却有专属性，立法者因而选择经济秩序保护模式。❷ 侵犯知识产权罪是以经济秩序法益为优位，以权利主体的财产法益为次要。刑法增设专利侵权罪保护双层法益，即经济秩序法益和专利权人财产法益，经济秩序法益是优位法益，专利权人财产法益是次要法益。专利权人财产法益是该罪的第一道屏障，是阻挡层法益，即次要法益；经济秩序法益是该罪的第二道屏障，是刑法重点保护的主要法益。

5.1.3 刑罚层面：刑罚轻缓

侵犯专利权的犯罪是经济犯罪，这类犯罪是通过非暴力方式采用非法手段，破坏市场经济管理秩序或市场经济竞争秩序而获取经济利益的犯罪❸，行为人的目标是获取经济利益。根据罪刑相当原则，罚金刑应该是最佳的惩治方式。刑法现代化是刑法去重刑化的过程。❹ 经济关系的市场化是刑罚轻刑化的经济基础。市场经济是一种按照市场经济规律运行的经济活动。宏观上，市场经

---

❶ 蓝学友. 规制抽象危险犯的新路径：双层法益与比例原则的融合 [J]. 法学研究, 2019, 41 (6)：134 – 149.

❷ 劳东燕. 个人数据的刑法保护模式 [J]. 比较法研究, 2020 (5)：35 – 50.

❸ 储槐植, 江溯. 美国刑法 [M]. 4 版. 北京：北京大学出版社, 2012：235.

❹ 储槐植. 刑法现代化本质是刑法结构现代化 [N]. 检察日报, 2018 – 04 – 02 (003).

济体制不是通过政府计划而是通过市场本身对资源进行有效配置，使市场在资源配置中起决定性作用。微观上，市场经济体制下的国家和政府不再直接干预微观经济活动，刑法对市场经济发展的调控方式经历了由管控型模式向服务型模式的转变。

5.2　专利权刑事立法保护的完善

专利权刑事立法应当保护的法益至少包括三个维度：一是国家方面，专利权保护关系到国家经济安全、对外贸易经济合作、国家整体经济竞争力、国家专利管理秩序等。二是市场经济方面，专利权保护关系到市场经济秩序法益，具体包括市场经营秩序、交易秩序、竞争秩序法益。三是专利权人方面，专利权保护关系到专利权人的财产权利益。四是社会公众方面，专利权保护关系到消费者合法权利和增进社会公共福祉等。显然，专利权刑事立法目的不是固定不变的，也不是单纯保护某个法益，而是关系到多元法益保护。

2011 年国务院常务会议提出，我国更加重视知识产权保护，加大对侵害知识产权严重违法行为的打击力度，修改刑法降低侵权和假冒伪劣行为的刑事责任门槛，加大刑事处罚力度。国家向社会公众传递了要尊重知识产权和提升保护知识产权的意识的信息。知识产权领域刑事立法的基本方向是持续降低刑事门槛、加大处罚力度。❶ 诚然，近年来国家对著作权、商标权及商业秘密的刑事门槛不断下调，而对专利权的刑事门槛没有调整，因此，建

---

❶ 刘科. 侵犯专利权犯罪立法完善的理念、政策与措施［M］//国家知识产权局条法司. 专利法研究（2015）. 北京：知识产权出版社，2018：13.

议立法者降低假冒专利罪刑事门槛的做法不切实际。根据前文专利权刑事政策对专利权保护对象定位于专利独占权上，因而针对专利独占权增设罪名，严密侵害专利权的刑事法网，无疑符合市场经济发展需要，有利于为创新型发展方式转型发挥刑法的保障作用。另外，严密专利权刑事法网和选择行政刑法立法模式是完善专利权刑事保护的根本举措。专利权刑事立法完善应当从刑事立法模式上进行改革。

5.2.1 立法模式：行政刑法的立法模式

纵观世界各国对侵犯专利权犯罪的刑法模式选择，有单轨制立法模式、结合型立法模式（刑法典与专利法）、分散型立法模式（多轨制立法模式）三种典型模式。学者们对我国专利权刑法保护模式的定位是单轨制立法模式。❶ 侵犯知识产权犯罪的立法模式经历了分散型立法模式到单轨制立法模式的演变过程。1997 年前我国刑事立法除了刑法典，还存在大量的单行刑法和行政刑法。1997年以后，我国仅存在一个《关于惩治骗购外汇、逃汇和非法买卖外汇犯罪的决定》单行刑法，刑事立法基本上朝集中性、统一性的一元化刑法典方向发展。❷ 单轨制刑事立法模式是现代化国家中少有的立法模式。我国专利权刑事立法采取单轨制立法模式，这是造成专利权刑事保护虚置问题的主要原因。反思单轨制立法模

---

❶ 李希慧，黄洪波. 我国知识产权刑法保护立法模式的选择 [J]. 国家检察官学院学报，2010，18（6）：84 - 89；刘科. 中国知识产权刑法立法模式的转变探讨 [J]. 刑法论丛，2008，14（2）：290 - 304；田宏杰. 侵犯专利权犯罪刑事立法之比较研究——兼及我国专利权刑法保护的完善 [J]. 政法论坛，2003（3）：77 - 85.

❷ 张明楷. 刑事立法模式的宪法考察 [J]. 法律科学（西北政法大学学报），2020，38（1）：54 - 65.

式的不足，借鉴域外国家专利权刑法立法模式，构建与我国经济社会发展相适应的立法模式是走出专利权刑事保护虚置困境，促进刑法运作顺畅的关键举措。

5.2.1.1 单轨制立法模式的批判

坚持侵犯专利权罪采取单轨制立法模式的学者们认为，侵犯专利权罪的罪刑条款应当规定在刑事法律，理由有：第一，单轨制立法模式能够揭示专利权犯罪不是财产犯罪，而是破坏市场经济秩序的犯罪类型，能够与其他侵犯知识产权罪的罪名集中性、系统性、条理性被规定在刑法典当中，能够维护刑法典的统一性和权威性。第二，大陆法系的一些国家，如巴西、瑞典等国选择此类立法模式。

刑法体系兼具封闭性和开放性特征，集中型立法模式将全部罪与罚的法律规范规定在刑事法律中，这是制约刑法体系封闭性的根本原因，这种立法模式会导致刑法越来越无法应对市场经济中出现的新型犯罪问题。立法者选择刑法修正案的方式不断调整刑法规范以应对复杂社会带来的新问题，短时期看，它的确能够辅助刑法典维持其统一性和体系性。显然，立法者想要借助刑法修正案发挥刑法典统一性、体系性和权威性的治理效果，往往只能起到治标不治本的效果，因为集中型立法模式难以保持刑法典的稳定性。张明楷教授指出，刑法典是规范人们基本生活秩序的法律，需要具有相对的稳定性，不宜频繁地修改或变动；为了应对社会发展，刑法不得不作出必要的回应，比较可行的做法是制定行政刑法。❶集中型立法模式不利于改进和提升刑事立法技术。刑法规定假冒

---

❶ 张明楷. 刑事立法模式的宪法考察［J］. 法律科学（西北政法大学学报），2020，38（1）：54–65.

专利罪的罪名罪状，非常简短，因为构成要件的判断和入罪的标准都需要借助专利法和司法解释。因此，类似假冒专利罪的罪名针对性和实践性都不高，也不利于实现刑事实体法和程序法的有效对接。❶ 集中型立法模式徒增刑法解释和刑法适用的难度。由于立法采取空白刑法规范，不利于法定犯构成要件的解释，1997 年新《刑法》之前，我国以附属刑法模式规定了假冒专利罪，其罪刑解释依据假冒商标罪的具体规定。

5.2.1.2 结合型立法模式的批判

第一，结合型立法模式不利于社会经济发展。我国知识产权刑事法律保护模式应由集中型向结合型方向转变，在坚持刑法基本原则的前提下，除在刑法典中以空白罪状、简单罪状的方式集中规定知识产权犯罪外，还可以通过对专利法、商标法、著作权法等单行知识产权法中与知识产权犯罪有关的附属刑法规范的修订，充分发挥附属刑法规范的作用，提高知识产权刑事法律保护的创新性和及时性，确保知识产权刑法保护现代化的实现。

第二，结合型立法模式不利于解决刑法典中空白刑法规范的弊端，实现刑法典与宪法规范的协调。双轨制刑法立法模式可以弥补单轨制刑法立法模式的不足。有学者表示担忧，我国当前社会发展现实没有提供建立双轨制刑法立法模式的土壤，认为目前刑法立法模式向双轨制转型，不具有可行性。❷ 笔者有所担忧，目前《刑法分则》第三章经济犯罪领域涌现出刑法规制不力问题已经十分凸显，违法与犯罪相分离，给法定犯定罪和刑罚带来理论和实践的双重困境。

---

❶ 吴仕春. 刑事立法技术正在进步［N］. 法治日报，2015 – 07 – 08（007）.

❷ 王志祥，张圆国. 预防性犯罪化立法：路径、功能、弊端与完善［J］. 河北法学，2021，39（1）：57 – 73.

现代性国家选择何种立法模式主要取决于以下几方面：首先，这种立法模式是否有利于既维护刑法典的整体性、权威性和稳定性，又能适应当今知识产权法律制度快速发展的客观需要；其次，从立法技术看，是否能在法律规定上做到保护范围的明确性、兼容性，罪状描述的细致性、准确性，行为违法认定标准的明确性、便利性，同时较好地克服立法上的粗疏、矛盾和滞后等不足；最后，从制度内容看是否有利于构建既符合刑法基本原则精神，又适应知识产权犯罪本质特点的系统、有针对性的刑事法制度。我国刑法立法模式应当遵循刑法本身发展的基本规律。自然犯的立法模式应当区别于法定犯的立法模式，目前将法定犯和自然犯混杂规定在一套刑法典中只是暂时性策略，不会永久地存在和延续下去。

第三，结合型立法模式不利于执法机关高效、便捷地适用和操作。侵犯专利权罪的技术性、专业性很强，司法实践中对专利犯罪案件的认定与处理离不开专利法、民法等前置法的规定，客观上增加了侵犯专利行为的违法性判断，阻碍了执法实践。

5.2.1.3 行政刑法立法模式之提倡

刑事司法现代化的前提是刑事立法现代化，刑事立法现代化取决于刑法结构现代化和刑法立法模式现代化。本书认为，专利权刑事立法模式选择问题反映了我国刑法立法模式改革的宏大命题。现行刑法典的统一性和稳定性源于刑法修正案及源源不断的司法解释相辅助。前述刑法立法模式各有利弊，究竟选择何种立法模式取决于社会发展需要和刑法发展规律。风险社会的到来和现代化国家，由于科技变革和互联网的出现，不仅产生新的社会关系和利益，更重要的是，社会互动方式发生了革命性变革。刑法应当区别对待自然犯和法定犯两种不同属性的犯罪类型。有学者认为,对我国知识产权刑法保护的立法模式应当根据我国刑事立法的方向以及不同犯罪的特点来选择适用,因此,我国刑事立法的未来发展方向以及知识产权犯罪属于法定犯的特点,决定了我国知识产权犯罪的立法模式应当采用行政刑法立法模式。❶ 本书肯定我国刑法立法模式改革应当打破现行刑法典的单轨制立法模式,向刑法典和行政刑法双轨制立法模式转变,即专利权刑事立法模式应当选择行政刑法立法模式,理由如下。

第一,侵犯专利权罪属于行政犯或法定犯,应当将罪刑条款规定在专利法中,以适应社会经济发展需要。在专利权的行政、经济法律中创制新的犯罪并不违背罪刑法定原则。因为专利权的行政、经济法律也是由立法机关制定的,立法机关有权对原有法律进行修改、补充或创制新的罪名,这与全国人大常委会通过刑法修正案或单行刑法的做法类似。我国《刑法》第3条规定:法律明文规定为犯罪行为的,依照法律定罪处刑;法律没有明文规定为犯罪行为的,不得定罪处刑。该条规定主要从立法上彻底否定罪刑擅断,它所要求的是罪与刑的法定化,并没有强制地要求只有刑法才能规定罪与罚。条文的表述也是"法律",而不是"本法",罪刑法定原则并不排斥知识产权民事、行政法律中直接设立犯罪构成与刑罚的条款。行政法规中不能采用上述方式,因为"在国务院颁布的经济、行政法规中原则上不允许设立具有独立罪名与刑罚的刑法规范",因为行政法规是由国务院制定的,根据立法法的规定,只有全国人大及其常委会才有权力设定剥夺或限制人身自由的条款。我国《刑法》第101条规定:"本法总则适用于其他有刑罚规定的法律,但是其他法律有特别规定的除外。"这条

---

❶ 李希慧,黄洪波.我国知识产权刑法保护立法模式的选择 [J].国家检察官学院学报,2010,18 (6):84 – 89.

规定含有承认除刑法之外的其他法律直接对犯罪与刑罚进行规定的意思。

刑法本身的规定都允许行政刑法规范的创制性立法，并将其视为有内在联系的一个方面，那么我们也就应当走出自我设置的束缚和认识误区，不再排斥行政刑法规范的创制性立法。❶ 涉专利权的民事、行政法律中直接设定犯罪构成和刑罚的条款不会破坏刑事立法的同一性。因为根据宪法的规定，国家立法权是由全国人大及其常委会来行使的，因而无论是刑法，还是其他法律，都是由全国人大及其常委会按照宪法规定的职权来制定的，其他国家机关没有制定法律的权力。这种立法权的统一性在客观上保证了行政刑法规范的创制性立法与整个刑事立法的协调统一性，形象地说，设定犯罪构成和刑罚的条款，如同构建一堆积木，只不过是由统一行使制定权的主体将其放在不同的位置罢了。❷ 行政刑法规范既为各个非刑事法律的有机组成部分，同时又因其性质而与刑法及单行刑事法律相互对应，构成整个刑法体系中不可缺少的一部分。由于其能够伴随各个非刑事法律及时且灵便地得以制定和贯彻执行，因而它已成为完善和弥补刑法缺陷与不足的一种重要立法方式，并为当代世界上许多国家所采用。对于所有新出现的犯罪，尤其是特定领域或特定方面的一般性犯罪，不宜都通过单行刑事法律予以规定，相较之下，行政刑法由于能够及时、灵便地针对新出现的犯罪予以制定、修改，既可以补足单行刑法不能完全及时地满足社会发展需要之短板，又可以有效地弥补刑法典的缺陷与不足，还可以维护、保障刑法典的稳定性，因而不

❶ 赵秉志，田宏杰. 侵犯知识产权犯罪比较研究 [M]. 北京：法律出版社，2004：89.
❷ 刘科. 中国知识产权刑法保护国际化研究 [M]. 北京：中国人民公安大学出版社，2009：24，132－143.

失为完善知识产权刑法保护体系的一种合理选择。

　　第二，治理侵犯专利权罪应当选择行政刑法立法模式，解决刑法典中空白刑法规范的弊端，实现刑法典与宪法规范的协调。❶随着当代社会结构的多元化与社会变迁的加速，社会治理日益复杂化、功能化，传统上以自然犯为主体的犯罪结构已经逐渐被以法定犯、行政犯为主体的犯罪结构所取代。❷双轨制刑法立法模式可以弥补单轨制刑法立法模式的不足。有学者表示担忧，我国当前社会发展现实没有提供建立双轨制刑法立法模式的土壤，刑法立法模式向双轨制转型，不具有可行性。❸笔者以为，目前《刑法分则》第三章经济犯罪领域涌现出刑法规制不力的问题已经十分凸显，违法与犯罪相分离，给法定犯定罪和刑罚带来理论和实践的双重困境。刑法典的相对稳定性要求刑法典不宜进行频繁的变动或修改，而现代科学技术日新月异，需要包括知识产权刑法保护在内的知识产权制度对此作出合理、及时、有力的回应。调节刑法典的稳定性与其对社会关系的适应性之间的矛盾就成了整个刑事法律体系的根本任务。有针对性地颁布一些单行刑事法律规范虽然可以在一定程度上解决上述矛盾，然而，单行刑事法律作为集中规定刑法规范的特别法，具有较强的针对性，它所规定的范围应是对那些刑法没有规定或规定不完善，而又在社会中危害严重或十分猖獗，不予特别规定或严惩就不足以制止或预防发生

---

❶ 张明楷. 市场经济与刑事立法方式 [J]. 学习与实践，1995 (1)：62–64；张明楷. 自然犯与法定犯一体化立法体例下的实质解释 [J]. 法商研究，2013，30 (4)：46–58；张明楷. 网络时代的刑事立法 [J]. 法律科学（西北政法大学学报），2017，35 (3)：69–82；张明楷. 刑事立法模式的宪法考察 [J]. 法律科学（西北政法大学学报），2020，38 (1)：54–65.
❷ 梁根林. 刑法修正：维度、策略、评价与反思 [J]. 法学研究，2017 (1)：63.
❸ 王志祥，张圆国. 预防性犯罪化立法：路径、功能、弊端与完善 [J]. 河北法学，2021，39 (1)：57–73.

严重犯罪的现象。

第三，治理侵犯专利权犯罪应当选择行政刑法立法模式，因其有利于执法机关高效、便捷地适用和操作。虽然就刑事法律体系的组成及其效力来看，专利法等行政刑法规范的效力不及刑法典，但专利犯罪的技术性、专业性很强，司法实践中对专利犯罪案件的认定与处理离不开专利法等专门行政法规的规定。随着科学技术突飞猛进的发展和市场竞争的激烈，要求加强对包括专利权在内的知识产权的保护已成为全世界的共同呼声。行政刑法立法模式对专利犯罪作出规定，一方面能完全适应司法实务部门惩治专利犯罪的需要，另一方面有利于调节刑法典的规定与时代发展的实际情况不相适应的矛盾。因此，行政刑法模式为多数国家普遍适用。

综上所述，刑法体系的发展应该顺应全球化法律、经济发展趋势，有必要改革现行单轨制立法模式，向双轨制模式发展。一方面维持刑法典的稳定性，确保封闭性运作的基石，同时为了回应社会发展不断面临的新问题，保持开放性的面向，需要在前置法中设置罪刑条款，从而维持刑法结构运行顺畅。经济全球化加速了我国现代化进程，社会转型期同时面临农业社会、工业社会、知识经济时代和数字经济时代等多元化的冲击。网络犯罪和科技犯罪加剧了社会发展的复杂化和风险化，个体和社会面临的风险和危险没有随着时代变迁而降低，反而带来了更复杂的不确定性和风险性。刑法不能容忍行为产生危害结果后再惩罚的传统路径，转而选择早期介入和干预国家认为重要的领域。

我国刑法立法模式应当遵循刑法本身发展的基本规律。自然犯的立法模式应当区别于法定犯的立法模式，目前将法定犯和自然犯混杂规定在一套刑法典中只是暂时性策略。现代化国家的发展在某种程度上遵循热力学第二定律所揭示的规律运行，热力学第二定律指出一个孤立系统获得了一个演化方向，具有更多微观状态数（更大自由度）的方向，即熵增原理。熵增原理又可以理解为孤立系统在达到平衡时熵倾向于最大化。● 熵增原理揭示了社会不同领域的发展，不仅遵循一定的自发状态发展和变化，而且是从无序走向有序，从低熵走向高熵。● 专利权刑事立法选择行政刑法立法模式符合刑法发展规律，也与专利权刑事保护国际化接轨。

5.2.2 严密法网：增设要素与罪名

立法是司法之本，研究经济犯罪的刑事立法，探析遏制经济犯罪的应对政策，对于充分发挥刑法在经济体制改革和市场经济改革中保障和促进我国市场经济健康发展，具有重大的理论指导意义。● 专利权关于严密刑事法网、扩大犯罪圈的刑法修正策略，有学者提出 10 种方式，它们分别是：（1）设置独立构成要件，增加新的罪名；（2）降低入罪门槛，前置刑法介入起点；（3）增设选择性构成要件要素，扩张现有罪名适用范围；（4）减少构成要件要素，降低对构成要件要素的证明要求；（5）淡化故意或过失界限，模糊处理罪责要素；（6）变形式预备犯为实质预备犯，预备行为实行行为化；（7）扩大犯罪参与归责范围，帮助行为正犯化；（8）删除特别构成要件，扩大一般构成要件的适用范围；（9）废除刑事归责阻却事由；（10）增加诉讼救济规定，提高刑事

---

❶ 苗兵. 漫谈熵［J］. 物理，2020，49（4）：205－212.

❷ 时东陆. 社会的进步与熵增原理［J］. 科学文化评论，2004（5）：95－99.

❸ 陈兴良，赵国强. 经济犯罪的立法对策［J］. 法学研究，1988（2）：13－20.

自诉成功率等。❶ 结合侵犯专利权犯罪的特殊性，刑法加强对专利权的保护不能违反或者超越《专利法》规定的"行政不法"或民事违法范围。根据现行《专利法》规定，专利权人享有的权利包括专利申请权、专利申请权转让、专利独占实施权、专利制造权、专利使用权、许诺销售权、提供销售权、专利销售权、专利进口权、专利转让权、专利处分权、专利许可权、专利标记权、专利标记使用权、专利放弃权等多项权利，通过考察域外国家侵犯专利权罪的刑法制度，本书认为我国刑法应当对专利独占权及专利标记权予以保护。本书建议增设假冒专利罪构成要件要素，扩张本罪罪名适用范围；设置独立构成要件，增设专利侵权罪。

5.2.2.1　增设假冒专利罪的构成要素

2008 年《专利法》修改后将冒充专利行为归到假冒专利行为，合并称为假冒专利行为。假冒专利行为与专利侵权行为是专利法明确规定的两种违法行为，且假冒专利行为情节严重的可能受到刑事制裁。但是，刑法中假冒专利罪的构成要件内容中不包括冒充专利行为。冒充专利行为与假冒专利行为在行为危害性和罪过层面是否存在明显差异，从而使冒充专利的行为不能升格为犯罪行为且与假冒专利行为予以平等规制？学界对此存在两种立场，肯定方认为应当单独增设冒充专利罪❷，理由有以下四点。

---

❶ 梁根林. 刑法修正：维度、策略、评价与反思 [J]. 法学研究, 2017, 39 (1)：42 – 65.

❷ 田宏杰. 侵犯专利权犯罪刑事立法之比较研究——兼及我国专利权刑法保护的完善 [J]. 政法论坛, 2003 (3)：77 – 85；刘宪权, 吴允锋. 假冒专利罪客观行为的界定与刑法完善 [J]. 华东政法学院学报, 2006 (1)：59 – 66；刘科. 侵犯专利权犯罪立法完善的理念、政策与措施 [M] //国家知识产权局条法司. 专利法研究 (2015) 北京：知识产权出版社, 2017：13；孙伟. 假冒专利罪的立法现状与完善 [J]. 人民检察, 2016 (8)：26 – 28；于建平, 于阜民. 应把"冒充专利"行为纳入刑法规制 [J]. 人民检察, 2018 (3)：79 – 80.

第一，冒充专利行为具有欺骗性质，有侵害消费者利益的社会危害性。假冒他人专利行为和冒充专利行为的共同之处是本质上具有欺骗或欺诈性质，会使消费者对购买的产品质量或效果产生虚假认识，存在被欺骗的可能性。两者的区别在于，前者冒用的是他人获得并仍然有效的专利，后者冒用的是实际上并不存在的专利。假冒他人专利和冒充专利行为最常见的表现形式就是在产品或者其包装上标注专利号或者其他专利标记。对假冒他人专利行为来说，一般必须标注专利号，否则就无从认定假冒的是何人的专利，也就不能认定为假冒他人专利行为。

第二，冒充专利行为具有破坏市场管理秩序法益的性质。比起假冒他人专利，冒充专利现象更普遍、更严重，这会对市场管理秩序造成混乱和破坏。有学者指出，《专利法》规定对假冒他人专利的行为要没收违法所得，严重的要追究行为人的刑事责任，而对冒充专利的行为却只进行行政处罚，两者的法律责任相差很大。这种差别不尽合理，因为事实上冒充专利行为同样是欺骗公众的行为，其社会危害性不亚于假冒他人专利的行为。❶冒充专利的行为本质上有破坏国家专利管理秩序的性质，如果刑法不进行规制，必然会纵容更多的非法牟利者实施类似行为，不利于维护市场管理秩序法益。英国对侵害专利管理秩序的行为，规定了滥用专利局名义罪，构成该罪的判处 500 英镑以下的罚金。

第三，域外国家设置的虚假标记罪中，其构成要件要素内含冒充专利的情形。以英美为代表的英美法系国家设置的虚假标记专利罪不区分假冒他人专利和冒充专利，将之都纳入刑事法网予以规制。例如，《英国专利法》第 110 条与第 111 条虽然分列假冒

---

❶ 尹新天. 中国专利法详解［M］. 北京：知识产权出版社，2011：555.

专利权罪与假冒已申请专利罪，但其条文并未具体区分是假冒他人专利或是冒充专利。《英国1949年注册外观设计专利法》第35条设置虚假标记外观设计专利权罪，处罚的范围比前述发明专利更广泛，例如，不仅惩治虚假描述其销售产品，还保护注册外观设计权专利的行为，也规制行为人主观上有非法牟利的意图，客观上实施了所售产品上标注、镌刻、铭记或以其他方式应用"已注册"，或其他明示、暗示该产品应用或包含了已注册外观设计的字样，具有欺诈性质的行为。

第四，假冒他人专利行为与冒充专利行为存在相互转化的情形，刑法应当对冒充专利行为和假冒他人专利行为同等处罚。假冒他人专利行为与冒充专利行为都具有破坏国家市场管理秩序法益和侵害消费者合法权益的性质，这两者的区别在于，假冒他人专利行为直接侵犯专利权人的专利标记权，冒充专利行为则不会侵害具体的专利权人利益。不过，假冒他人专利行为与冒充专利行为存在相互转化的情形。一方面，国家知识产权局现在采用的专利号与专利申请号相同，均由12位阿拉伯数字构成，其中前4位数字表示年号，第5位数字表示专利权的类型，第6—12位数字表示专利权的序号。由于国家知识产权局每年受理的三种专利申请数量均已达到6位数，因此即使违法行为人随便杜撰一个专利号，也有很大可能与某人获批专利的专利号相同，从而构成假冒他人专利的行为。由此可知，此行为是构成假冒他人专利的行为还是构成冒充专利的行为，在有些情况下由偶然因素决定。另一方面，由于冒充专利行为的外延比假冒他人专利行为宽泛，因而冒充专利行为完全可以将假冒他人专利行为囊括在内。再者，专利权存在权利被无效的情形。我国仅对发明专利进行实质性审查，使发明专利被无效的风险相对较低，权利稳定性较强。由于对实用新型专利和外观设计专利不做实质审查，造成不少专利权被宣告无效，一旦专利权被宣告无效，就不受法律保护，也就不能定性为假冒他人专利行为，自然转化成冒充专利行为。

综合上述观点，根据法秩序统一性原理，本书认为现行《专利法》已经将冒充专利行为与假冒专利行为合称假冒专利行为，单独增设冒充专利罪显然与《专利法》相矛盾。刑法应当将冒充专利的行为纳入假冒专利罪构成要件内容中，就能实现将冒充专利的行为予以犯罪化，又使该罪与域外国家虚假标记专利罪相一致。因而，扩大现行假冒专利罪构成要件范围是最妥当的选择。

因此，结合前述行政刑法立法模式，假冒专利罪的罪刑条款应当设置在《专利法》中，具体修改方案是：《专利法》第 68 条规定，假冒专利的，除依法承担民事责任外，由负责专利执法的部门责令改正并予公告，没收违法所得，可以处违法所得五倍以下的罚款；没有违法所得或者违法所得在 5 万元以下的，可以处 25 万元以下的罚款；构成犯罪的，依法追究刑事责任。假冒专利和情节严重的判断可以根据《专利法实施细则》第 84 条的详细规定。

5.2.2.2 增设专利侵权罪

侵犯专利权罪的行为应当依据《专利法》和《民法典》对侵害专利权行为界定为违法的情形。侵犯专利权"刑事不法"遵循前置法的规定，即前置法定性、刑法定量的原则。

《专利法》第 11 条是保护专利权重要的条款之一。该条从制度上保障了专利权人享有实施其发明创造的"独占权"，能够通过自己实施发明成果，或者许可他人实施其专利权获取经济利益。权利之争的背后必是利益之争。法律需要确保专利权人就发明创新所付出的研发成本，而且有望为研究开发其他发明创造提供经济支持，使创新活动得以继续和拓展，实现创新机制的良性循环，保障社会创新推陈出新。这是世界各国建立专利制度最根本的目的。

该条规定了构成侵犯专利权行为的条件，从而为公众以合法方式从事生产经营活动建立了行为准则。根据该条规定，构成侵犯专利权的行为需要满足这些条件：在专利权被授予之后；未经专利权人许可；为生产经营目的；进行了制造、使用、许诺销售、销售或者进口行为；前述行为涉及的是专利权人的专利产品、专利权人的专利方法或者依照专利权人的专利方法直接获得的产品。专利侵权行为侵害了专利权人的专有权，即侵害了知识财产权的法益。●

专利权保护范围与侵犯专利权行为的认定不仅密切相关，而且不可分离，因而判断行为人是否成立专利侵权行为，首先应当确定专利权的保护范围，其次判断被控侵权行为是否落入了法律应当予以保护的范围。为了严密专利权刑事法网，加强刑法对专利权的保护，学界对是否应该增设专利侵权罪的讨论比较多。

否定刑法增设专利侵权罪，主要理由有：

第一，运用刑法来保护专利权法益缺乏可行性。专利侵权行为仅对专利权人的经济利益造成侵害，不会对消费者或社会公众造成危害。有学者认为，专利侵权行为主要侵害专利权人的专利独占权，专利独占权保护的是权利人的技术方案，对专利权的经济利益造成危害，专利侵权行为不会对消费者产生欺骗，不会对社会公共利益产生危害。专利侵权犯罪化的前置条件是要实现行政处罚化；既然专利侵权没有设置行政责任，更不应该配置刑事

● 黄玉烨，戈光应. 非法实施专利行为入罪论 [J]. 法商研究，2014，31 (5)：41 –49.

责任。❶

第二，专利侵权是民事违法行为，民事违法不能升格成犯罪行为。《专利法》对假冒专利行为和专利侵权行为区别规定不同法律责任，假冒专利行为可以选择行政处罚、民事赔偿或者刑罚三种不同性质的制裁手段，而专利侵权只规定民事赔偿的救济方式，排除了行政处罚和刑罚的适用可能。虽然 2015 年原国务院法制办公布《专利法修订草案（送审稿）》并征求社会意见，有人建议将重复侵权、群体侵权等恶意专利侵权的行为纳入行政处罚范围，有学者就此推测，在犯罪化意义上，如果对此设置行政责任，意味着专利侵权行为纳入刑事制裁的距离更近，然而，2019 年公开的《专利法修正案（草案）》中并未见到相关建议内容，从而阻断了专利侵权犯罪化的可能。

第三，刑法排除专利侵权行为入罪符合刑法谦抑性原则。专利侵权行为是侵害专利权人专利独占权的行为，属于侵犯私权的情形，不涉及对其他人利益的侵害或潜在风险，选用民事责任足以制止侵权行为。

第四，域外国家没有将专利侵权行为犯罪化。其主要以英美法系国家为参考，我国也不应该将它纳入刑法规制的范围。

第五，专利侵权行为判断技术性、专业性强，举证责任难度大，刑事追诉难以达到证明犯罪的条件，刑法不宜将专利侵权行为犯罪化。❷

第六，刑法对专利侵权行为犯罪化，可能存在过度保护专利

---

❶ 贺志军. 非法实施专利行为的刑法检视及其应对 [J]. 刑法论丛，2019，7 (1)：302 –326.

❷ 刘宪权，吴允锋. 假冒专利罪客观行为的界定与刑法完善 [J]. 华东政法学院学报，2006 (1)：59 –66.

权的问题，不利于我国科技创新及维护国家经济安全。

本书认为，前述否定刑法增设专利侵权罪的理由都难以成立，理由如下。

第一，专利侵权行为本身是违反专利制度的不法行为，专利制度本质上是国家为了维护公众合法利益和公平竞争的市场秩序制定的法律制度，专利侵权行为直接侵害的是专利权人的经济利益，但是间接地侵害了市场经济秩序法益。从短时期看，专利侵权可能惠及社会公众，但是法律如不对专利侵权行为进行严格规制，专利权人的经济利益就得不到有效的维护或保障，间接地抑制其后续的研发动机，从长远来看不利于增进社会公众利益，更不利于推动社会经济发展方式向创新型方式转型。社会秩序是国家建立和存续的根基，经济变迁是社会变迁的根本性因素，经济秩序是社会秩序中最根本的、最重要的组成部分。专利侵权行为已经席卷市场经济，重复侵权、群体侵权问题比较突出。

第二，民事侵权行为不能上升为犯罪行为的观点本身就存在错误。民事侵权行为与犯罪行为之间没有严格的区分，刑法中部分犯罪行为就是严重的侵权行为，轻微犯罪行为可能被归到侵权行为中。❶ 美国侵权法中存在公共侵权法、私人侵权法、宪法性侵权等多元化的侵权。对于民事侵权行为不能犯罪化的观点，显然认为民法与刑法之间是对立的关系。事实上相反，刑法与民法之间是彼此互动、相互重叠甚至交叉的关系，关于行为违法性判断，刑法可以依从民法独立判断，也可以从属于民法。❷ 民法的目的是

---

❶ 陈瑞华，陈柏峰，侯猛，等. 对话陈瑞华：法学研究的第三条道路 [J]. 法律和社会科学，2016，15（2）：281－322.

❷ 陈兴良. 刑民交叉案件的刑法适用 [J]. 法律科学（西北政法大学学报），2019，37（2）：161－169. 王骏. 违法性判断必须一元吗？——以刑民实体关系为视角 [J]. 法学家，2013（5）：131－147，179.

实现私人利益之间的平衡，受到侵害的一方享有损害赔偿请求权，它关注的是私人利益。行政法则维护社会得以正常运行的管理秩序；刑法的目的是通过确证规范的效力，即法律规范的普遍遵守，以实现对人们生活法益的保护。行政法和刑法都以公益为导向，关注的是社会公共利益。● 现代社会的复杂性逐渐淡化民法、行政法与刑法之间的边界，私法公法化、公法私法化相互转化的趋势很明显，甚至发展出非公法非私法的"第三法域"，例如社会经济法领域。● 知识产权法兼具私法与公法的特征，否定专利侵权行为犯罪化的观点明显不成立。

第三，刑法谦抑性原则体现在犯罪圈和刑罚量两方面。刑法保障法的性质决定了扩大犯罪圈需要慎重，但是刑法谦抑性原则体现在刑罚轻缓化，扩大犯罪圈是社会发展过程中产生的矛盾和冲突的产物，刑法现代化需要刑法沿着"严而不厉"的方向发展，即进一步严密刑事法网，配置轻缓的刑罚。● 民法已经不能遏制专利侵权行为。例如，经济全球化发展背景下看我国法律对知识产权的保护，存在明显保护不足的问题。

由于前述否定增设专利侵权罪的第四、第五及第六等观点的相关批判与下文支持增设专利侵权罪的理由相交合，因而此处不再重复论证。本书肯定刑法增设专利侵权罪，理由如下：

第一，专利侵权行为是所有专利违法行为中损害专利权人法益最严重的行为。专利侵权行为主要侵害的是专利权人的独占权，即专利制造权、专利使用权、许诺销售权、专利销售权、专利进

● ［德］乌尔斯·金德霍伊泽尔. 刑法总论教科书［M］. 蔡桂生，译. 北京：北京大学出版社，2019：16－17.
● 曾田. 公私交融的知识产权法［J］. 私法，2020，33（1）：272－293.
● 储槐植，何群. 刑法谦抑性实践理性辨析［J］. 苏州大学学报（哲学社会科学版），2016，37（3）：59－67，191.

口权。专利权人的潜在竞争者很容易实施专利侵权行为，且侵权活动范围广泛，社会危害性比较严重。由于专利权人的技术方案是公开的，人们可以毫不费力地通过公开的技术方案随意生产、制造、销售、使用或进口，扩大市场占有率，挤压专利权人的市场空间，违法获得经济利益，侵害或者削减专利权人预期所得经济利益。

第二，专利侵权行为不仅损害专利权人法益，也对市场经济秩序产生严重危害。增设专利侵权罪有利于预防破坏市场经济秩序法益的行为。刑法对社会秩序法益的保护始终占据重要位置。前述论及刑法保护专利权必要性时，指出市场主体逐利性的本质特征，非法实施他人专利行为不仅是非法牟取经济利益的违法行为，它还危及市场竞争秩序失衡问题。国家提出营造良好的营商环境，就是鉴于产权保护不到位，市场存在不公平竞争、不正当竞争，严重阻碍了我国经济发展速度和发展水平。现代化市场秩序的有序运行取决于公平、有效的规则和执行规则的社会自觉性，而规则的制定和执行依靠政府。因此国家基于管理需要和维护经济秩序需要，对破坏市场竞争秩序和交易秩序的行为进行打击，引导市场主体建立公平竞争的秩序。社会主义市场经济本质上是法治经济。社会主义市场经济秩序的形成和建立自此开始，一种新的经济秩序的从无到有，从不成熟、不完善、混乱无序到成熟完备与有序，是经过党中央凝聚几代领导人的智慧精心制度设计，通过制度供给与社会经济发展需要，调动极大的人力、物力，经过多年的艰辛努力形成和发展起来的成果。这种努力和付出虽然看不见、摸不着，但是其成果是构建起了一套行之有效的经济运行制度，这是我们制度自信的重要体现。

现有市场经济秩序不是自然演化的结果，而是集国家领导人的智慧和努力成果，是政府通过诸多手段和措施进行宏观调控的成果，更是市场主体多年追逐经济利益的同时遵循市场交易规则和诚实守信的成果，也是依法治国的基本国策在市场经济领域推行的成果。从价值层面评价现有市场秩序，它可说是确保我国经济朝着健康、可持续发展的基石，单独的个体当然不会撼动这块基石，政府或市场主体却是这一基石的构成要素和形成力量，国家必须对政府和市场主体可能破坏市场秩序的行为进行严格的控制和监管。经济是肌体，金融是血脉。❶ 刑法的任务就是以刑罚方法作为最后保障，带动整个市场经济体系发挥防控市场秩序潜在风险，预防和惩治危害市场主体利益行为的功能，确保市场经济有关的秩序性利益受到保护，例如交易秩序、竞争秩序、经营秩序等不受到破坏或侵害，更要防止违法者通过非法手段和犯罪手段侵害市场主体的利益或消费者的利益，使个人利益和社会公共利益得到有效的保障和维护。

第三，专利侵权行为不仅损害专利权人法益，还会对市场管理秩序产生严重的危害。管理产生秩序，秩序是刑法追求的目标。严格的行政管理产生的社会效果远胜于刑法严厉的制裁。❷ 每一项法律法规都旨在追求或维护特定的秩序，秩序是现代化国家存在和发展的根基。国家管理社会事务的复杂性和多样性决定了秩序法益的多元化。专利制度维护专利管理秩序法益，专利侵权行为直接侵害的是专利权人的利益，同时也侵害了国家专利管理秩序。以前文周某案为例，该案是以假冒专利罪定罪处罚的刑事案件，但是本质上是法院将专利侵权行为与假冒专利行为混淆后，以假

❶ 卢建平. 完善金融刑法强化金融安全——《刑法修正案（十一）》金融犯罪相关规定评述 [J]. 中国法律评论, 2021 (1)：34–42.
❷ 储槐植. 刑事一体化论要 [M]. 北京：北京大学出版社, 2007：164.

冒专利罪定罪处罚。法院判决理由中指出，行为人严重侵犯了国家专利管理秩序法益，即侵害社会公共利益和国家利益的行为，刑法应当予以规制。❶ 社会秩序是刑法应当保护的重大法益，刑法的主要任务之一是维护社会秩序，专利管理秩序是社会秩序的重要组成部分。专利制度是国家激励社会创新和促进经济发展的手段，其最终目的是促进社会公共福祉。专利制度旨在维护专利权人的垄断权利，这体现了国家尊重公民创新，且保护其智力成果，同时也对知识经济市场的竞争秩序作了间接性调整。

第四，刑法应当将专利侵权行为犯罪化，实现刑法对知识产权不同客体同等保护。在知识产权四种类型中，刑法偏向于保护商标权、著作权、商业秘密，对专利权的保护最弱。观察刑法对四种类型的知识产权客体保护程度和保护范围，从罪名种类和保护周延性层面，刑法对专利权的保护远不及对其他知识产权客体的保护。知识产权客体之间保护不平等不符合刑法平等保护的原则。而且，科技是第一生产力，专利技术是科学技术中的精华，其对社会经济发展具有其他知识产权客体不能企及的巨大推动作用。刑法仅保护专利权人的专利标记权，不保护其核心权利专利独占权，专利标记权是法律赋予专利权人的一种义务，专利独占权和专利处分权才是专利权人的核心权利，我国专利权刑事保护制度安排无疑存在不合理之处。❷ 就此而言，基于维护知识产权刑事保护体系的平衡性，刑法应将专利侵权行为犯罪化，弥补与其他知识产权客体不平等保护的差距。

❶ 刘科. 侵犯专利权犯罪立法完善的理念、政策与措施 [M] //国家知识产权局条法司. 专利法研究 (2015). 北京：知识产权出版社，2017：13.
❷ 黄玉烨，戈光应. 非法实施专利行为入罪论 [J]. 法商研究，2014，31 (5)：41–49.

第五，增设专利侵权罪确实存在诸多制约因素，但这些制约因素并非不可克服。这里的制约因素主要指专利侵权行为判断技术性、专业性强，现行刑事司法制度及司法人员队伍难以胜任。实际上，从 2009 年最高人民法院公布实施的《人民法院第三个五年改革纲要（2019—2013）》开始，国家启动了知识产权审判体制改革的举措，构建"三级联动、三审合一、三位一体"的知识产权审判管理模式。❶ 2014 年知识产权法院的建立是我国司法现代化的重要举措，知识产权法院作为司法体制改革的先导，它能够整合专门化的司法资源，提高知识产权审判的专业性司法水平及统一司法标准。❷ 知识产权法院能够应对知识产权违法行为和犯罪行为认定技术性和专业性强的问题。

第六，域外国家设置专利侵权罪。专利权保护国际化、全球化是主流趋势。纵观 TRIPS 协议和《反假冒贸易协议》等国际性公约，对知识产权假冒行为和侵权行为的制裁都朝着更加严厉的方向发展。❸ 根据前文对域外专利权刑法保护制度的考察，英美国家对专利权的定性是私权，除了民事救济，刑事救济也是必要保障。❹ 例如，根据《英国刑事损害法案》，非法损害、毁坏、削减他人合法财产的行为，都可能受到该法案的约束。美国虽然没有对专利侵权行为犯罪化，但是有学者指出美国法院已经倾向于严厉制裁市场经济中大量的专利侵权现象，朝着专利侵权犯罪化方

❶ 孙海龙. 知识产权审判体制改革的理论思考与路径选择 [J]. 法律适用，2010（9）：60 - 63.
❷ 吴汉东. 中国知识产权法院建设：试点样本与基本走向 [J]. 法律适用，2015（10）：2 - 5.
❸ 黄玉烨，戈光应. 非法实施专利行为入罪论 [J]. 法商研究，2014，31（5）：41 - 49.
❹ 刘科. 中国知识产权刑法保护国际化研究 [M]. 北京：中国人民公安大学出版社，2009：24.

向发展。以大陆法系为代表的德、日等国家，都对专利权的保护
强度不低于英美国家。《日本专利法》中规定了专利侵权罪（保护
专利独占权），成立该罪对应的刑罚是判处 10 年以下有期徒刑。
日本为了保护专利申请权，维护国家专利管理秩序，还设置了诈
骗专利权罪。❶ 专利是市场竞争制胜的法宝。专利类产品往往指含
有专利技术的高科技产品，高科技产品的核心价值在于其专利技
术。美国依赖专利保护的产业涉及航空航天、汽车、计算机、消
费电子、制药业、半导体芯片等诸多领域，美国在这些高精尖领
域已经掌握了最核心、最重要的技术，且处于垄断性的地位。❷ 基
于与专利有关的产业对国家经济的贡献率巨大，加强对专利权的
保护非常必要。

　　上述对专利侵权行为犯罪化的论证，是立足于我国市场经济
发展方式从要素驱动型向创新驱动型转变的现实，市场经济发展
方式转变需要刑法为社会创新提供保障。市场经济体制改革与法
律制度改革是同步进行的，法律制度变革符合市场经济发展需要，
是确保市场经济转型升级的关键。国家加强专利权保护对激励科
技创新、实现经济高质量发展有推动作用。❸

　　因此，结合前述行政刑法立法模式，对于专利侵权罪的罪刑
条款应当设置在专利法中，具体修改方案可以为：《专利法》第 11
条规定发明和实用新型专利权被授予后，除本法另有规定的以外，
任何单位或者个人未经专利权人许可，都不得实施其专利。违反

---

❶ 国家知识产权局条法司. 外国专利法选译：上册 [M]. 北京：知识产权出版社，
　 2015：97.
❷ 浦东美国经济研究中心，武汉大学美国加拿大经济研究所. 创新增长合作与中美
　 经贸关系 [M]. 上海：上海社会科学院出版社，2013：511.
❸ 吴汉东. 中国知识产权法制建设的评价与反思 [J]. 中国法学，2009（1）：
　 51 –68.

本条规定，情节严重的行为成立专利侵权罪。

5.2.3　刑罚配置：刑罚轻缓

　　根据前述采取行政刑法立法模式，将假冒专利罪和专利侵权罪直接规定在《专利法》第 11 条，同时，对于刑罚内容规定在《专利法》第 68 条。以德日为代表的大陆法系国家采取这种做法，因而我国可借鉴此举进行改革，不仅符合国际主流做法，也能顺应专利权刑事保护国际化、全球化的主流趋势。这是推进我国刑法现代化改革的重要举措。

　　刑事一体化理论强调刑法体系内部结构合理，即刑法结构和刑罚结构的合理性。刑法现代化的全部内容是顺应世界发展规律，不断地优化刑法结构和刑法机制。❶ 刑法现代化的核心是刑罚现代化，刑罚现代化的基本点是刑罚结构顺应人类社会文明发展进程。刑罚现代化强调刑罚设计应当合理化和轻缓化。坚持刑种多元化，刑罚适度是刑罚发展的规律。❷ 刑罚轻缓化体现了对生命的敬畏和尊重，因而是现代化国家追求的目标。贝卡里亚最早提出犯罪与刑罚的配置应当相对称，认为罪刑应该具有金字塔式的结构，人们应当建构一套类似重罪、轻罪、微罪等阶梯形的犯罪分层机制。同样，刑罚也需要根据越轨行为轻重配置相对称的刑罚阶梯。❸

　　刑事一体化理论认为，刑法结构应当从"厉而不严"向"严而不厉"的方向转变，这是我国当前刑法修正的基本原则指导之

---

❶　储槐植. 刑事一体化论要 ［M］. 北京：北京大学出版社，2007：25.
❷　储槐植. 刑事一体化论要 ［M］. 北京：北京大学出版社，2007：170.
❸　切萨雷·贝卡里亚. 论犯罪与刑罚 ［M］. 黄风，译. 北京：商务印书馆，2022：79 – 80.

一。刑法结构向"严而不厉"转变，不是未经严谨推理和实践调研就增设新罪、扩大刑事法网，也不是提倡简单的轻刑缓罚，而是强调我们一定要深思法网"严密"与刑罚"不厉"之间的内在结构关系，发现最优的法网"严密"与刑罚"不厉"的搭配。"不厉"不是指所有犯罪不分轻重的普遍轻罚，而是严密基础上的"不厉"是以罪与罪之间的结构具有合理性为条件的轻刑缓罚。❶此研究为严密法网、配置不同犯罪对应的刑罚、优化我国现行的刑法结构提供了依据。根据侵犯专利权罪本质上是获利型犯罪和破坏市场经济秩序的犯罪，其刑罚配置应当从以下几方面进行改革。

5.2.3.1 提升罚金刑为主刑

有学者指出，财产刑是仅次于生命刑和自由刑的一种刑罚方法，在各国的刑罚体系中占有重要地位，在刑法理论上也占有一席之地。尤其是随着刑罚的轻缓化，自由刑在刑罚体系中的中心地位开始动摇，罚金刑大有取而代之的发展趋势。❷

首先，罪刑均衡原则要求侵犯专利权罪应当配置罚金刑。侵害专利权行为目的是获取经济利益，这种利益的获取不是直接剥夺或者损害对方的具体财产金额，相反，这种不法行为的本质是损害或削减了专利权主体"预期的利益"。这种利益损害具有不确定性和预估性特征，导致法律保护和惩治的难度加大。在刑种配置的问题上，现行刑法并未结合侵犯知识产权罪的特点设置资格刑，不利于消除再犯的可能性，削弱了刑法打击知识产权犯罪应有的威慑作用。侵犯专利权的不法行为适用自由刑的"罪刑相适

---

❶ 白建军. 犯罪圈与刑法修正的结构控制 [J]. 中国法学, 2017（5）: 69 –90.
❷ 陈兴良. 刑法哲学 [M]. 6 版. 北京: 中国人民大学出版社, 2017: 515.

应"对法官或公众朴素的罪与非罪感造成冲击，罚金刑成为双方可接受的惩治方式。罚金刑是我国刑法规定的一种附加刑。由于我国刑法规定附加刑既可附加适用又可独立适用，因而使罚金既可单处又可并处，具有较大的灵活性。但是，附加刑与主刑相比较，在刑罚体系中的地位不高，刑事司法适用中得不到重视。主刑是犯罪适用的主要刑罚方法，其特点是单独适用，不能附加适用。早期学者们提倡，提升罚金刑在刑罚结构中的地位，域外多数国家都将罚金刑作为独立的主刑，可以单独适用或与自由刑并科。罚金刑适用的犯罪类型可以扩大到法人犯罪、财产犯罪和经济犯罪领域，符合我国刑法罪刑相适应的基本原则。❶ 侵犯专利权犯罪是经济犯罪的范畴，监禁刑的配置显然与侵犯专利权的行为存在明显的差异。主刑与附加刑是相对而言的，我国1979年《刑法》第29条规定：附加刑也可以独立适用。由此可见，附加刑是既可附加适用又可以独立适用的，而主刑则只能独立适用。因此，同一犯罪不能适用两个主刑并非偏见，而是根据刑法规定引申出来的必然结论。

其次，对于侵犯专利权罪的刑罚，各国主要采取了自由刑和罚金刑相结合的模式，但是不要求司法实践以自由刑为主，而是可以单独判处罚金刑。据此，自由刑可以发挥预防和威慑的功能，罚金刑可以起到实在的惩治作用。例如，域外针对市场经济存在的反垄断行为坚持"多用罚金刑，慎用监禁刑"的理念和实践❷，主张应将罚金上升为主刑的观点虽然不乏新意，但所持理由值得推敲。相比较之下，主张罚金刑既作为主刑又作为附加

❶ 梁根林，黄伯胜. 论刑罚结构改革 [J]. 中外法学，1996（6）：1–8.
❷ 王健. 威慑理念下的反垄断法刑事制裁制度——兼评《中华人民共和国反垄断法（修改稿）》的相关规定 [J]. 法商研究，2006（1）：3–11.

刑的观点有其可取之处，外国也不乏这样的立法例。当然，这一主张实行起来相当困难，涉及对主刑与附加刑的重新界定，再分出一类介于主刑与附加刑之间的刑罚：既可作为主刑又可作为附加刑。但从提高罚金刑在刑罚体系中的地位出发，把罚金规定为既可作为主刑又可作为附加刑的刑罚，这不失为一种较为明智的选择。

我国罚金刑主要适用于轻罪。从犯罪性质来说，1979 年《刑法》中的罚金刑主要适用于以下三种犯罪：第一，经济犯罪。在我国刑法中，经济犯罪主要是《刑法分则》第 3 章规定的破坏社会主义经济秩序罪，罚金刑主要集中在破坏社会主义经济秩序罪，约占 45%。《刑法分则》第 3 章共有 15 个条文，其中 9 个条文规定了罚金刑，约占全部条文的 60%。第二，财产犯罪。财产犯罪中有 1 个条文规定了罚金刑。第三，妨害社会管理秩序罪。这一章共有 22 个条文，其中有 10 个条文规定了罚金刑，约占 45%，占全部罚金条文的 50%。从以上分析可以看出，1979 年《刑法》中的罚金刑主要适用轻罪及故意犯罪。

再次，传统中国治理犯罪的经验有罚金刑上升为主刑的先例。我国古代西周罚金刑可以单独适用（《师旂鼎》），但在更多时候，罚金刑是与鞭刑一起适用，用作鞭刑的附加刑，而且罚金的数额与鞭刑的数量往往相同。❶ 可见将罚金刑提升到主刑地位有传统治理经验的支撑。从刑法的规定可以看出，对追究经济犯罪的刑罚手段主要是自由刑和罚金刑，应当认为，罚金刑是对付经济犯罪最普遍、最有效的刑种。

最后，应当在《刑法总则》中明确罚金的最高额与最低额，

---

❶ 雷安军. 新出土金文所见西周罚金刑研究 [J]. 中国法学，2020 (2)：188 - 200.

并辅之以依犯罪情节和犯罪人经济状况酌情裁量的原则性规定。我国1979年《刑法》对罚金的数额没有规定，实际上实行的是无限额罚金制。应当指出，我国刑法对罚金没作数额幅度的规定，与世界各国刑事立法的通例是有所不同的。我国刑法的这种规定具有两重性：一方面便于司法人员根据犯罪行为和犯罪人的具体情况作出符合实际的罚金判决，同时也不会因为货币价值的变化而不断修正罚金的数额；但这另一方面不便于司法人员掌握，因而同一罪行判处罚金出现畸轻畸重的现象就在所难免，不利于司法统一。

5.2.3.2 增设资格刑

其一，完善刑法中的资格刑，资格刑是刑罚轻缓化的象征。从立法上看，我国关于侵犯知识产权罪附加刑的立法中最大的问题在于资格刑的欠缺。刑法典目前只规定了一种资格刑，即剥夺政治权利，并且涉及的权利只是选举与被选举、言论、出版、结社、游行、示威、担任国家机关职务和担任国有公司、企业、事业单位和人民团体领导职务的资格。根据现行刑法典的规定，对侵犯知识产权犯罪不能适用剥夺政治权利刑，这意味着，目前我国刑法典中没有专门针对知识产权犯罪的资格刑。❶ 2015年《刑法修正案（九）》增设职业禁止制度，该制度制定的初衷是防止犯罪分子利用职业和职务之便再次犯罪，赋予法院按照犯罪情况对这类犯罪采取预防性措施的权力。有学者建议，可以将职业禁止作为刑罚方法，因为许多国家的刑法将在一定期限内禁止从事某种职业

---

❶ 赵秉志，刘志伟，阴建峰，等. 侵犯知识产权犯罪的立法完善问题研究 [C] //赵秉志. 刑事法治发展研究报告 (2013—2014年卷). 北京：法律出版社，2016：40.

规定为资格刑，资格刑执行完毕，就没有职业限制。❶ 刑法职业禁止令属于刑法新增设的一种制度，其对于防卫犯罪具有不容忽视的意义。❷

其二，资格刑符合侵犯专利权罪属于轻罪范畴的对称刑罚。我国刑法规定了两种不同性质的刑事制裁措施：其一为包括主刑和附加刑在内的刑罚处罚；其二为包括禁止令、政府强制治疗等在内的保安处分。职业禁止规定不是新刑种，也不是刑罚的执行方式，而是从预防犯罪、保障社会公众安全和维护社会公众利益出发，采取的一项预防性的保安处分措施。❸ 职业禁止规定一定程度上能发挥资格刑在惩治包括知识产权犯罪在内的经济犯罪的作用，又能够满足谦抑性和经济性等现代刑事政策的要求，进而能促进我国知识产权犯罪刑事处罚措施的现代化。《刑法总则》原则性地规定非刑罚措施，体现的是立法者对于经济犯罪领域轻微犯罪行为从宽处置的倾向。

资格刑结合前述罚金刑和资格刑适用于知识产权犯罪案件，刑法同时发挥保障人权和惩治犯罪行为的两个方面，有利于推动刑法结构现代化的改革，也有利于促进市场经济向法治经济方向转型。刑罚应当具有符合人们预估预期且有效的预防功能，坚持在罪和罚相当的情况下从宽对待公民的倾向，所以应当正确地认识刑罚的威慑效果。刑罚调整的方向应当是刑罚的轻缓化，通过切实有效的刑事法律活动，力求将犯罪控制在社会所能够容

❶ 张明楷. 轻罪立法的推进与附随后果的变更 [J]. 比较法研究，2023 (4)：1-17.
❷ 卢建平，孙本雄. 刑法职业禁止令的性质及司法适用探析 [J]. 法学杂志，2016，37 (2)：22-30.
❸ 武晓雯. 论《刑法修正案（九）》关于职业禁止的规定 [J]. 政治与法律，2016 (2)：29-41.

忍的限度之内。轻刑化是一个过程，一种趋势。在当前刑罚已经较重的情况下，不顾实际情况骤然大幅度地降低刑罚分量，可能会产生一些消极的后果，因此，应当逐渐实行轻刑化。当然，轻刑化是相对的，它同犯罪态势相适应，如果不顾客观实际地追求轻刑化，就必然使轻刑化归于无效，重刑化又卷土重来。轻刑化是指刑罚基准的趋轻发展态势，它与刑罚的适度性并不矛盾。因此，在轻刑化的情况下，仍然应该坚持"区别对待"这一原则，根据犯罪的严重程度适当地分配刑罚，以实现立法与司法的罪刑均衡。轻刑化是刑法科学化的要求，轻刑化的刑法有可能促使人们在刑罚之外寻找更多的科学方法，以便从根本上治理犯罪。❶

5.2.3.3 提高法定刑配置

提高侵犯专利权罪的法定刑配置，主要考虑到现行侵犯知识产权罪的法定刑总体上有 2 档，仅有假冒专利罪和销售侵权复制品罪的法定刑只有 1 档。体系性地看，目前的刑罚配置存在一定的不合理性。提高对侵犯专利权罪的法定刑，是期待刑法能够发挥威慑作用，即预防刑法观的刑罚理念的需要。我国现行刑法典规定的侵犯知识产权犯罪的 8 个罪名，除了销售侵权复制品罪，假冒专利罪和为境外窃取、刺探、收买、非法提供商业秘密罪，其他 5 种侵犯知识产权罪与侵犯商业秘密罪一样，都规定了两个法定刑幅度，法定最高刑都是 10 年，具体见表 1。

---

❶ 赵秉志，张智辉，王勇. 中国刑法的运用与完善 [M]. 北京：法律出版社，1989：323 – 329.

表 1　侵犯知识产权犯罪法定刑调整

条款	罪名	2017 年刑法修正案（十）	2020 年刑法修正案（十一）
213	假冒注册商标罪	1 档：3 年以下 2 档：3 年至 7 年	1 档：3 年以下 2 档：3 年至 10 年
214	销售假冒注册商标的商品罪	1 档：3 年以下 2 档：3 年至 7 年	1 档：3 年以下 2 档：3 年至 10 年
215	非法制造、销售非法制造的注册商标标识罪	1 档：3 年以下 2 档：3 年至 7 年	1 档：3 年以下 2 档：3 年至 10 年
216	假冒专利罪	1 档：3 年以下	（无修改）
217	侵犯著作权罪	1 档：3 年以下 2 档：3 年至 7 年	1 档：3 年以下 2 档：3 年至 10 年
218	销售侵权复制品罪	1 档：3 年以下	1 档：5 年以下
219	侵犯商业秘密罪	1 档：3 年以下 2 档：3 年至 7 年	1 档：3 年以下 2 档：3 年至 10 年
219 条之一	为境外窃取、刺探、收买、非法提供商业秘密罪	—	1 档：5 年以下 2 档：5 年以上

　　商标权、专利权、著作权与商业秘密权同属知识产权，同样具有财产内容，都是人身权利与财产权利的统一体，严重的侵权行为都会给权利人造成巨大的损失。如果仅仅提高侵犯商业秘密罪的法定最高刑，而不提高侵犯专利权罪的法定最高刑，不仅会破坏现有各具体侵犯知识产权罪之间法定刑的平衡，而且很有可能引发各罪之间的法定刑向重刑方向攀比的问题，进而造成侵犯

知识产权犯罪乃至整个经济犯罪的重刑化问题。

因此，对侵犯专利权犯罪行为，我国刑法应该根据犯罪行为的社会危害性进行差异化刑罚配置。结合域外国家的经验，根据专利权犯罪圈的扩大，刑罚配置也须与犯罪行为的社会危害性相对称。（1）专利侵权的行为，情节严重的，判处3年以下有期徒刑，并处或者单处罚金；违法所得数额巨大或者有其他特别严重情节的，处3年以上10年以下有期徒刑，或单处罚金，或者两者并判。（2）假冒专利行为，情节严重的，判处3年以下有期徒刑，或单处罚金，或者两者并判。专利侵权的行为对专利权人的财产权危害性最大，因此建议将法定刑设置两档，除此以外的其他罪名配置一档法定刑。对于侵犯专利权罪的刑罚，各国多采取自由刑和罚金刑相结合的模式，但是不要求司法实践以自由刑为主，而是可以单独判处罚金刑。据此，自由刑可以发挥预防和威慑的功能，罚金刑可以起到实在的惩治。例如，域外针对市场经济存在的反垄断行为坚持"多用罚金刑，慎用监禁刑"的理念和实践，就可以证明此观点。

5.3　专利权刑事司法保护的完善

在完善刑事立法的同时，应及时对专利权刑事司法需要作出相应的调整及完善，促进"书面之法"与"行动之法"的一体化运作。如前文所述，专利权刑事司法存在刑事立法与刑事司法脱节、专利权刑事保护缺位、司法功能定位存在偏差、刑事司法解释不明确及前置法与刑事司法衔接机制不顺畅等问题，因而，本书提出如下几方面的建议。

5.3.1 司法功能定位：能动型司法

如上文所述，我国的专利权刑事司法在很大程度上受到行政权等外部因素的干扰，定位于实施政策与解决纠纷的手段。本书认为刑事司法应当摒弃"备而不用"或"备而少用"的被动型司法定位，应将专利权刑事司法的功能定位于能动型司法。

5.3.1.1 政策实施型定位的批判

我国的司法裁判功能在不同时代存在不同定位。从新中国成立初期到改革开放前，司法裁判主要发挥贯彻和实施国家政策的功能。这一阶段，我国基本上是政府、某些组织机构、群众性组织团体等根据中央出台的决定、规定及政策等解决社会冲突与矛盾。裁判工作的任务是贯彻中央的决定、规定或政策，以发挥完成政治任务、服务人民、服务现代化建设、维持社会稳定、维护国家政治统治秩序和国家发展大局的作用。● 一般来讲，此阶段权力与法律都极少以纯粹的形式出现。国情决定了国家需要调动全社会各方面力量服务于政权的稳定、维护国家统治秩序，因而贯彻国家各项政策的顺利实施，得以巩固社会经济基础，推动社会向前发展。

新中国成立以来至改革开放之前的法律实践本质上是"政策之法"。它在管理国家和社会生活的过程中重视党和国家的政策；视政策为法律的灵魂，以法律为政策的表现形式和辅助手段；以政策为最高的行为准则，以法律为次要的行为准则；当法律与政策发生矛盾与冲突时，则完全依政策办事；在执法的过程中还要

● 何志伟. 政治因素对刑事审判的影响——基于最高人民法院工作报告（1980—2016 年）的实证考察［J］. 刑事法评论, 2017, 40（1）: 173 –206.

参照一系列政策。这种政策法在刑法领域中的突出表现是：以政策指导刑事司法，在没有成文的刑法典的情况下运转了很长一段时间。即使在1979年制定《刑法》后，刑事政策仍然对刑事立法与刑事司法有着不可低估的影响，例如"从重从快"等刑事政策成为刑事司法的指导方针。

从改革开放以来到司法体制改革前，这一阶段司法裁判将其功能定位在贯彻公共政策和纠纷解决上，法治建设得到重视，引进和借鉴了西方国家的法律规范，构建了公检法等专门性的执行法律的机构，司法开始去政策化，依法治国方略初显萌芽。基于传统治理经验，司法贯彻政策的色彩仍然较为明显，因为借鉴西方国家的法律，我国公民守法意识仍不强，法律的权威性没有树立起来。当时国家推行社会主义市场经济政策并提出依法治国方略时，最高人民法院把维护市场经济秩序，及时有效执行、宣传法治建设作为司法工作重点。司法裁判的好坏主要以对政策执行好坏为准。❶ 例如，20世纪80年代国家为了同犯罪行为作斗争，刑事司法贯彻中央从重从快惩处并震慑严重犯罪的"严打"政策，短时间内实现了社会治安秩序稳定，保障了公众的安全感，但犯罪数量没有因为严重的刑罚惩罚而下降，而是呈现出犯罪数与刑罚量同步增长现象。❷ 政策在短时间内见效并不意味着找准了问题的症结点，政策有其灵活性和针对性的优势，但犯罪行为的发生有诸多因素，并非刑罚越重就越能起到威慑作用进而减少犯罪数量的发生。科学的政策应当基于对事物的本质和发展规律有正确认知而提出，其应用到实践才会起到积极作用。此外，司法以贯彻政策为

---

❶ 宋亚辉. 追求裁判的社会效果：1983—2012 [J]. 法学研究，2017，39（5）：18-34；宋亚辉. 司法裁判追求"社会效果"的经验与理论 [M] //东南法学. 南京：东南大学出版社，2014：92-109.

❷ 储槐植. 刑事一体化论要 [M]. 北京：北京大学出版社，2007：187.

导向必然会影响到司法适用，导致部分纠纷解决没有实现公平正义。有学者指出，司法实践中充斥着多种司法政策，例如，有以"社会主义法治理念"为主导的，服务大局、司法为民等宏观司法政策；有以宽严相济的"刑事政策"和以"调解优先、结案了事"为主导的刑事政策、民事政策等中观司法政策；还有以中观司法政策为指引，针对具体问题所形成的具体政策等，这些政策以案件裁判的直接依据、审案标准、裁判尺度等方式影响具体个案的处理。江必新法官曾指出，在司法实践中，有法官处理具体案件时明显作出违反法律条文的判决，当问及其原因时，回答是考虑社会效果。❶ 有学者指出，"社会效果"是最高人民法院创设的抽象概念，其目的是想以此为司法转介机制，将党和国家的公共政策转化为司法政策，输送到司法裁判中。❷

5.3.1.2　纠纷解决型定位的批判

党的十六大提出司法体制改革战略决策以来，司法裁判基本上去政策化，将核心功能或首要功能定位在纠纷解决上同时也兼顾贯彻公共政策的功能。例如，有学者以正当防卫制度在司法实践中的异化问题为例指出，虽然从表面上看，我国司法实践的只是单纯否定诸多防卫行为在法确证方面的积极意义，但实际上反映了我国司法裁判将个案的纠纷当作首要任务，适用法律的人员并不认为通过个案判决来确认规则的效力具有重要的意义。❸

关于法律在社会生活中运行的现实问题，按照凯尔森的观点，就是观察某个法律规范是否现实地得到遵守，人们是否在实际生

---

❶ 江必新. 在法律之内寻求社会效果 [J]. 中国法学, 2009 (3)：5 – 14.

❷ 吴英姿. 司法的公共理性：超越政治理性与技艺理性 [J]. 中国法学, 2013 (3)：62 – 73.

❸ 劳东燕. 正当防卫的异化与刑法系统的功能 [J]. 法学家, 2018 (5)：76 – 90, 193 – 194.

活中遵照国家现已制定的成文法行事。近年来，法院凸显出的
"案多人少"的问题实际上在某种程度上反映了我国部分公民缺乏
尊崇法律规则的态度。将司法裁判功能定位在解决纠纷上，会产
生以下几个问题：一是通过司法途径在解决诸多具体案件纠纷的
同时，会引发和刺激更多案件的产生。二是涉案一方再提起上诉、
申诉或上访的做法表明，司法并未完全实现个案中双方的公平正
义，由此导致人们质疑和动摇依法治国的理念：司法是实现和维
护社会公平正义的最后一道防线。这也与司法改革将"让人民群众
在每一个司法案件中感受到公平正义"确定为核心价值和终极目标
背道而驰。三是将司法定位于纠纷解决，忽略了对具体行为法与不
法的评价，忽略了司法裁判后人们将来的行为动机是什么，更忽略
了司法裁判具有行为规范指引的作用，弱化或者模糊了司法救济与
其他救济方式间的根本区别，以至于忽视了司法最为重要的价值。

5.3.1.3　能动型司法定位之提倡

德国著名社会学家卢曼指出，现代社会法的功能在于处理人
们期待的问题，整个法律系统所履行的独特社会功能是规范性期
待的稳定。❶ 司法裁判的首要功能应定位在稳定人们规范性的期
待，同时起到纠纷解决的功能。笔者认为，当代中国的司法观应
当是以审判为中心的多元司法观，司法裁判功能应将其根本功能
定位在维持和稳定人们对法规范性的期待上，同时起到纠纷解决
的功能，其次辅之以贯彻国家政策和创制新规则的功能，进而实现
司法体制改革的核心价值和最终目标，以应对当代具有高度复杂性
和偶然性的风险社会随时带来的系列问题。正如卢梭所言，社会存
在一种完全出自理性的普遍正义，但是要使这种正义能为我们所公

---

❶ 尼可拉斯·卢曼. 社会中的法 [M]. 李君韬，译. 台北：五南图书出版股份有
限公司，2015：344.

认，它就必须是相互的。当正直的人对一切人都遵守正义的法则，同时也期待一切人都对自己遵守正义，而现实中没有人对他也遵守正义时，正义的法则可能会造成坏人的幸福和正直的人的不幸。[1] 司法裁判只有在每一个案件处理中起到稳定人们的规范性期待，为现代社会的公民彼此建构和形成稳定的规范性期待提供担保，人们依法而行，社会依法而治，我国才能沿着法治国的轨道顺利前行。

5.3.2 刑事司法解释的替代操作

刑事司法解释是我国最高司法机关对法律规定的含义所作的说明，即最高人民法院和最高人民检察院就审判和检察工作中如何具体应用法律的问题所作的解释。刑法最初设置假冒注册商标罪的罪名时，最高人民法院就配套出台了《关于个人非法制造、销售他人注册商标标识而构成犯罪的应按假冒商标罪惩处的批复》，随后刑法增设侵犯著作权犯罪及假冒专利罪，最高人民法院紧随其后出台相应的司法解释。[2] 刑事司法解释对于刑事立法设置的罪名进一步明确了构成要件，进一步明确了定罪量刑的标准，以严厉打击侵犯知识产权罪。司法解释的初衷在于使相应罪名的罪状解释具体化、明确化，最大限度地反映刑事立法的本来意图和立法宗旨。但是，在实践中，司法人员需要依据前置法的规定，再结合司法解释的具体规定，反复对照和理解，甚至出现循环求证而不得其解的两难困局。[3] 这是基于我国刑事立法模式单轨制的背景下，针对刑法典中法定犯罪状采用空白方式、概约性地叙明罪状的缘故。

---

[1] 卢梭. 社会契约论 [M]. 李平沤，译. 北京：商务印书馆，2017：45.
[2] 刘科. 中国知识产权刑法保护国际化研究 [M]. 北京：中国人民公安大学出版社，2009：223.
[3] 储槐植. 刑事一体化论要 [M]. 北京：北京大学出版社，2007：158.

　　根据前文立法模式完善建议，专利权刑事立法可采用行政刑法立法模式。立法者可以根据《专利法》第 11 条的规定，进而在《专利法》最后章节设置罚则部分，设置条款规定："对违反本法第十一条的行为，情节严重的处三年以下有期徒刑或者拘役，并处或者单处罚金；情节特别严重的，处三年以上十年以下有期徒刑，并处罚金。"司法人员可以直接依据《专利法实施细则》对专利侵权行为的构成要件内容直接进行解释和判断。

5.3.2.1　犯罪行为的解释

　　对假冒专利行为的认定，根据前述严密专利权刑事法网，建议增设假冒专利罪构成要件要素，即将冒充专利的行为纳入假冒专利行为类型中。根据《专利法》第 68 条假冒专利的具体规定作为判断的规范依据。❶ 对专利侵权行为的认定，根据《专利法》第

---

❶ 《专利法》第 68 条规定，假冒专利的，除依法承担民事责任外，由负责专利执法的部门责令改正并予公告，没收违法所得，可以处违法所得五倍以下的罚款；没有违法所得或者违法所得在五万元以下的，可以处二十五万元以下的罚款；构成犯罪的，依法追究刑事责任。现行《专利法实施细则》第 84 条规定了五种假冒专利的行为类型，其中包含冒充专利的行为：（一）在未被授予专利权的产品或者其包装上标注专利标识，专利权被宣告无效后或者终止后继续在产品或者其包装上标注专利标识，或者未经许可在产品或者产品包装上标注他人的专利号；（二）销售第（一）项所述产品；（三）在产品说明书等材料中将未被授予专利权的技术或者设计称为专利技术或者专利设计，将专利申请称为专利，或者未经许可使用他人的专利号，使公众将所涉及的技术或者设计误认为是专利技术或者专利设计；（四）伪造或者变造专利证书、专利文件或者专利申请文件；（五）其他使公众混淆，将未被授予专利权的技术或者设计误认为是专利技术或者专利设计的行为。专利权终止前依法在专利产品、依照专利方法直接获得的产品或者其包装上标注专利标识，在专利权终止后许诺销售、销售该产品的，不属于假冒专利行为。销售不知道是假冒专利的产品，并且能够证明该产品合法来源的，由管理专利工作的部门责令停止销售，免除罚款的处罚。前述第一款第（一）项至第（四）项列举了属于假冒专利行为的四种情形，第（五）项为兜底性条款，第二款和第三款则规定了不属于假冒专利行为和应免除罚款处罚的情形。

11 条的具体规定可以进行判断。由于专利侵权行为侵犯的是专利独占权，《专利法实施细则》并没有作出明确规定。根据国家知识产权局出台的《专利行政执法操作指南》（试行）及印发的《专利侵权判定和假冒专利行为认定指南（试行）》的通知，可以直接按照规定进行解释和判断。❶ 关于专利重复侵权行为的认定，管理专利工作的部门或者人民法院作出认定侵权行为成立并责令侵权人立即停止侵权行为的处理决定或者判决生效后，被请求人针对同一专利权再次做出相同的侵权行为，专利权人或者利害关系人再次请求处理的属于重复侵权行为。

5.3.2.2 情节严重的解释

根据现行司法解释对假冒专利情节严重的规定进行判断。对比商标权及著作权，侵犯专利权罪的刑事立案标准或追诉标准门槛是最高的。司法解释一直没有对假冒专利罪的入罪数额作过调整，导致保护专利标记权的假冒专利行为一直得不到有效遏制。但有学者认为该罪的入罪门槛过低❷，也有学者建议调高假冒专利罪的入罪标准，提升打击精准度。❸ 该罪刑事司法适用率不高，提

---

❶ 关于专利是否侵权，应当根据双方的产品专利和方法专利比较，客体应该是权利人所主张的涉案专利相关权利要求和被控侵权技术方案。在判断被控侵权技术方案是否侵犯涉案专利权时，应将被控侵权技术方案与权利人主张的相关专利权利要求所记载的技术方案进行一一比较，不能将被控侵权技术方案与涉案专利产品直接进行比较。当被控侵权技术方案也有专利权时，也不得直接将双方专利产品进行比较，或者将双方的专利权利要求进行比较。关于专利侵权判定的方式与原则，在判定被控侵权技术方案是否落入专利权的保护范围时，首先要对专利权利要求和被控侵权技术方案进行特征划分，将相应的技术特征进行特征对比，然后再判断被控侵权技术方案是否构成相同侵权，在二者存在区别的情况下，必要时还须判断是否构成等同侵权。

❷ 林娟. 论刑法规制假冒专利行为的困境——以刑事判决的阙如为视角 [J]. 广州广播电视大学学报，2020，20（4）：101–105，112.

❸ 梅传强，盛浩.《专利法》修正背景下专利犯罪的刑法规制调整 [J]. 重庆理工大学学报（社会科学），2020，34（1）：109–119.

升入罪门槛并不是正确的应对举措。判断行为人是否构成知识产权犯罪，数额的计算是最大的难题。数量刑法学的提出，对于治理侵犯知识产权罪问题具有重大的指导意义。数量刑法学主要通过数量关系的合理运用，对我国立法和司法中涉及定量因素以及相应刑罚量运用的合理性进行理性评估，从而实现刑法追求的实质正义。❶ 有学者指出，最高人民法院、最高人民检察院对于侵犯知识产权罪的司法解释中，虽然较为详备地作了阐明，但是没有考虑被侵权人的实际损失。实际上，犯罪的本质在于其严重的社会危害性，而犯罪的社会危害性主要体现在犯罪行为给国家、社会和权利人造成的损失上，而不是体现在犯罪通过犯罪行为获取利益的大小或者实施犯罪行为的规模或者次数上，因此司法解释不明确规定侵权行为对权利人造成的损失数额为定罪量刑情节之一，显然不利于严厉打击这类犯罪。❷

专利侵权行为应当区分情节严重与情节特别严重两种情形。其一，对于情节严重的，可以根据前述假冒专利罪；其二，专利侵权，情节特别严重的，刑法应当将打击范围限缩在专利故意侵权范围。专利故意侵权涉及以下情形：第一，专利权人或者利害关系人对专利侵权人发出通知、警告后，专利侵权人仍继续实施侵权行为的；第二，专利侵权人或其所在单位的法定代表人、管理人是专利权人或者利害关系人的法定代表人、管理人、实际控制人的；第三，专利侵权人与专利权人或者利害关系人之间存在劳动、劳务、合作、许可、经销、代理、代表等关系，且接触过被侵害的专利权的；第四，专利权人与专利侵权人或者利害关系人之间有业务往来或者为达成合同等进行过磋商，且接触过被侵害

---

❶ 储槐植，何群. 论我国数量刑法学的构建 [J]. 中国法学，2019 (3)：186 –203.
❷ 储槐植. 刑事一体化论要 [M]. 北京：北京大学出版社，2007：228.

的专利权的；第五，专利侵权人实施专利权人专利的行为；第六，其他可以认定为故意的情形。关于专利恶意侵权的认定，应当满足前述六种故意侵权的情形，行为人有三次或三次以上的侵权行为，可以认定属于恶意侵权行为。

侵犯不同知识产权客体，对权利人及市场经济秩序法益的破坏具有不确定性，专利侵权损害数额的计算是专利诉讼中的一个难题。经过各国司法机关的不断探索，如今较为普遍采用的有三种方式：权利人"所失利润"即应得而未得的市场利润；侵权人"非法获利"即通过其侵权行为所获得的市场利润；专利"许可费"。不同国家选取的计算方式各有特点，同一种计算方式在不同国家的具体计算方法也差异颇大。❶ 侵犯专利权罪的两个罪名，情节严重及情节特别严重的情形依据非法经营数额、违法所得数额、给专利权人造成直接经济损失的判断属于技术层面的规定，本书不作更深的讨论。

5.3.3　前置法与刑事司法：一体化衔接机制

刑事程序法是刑事一体化理论的重要内容，如果刑事实体法是书面上的法，刑事程序法就是行动中的刑事实体法，没有刑事程序法的配合和有力执法，专利权刑事立法规定得再完善也无济于事。毋庸置疑，刑事司法对专利权保护发挥着决定性、关键性的作用。刑事司法是整个刑事诉讼的中心环节，其前面有刑事案件启动环节，其后进入刑事司法裁判程序环节，随之进入刑事审判和裁决环节，最后到刑事审判的执行或行刑环节。❷ 换言之，参

---

❶ 和育东. 专利侵权损害赔偿计算制度：变迁、比较与借鉴［J］. 知识产权，2009，19（5）：7－18.

❷ 陈瑞华. 刑事诉讼法［M］. 北京：北京大学出版社，2021：005.

与刑事诉讼的国家专门机关有侦查机关、公诉机关、审判机关和执行机关。侦查机关对于符合立案条件的案件，作出立案决定，启动刑事诉讼程序；侦查机关通过实施强制措施和专门调查活动，查获犯罪嫌疑人，收集犯罪证据，查明犯罪事实；公诉机关对案件是否符合起诉条件进行审查，并向法院提起公诉，启动法院的审判程序；法院经过法庭审理，作出权威的裁判；在法院裁判发生法律效力后，执行机关负责将裁判付诸实施。

5.3.3.1　强化专利权刑事自诉案件的立案

专利权犯罪案件面临的第一道门槛是启动刑事诉讼程序，侦查机关对专利权被害人揭发的犯罪事实行为是否具备相应起诉的条件进行审查核实。为此，侦查机关要对案件启动立案审查程序，并对作出立案决定的案件展开专门调查活动，公诉机关要对案件是否具备起诉条件进行审查活动。可以说，在检察机关向法院提起公诉之前，侦查机关和检察机关已经进行了较为复杂的立案审查、专门调查和审查起诉活动，对不符合起诉条件的案件，早已作出了不立案、撤销案件、不起诉等终止刑事诉讼的决定。案件到了检察机关提起公诉的决定，实际上已经过了多方面的审查和过滤过程。

在专利权犯罪行为的立案条件方面，立法者应当在举证责任方面不是放宽举证责任，而是在司法制度上作出有利于自诉案件立案侦查的举措。2011 年最高人民法院、最高人民检察院、公安部、司法部发布《关于办理侵犯知识产权刑事案件适用法律若干问题的意见》（法发〔2011〕3 号）第 4 条规定，对于侵犯知识产权犯罪自诉案件的证据收集问题，人民法院依法受理侵犯知识产权刑事自诉案件，对于当事人因客观原因不能取得的证据，在提起自诉时能够提供有关线索，申请人民法院调取的，人民法院应当依法调取。2016 年《最高人民法院关于审理侵犯专利权纠纷案件应用法律若干问题的解释（二）》规定❶，侦查机关根据原告提供的线索能够进一步核实和查证，再决定是否进行立案侦查，继续审查被告人是否实施了犯罪行为，对于那些依法构成犯罪的被告人，侦查机关和检察机关要及时依次移交，法院通过审理作出定罪量刑的裁决，追究被告人的刑事责任。只有解决专利权犯罪案件立案、侦查及起诉环节的问题，才能顺利地将假冒专利行为、专利侵权行为的案件推进刑事诉讼渠道，进而确保有罪必罚。刑事审判之前的这些刑事程序性执法活动本身就是对前述犯罪行为的预期的一种定罪行为，向社会传递破坏专利权行为是一种犯罪活动，是国家禁止的行为。同时，这第一道门槛的启动应当具有避免无罪者受到刑事追诉，发挥保障人权的筛查机制。

5.3.3.2 强化专利权前置法与刑事司法的衔接

民事诉讼制度、行政诉讼制度和刑事诉讼制度是中国法治建设的三驾马车，这三驾马车是并驾齐驱，还是需要根据社会发展变迁适当作出主次之别的协调？经济社会发展，有赖于法治赋能。国家治理主体早已作出选择，即法治成为治国理政的基本共识。这表明社会各领域的问题和矛盾需要全方位地向法治渠道输送，通过运用法治思维和法治方式化解矛盾、处理问题。法治是最好的营商环境，市场经济中出现的纠纷主要涉及利益的纠纷，现阶段需要法律手段形塑市场经济的竞争秩序、交易秩序和管理秩序

---

❶ 该解释第 27 条规定，权利人因被侵权所受到的实际损失难以确定的，人民法院应当依照《专利法》第 65 条第 1 款的规定，要求权利人对侵权人因侵权所获得的利益进行举证；在权利人已经提供侵权人所获利益的初步证据，而与专利侵权行为相关的账簿、资料主要由侵权人掌握的情况下，人民法院可以责令侵权人提供该账簿、资料；侵权人无正当理由拒不提供或者提供虚假的账簿、资料的，人民法院可以根据权利人的主张和提供的证据认定侵权人因侵权所获得的利益。

等，使之朝着法治化方向发展。行政执法需要逐渐限缩适用范围和次数，尽量将达到刑事立案标准的案件输送到法治渠道进行解决。刑事执法应当针对严重危害个体利益和社会利益的行为进行预防和惩治，民事执法应当成为处理社会纠纷和化解利益矛盾的首选方式和主要方式。立法上应明确侵害专利权的违法行为和犯罪行为，为专利权民事案件、行政案件及刑事案件的适用提供执法依据。我国目前尚无关于行刑衔接程序的基本法，有关行刑衔接程序的具体规定主要散见于各部门制定的规范性法律文件中。

其一，强化专利权民事执法与刑事执法的互动、移送及衔接。我国专利保护制度实行的是司法保护和行政保护并行的"双轨制"。专利权人既可以选择专利民事诉讼的途径，也可以选择专利行政保护的途径。但是专利民事诉讼中存在取证难、耗时长、成本高等难题，专利权人通过司法途径维权存在一些客观困难，于是专利权人转而寻求行政救济。涉知识产权案件可以选择民事、行政及刑事三种方式进行处理，何种民事类型的知识产权案件应当移送到刑事司法系统？需要明确只有知识产权民事侵权案件涉嫌"严重危害社会秩序和国家利益的"，才应当移送公安机关依法处理，但审理民事案件的法院可以在民事案件审理过程中移送，也可以在案件审结后移送，因为是否构成犯罪都不会影响法院对民事侵权问题的认定和处理。对不具备前述情形的，除非权利人提起刑事自诉，人民法院不就犯罪问题进行审查处理；对于自诉案件发现证据不足的可以直接裁定结案。❶

其二，强化行政案件与刑事案件的互动、移送及衔接。搭建行政执法与刑事执法联合执法，即行刑协同化和行刑一体化运作

---

❶ 刘科. 中国知识产权刑法保护国际化研究［M］. 北京：中国人民公安大学出版社，2009：253.

机制。强调行政执法与刑事司法的衔接机制的畅通，原因在于实践中行政执法权力始终挤压刑事司法权，但行政执法人员素质差异性大，行政执法规范性需要进一步提升。司法活动在办案程序、证据标准、组织机构和工作方式等方面有显著差异，而在案前联合模式中，执法部门与公安机关的工作有高度同质化的倾向，两者为了实现协同，可能会忽略执法和司法程序的差异性要求，在程序运用证据认定和法律适用等方面出现混同。专利执法部门发现违法事实后，应及时沟通协调公安部门介入调查。搭建行政执法与刑事执法一体化平台，行政执法部门和公安机关通过案前联合达成组织合作，并以这种合作关系为基础促成执法和司法的有效衔接。在行政执法与刑事执法协同化和一体化的工作模式下，建立的知识产权法院就是为了解决不同性质的侵犯专利权案件，它不仅能够有效地加强不同性质的侵犯专利权案件之间的衔接，解决涉专利权刑民交叉、行刑衔接机制不畅的顽疾，也为应对国际性涉专利案件提供了专门化的救济渠道。❶

5.3.3.3 被害人权利救济的完善

实务人员指出知识产权刑事案件中，知识产权主体的权利保护不足，知识产权案件诉讼权利流于形式，被害人的权利时常得不到有效的救济，并且其权利一直处于边缘化状态。❷ 知识产权刑法保护本身倾向于保护经济秩序，对权利人保护有限，加之刑事司法实践侧重打击侵犯知识产权的犯罪行为，忽视了知识产权权

---

❶ 吴汉东. 中国知识产权法院建设：试点样本与基本走向［J］. 法律适用，2015 (10)：2-5；吴汉东. 中国知识产权法院建设的理论与实践［J］. 知识产权，2018 (3)：3-13.

❷ 蒯建欣，张敏，段里鹏. 知识产权刑事案件被害人权益保障研究［J］. 中国检察官，2020 (13)：27-31.

利人的经济利益及作为刑事被害人的地位。解决该问题，建议引进和适用认罪认罚从宽制度。认罪认罚从宽制度兼具实体和程序内容的改革措施，其实体部分属于传统的"宽严相济"刑事政策的表现，而其程序部分则是一种特殊的简易程序，也就是通常所说的刑事速裁程序。

其一，侵犯专利权罪属于轻罪类型的案件，符合认罪认罚从宽制度适用的条件。我国推行认罪认罚从宽制度不仅出于诉讼成本的考虑，还有更深层的实体法依据。从国家政策层面看，该制度能够彰显我国犯罪治理能力及治理体系，体现了制度自信，缓和社会矛盾和冲突，鼓励犯罪人与国家司法合作等政策的考量。认罪认罚从宽制度是我国刑罚轻缓化的制度体现，也是司法制度改革过程中采用的一项重要制度，是对传统单向的犯罪与刑罚关系的改革在制度上的重要突破。❶

其二，认罪认罚从宽制度适用于嫌疑人、被告人自愿如实供述自己的罪行。承认指控的犯罪事实并愿意接受刑事处罚的，司法机关可以依法从宽处理，并适用一种特别的"认罪认罚程序"。对于认罪认罚案件，侦查机关一般将其纳入快速诉讼轨道，检察机关会与嫌疑人、辩护人或值班律师就量刑问题展开协商，在就量刑方案达成协议后，由嫌疑人、辩护人或值班律师在认罪认罚具结书上签字确认，检察机关随即向法院提起公诉。相对于普通案件而言，认罪认罚案件的审判前程序要更为简化。此外，对于认罪认罚案件的审理程序，也采取简化处理的方式。认罪认罚案件无论是适用普通程序还是简易程序，法庭调查和法庭辩论都被简化处理，法庭审理的重点是认罪认罚的自愿性以及量刑建议的

---

❶ 何群，储槐植. 认罪认罚从宽制度的实体法解读：从刑事一体化的视角 [J]. 中南民族大学学报（人文社会科学版），2018，38（6）：91–95.

适当性。适用速裁程序进行审理的认罪认罚案件则直接省略了法庭调查和法庭辩论程序，通过听取被告人及其辩护人意见，对量刑建议加以确认的，法庭可以进行当庭宣判。

其三，认罪认罚从宽制度有利于被害人权利救济。认罪认罚从宽制度的推行，体现的是一种协商性程序正义的理念。这一理念吸收了私法领域的"契约自由"和"意思自治"原则，给予被告人与检察官进行平等对话、自主协商、自愿认罪、自愿反悔的机会，最大限度地保障了被告人在处置自诉讼权利方面的自主权。其实，诉权的本质既包括充分行使对抗性权利，也包括自主地放弃对抗性权利，自由地选择协商、对话和妥协，这本身就是对被告人诉讼主体地位的尊重。不仅如此，在量刑协商过程中，被告人充分参与的诉讼程序可以对案件裁判结果产生直接的推动和塑造作用。作为最低限度程序正义的要求，法律要求确保被告人认罪的自愿性，保证被告人签署具结书的真实性和合法性，并确保被告人及其辩护人、值班律师充分参与量刑协商的过程。只要被告人接受了检察官所建议的量刑方案，该方案被法院采纳，被告人就可以对案件裁判结论的形成具有重大的推动和塑造作用。被告人通过行使程序选择权，可以影响乃至左右案件的裁判结局，这显然是对被告人诉讼主体地位的更大尊重。

为了更好地保护被害人，可以赋予其明确的诉讼主体地位，在程序启动时就保障被害人的知情权，向其送达被告人案件进展以及认罪认罚的书面文字材料，让被害人或其代理人签字；明确规定司法机关有履行告知的义务，增强约束力。另外，在认罪认罚从宽制度中赋予被害人一定的救济权。被害人意见未被采纳，司法机关应给予答复并说明理由，同时还可以参照适用《中华人民共和国刑事诉讼法》第49条规定，赋予其向同级或者上一级人

民检察院申诉或者控告的权利。人民检察院对被告人的申诉或者
控告应当及时进行审查，情况属实的，通知有关机关予以纠正。

5.4 本章小结

创新对国家发展的重要性决定了刑法对专利权的保护范围和
保护力度。前文提出专利权刑事保护虚置问题，本章在刑事一体
化理论的指导下，就侵犯专利权的刑事政策、刑事立法及刑事司
法提出完善建议。从刑事政策定罪层面看，专利权具有私权属性
和公共物品的特征，刑法不能不计任何社会利益而保护个体权利，
也不能完全忽视个体权利而维护社会利益。刑法需要在个体权利
和公共利益之间获得适当平衡。刑事政策应当加强专利独占权的
保护，将侵害专利独占权的专利侵权行为纳入刑法规制范围；从
刑事政策刑罚层面看，侵犯专利权罪行为属于非法获取经济利益，
具有破坏市场经济秩序的性质，可以配置多元化、轻缓化的刑罚。
为了贯彻专利权刑事政策，在专利权刑事立法方面，应当改革现
行单轨制立法模式，选择以行政刑法立法模式，即在专利法中规
定专利权犯罪的罪刑条款。在严密专利权刑事法网方面，可增设
假冒专利罪的构成要件要素，将冒充专利的行为纳入其中，增设
专利侵权罪。刑事立法对侵害专利独占权和专利标记权的行为进
行打击，是控制和预防侵害专利权的重大举措，也是为我国创新
驱动型发展方式提供有力的制度保障。在刑罚配置上，可以并设
自由刑与罚金刑，提升罚金刑至主刑地位，增设资格刑，使严密
专利权刑事法网与刑罚保持均衡。从专利权刑事司法看，应当重
新定位司法功能，破除司法定分止争的传统功能，推动司法走向

能动型司法，司法功能定位于能动型司法、稳定刑法规范性期待。司法解释作为刑事立法的重要补充，在面临法定犯解释和判断时，实际上利大于弊。通过对专利权刑事立法模式的改革，司法解释的存在也就可以避免，《专利法实施细则》替代刑事司法解释的作用，对假冒专利行为和专利侵权行为进行专业性、技术化、明确化的规定，能极大地简化现行刑事司法对知识产权犯罪问题定罪处罚的难题。面对司法实务中专利权被害人权利保护不足问题，适用认罪认罚从宽制度，不仅可以节省司法资源，提升司法效率，也能弥补被害人权利救济不足的欠缺。

结　语

改革开放四十多年来，我国刑法对市场经济的发展发挥了重要的保障作用。刑法服务于市场经济健康发展的同时，市场经济的快速发展对传统刑法体系带来新挑战，刑法应当及时作出回应和调整以遏制破坏市场经济秩序的犯罪行为，持续地发挥为市场经济保驾护航的积极作用。当前，我国市场经济发展方式从要素驱动型向创新驱动型发展方式转变，更加注重经济高质量发展，创新成为推动我国经济发展方式转型和经济高质量发展的决定性要素。本书将专利权刑事保护问题与国家市场经济发展方式转型和建设创新型国家的制度保障关联起来，刑法保护专利权不是简单的对专利权主体利益或市场经济秩序利益的保护，专利权刑事保护关涉国家利益、市场主体利益、社会公共福祉等多元利益主体。我国经济社会发展进入知识经济和数字经济时代，社会经济发展方式转型给专利权刑事保护带来新挑战、新问题，而现行刑法规范存在"无法可依"的问题，揭示了刑法对经济社会中部分创新存在保护缺位的问题。

社会发展与刑法体系之间是互动的关系。市场经济与刑法应当是良性互动的关系。现阶段国家新发展理念、新发展格局使得创新在我国经济发展中的重要性提升，加强对专利权刑事保护具有重要作用。创新强则国运昌，创新弱则国运殆。市场经济从要素驱动型向创新驱动型发展模式转向，市场经济发展方式转型决定刑法制度的改革。如果法律体系遵循合法与非法的运作逻辑，那么市场经济转型过程中，专利违法行为则应纳入非刑法规制的范围，即将前置法作为保障公民权利和维护社会秩序的第一道防线；将严重侵害专利权的违法行为升格为刑法规制的范围，为个体利益、社会利益和国家利益构筑第二道防线。依法治国就是通过法律规范对事关国计民生的重大法益构筑层层篱笆，确保国家利益、社会利益及个人利益免受非法侵害，这是刑法立足于社会发展新阶段，贯彻国家新发展理念、构建新发展格局、确保社会主义市场经济沿着法治经济健康发展的应有之义。

参考文献

一、中文类

（一）专著类

[1]"当前惩治经济违法违纪犯罪丛书"编委会. 当前知识产权及出版犯罪的政策法律界限与认定处理［M］. 北京：中国方正出版社，1996.

[2]安凤德，李旭辉，常亮. 知识产权犯罪疑难案例精析［M］. 杭州：浙江大学出版社，2007.

[3]白建军. 关系犯罪学［M］. 北京：中国人民大学出版社，2014.

[4]白建军. 刑法规律与量刑实践：刑法现象大样本考察［M］. 北京：北京大学出版，2011.

[5]柏浪涛. 侵犯知识产权罪研究［M］. 北京：知识产权出版社，2011.

[6]北京大学法学院刑事法律学科群. 刑法体系与刑事政策——储槐植教授八十华诞贺岁集［M］. 北京：北京大学出版社，2013.

[7]北京市海淀区人民检察院. 知识产权犯罪案件

办理指南［M］．北京：中国检察出版社，2018．

［8］曹博．侵犯知识产权行为的非罪化研究［M］．北京：中国社会科学出版社，2018．

［9］陈辐宽．知识产权犯罪疑难问题解析［M］．北京：中国检察出版社，2010．

［10］陈瑞华．刑事诉讼中的问题与主义［M］．北京：中国人民大学出版社，2013．

［11］陈兴良．刑法的启蒙［M］．3版．北京：北京大学出版社，2019．

［12］陈兴良，周光权．刑法学的现代展开Ⅰ［M］．北京：中国人民大学出版社，2015．

［13］储国樑，叶青．知识产权犯罪立案定罪量刑问题研究［M］．上海：上海社会科学院出版社，2014．

［14］储槐植．刑事一体化［M］．北京：法律出版社，2004．

［15］储槐植．刑事一体化论要［M］．北京：北京大学出版社，2007．

［16］储槐植．刑事一体化与关系刑法论［M］．北京：北京大学出版社，1997．

［17］储槐植，等．刑法机制［M］．北京：法律出版社，2004．

［18］储槐植．美国刑法［M］．4版．北京：北京大学出版社，2012．

［19］高鸿钧，赵晓力．新编西方法律思想史（现代、当代部分）［M］．北京：清华大学出版社，2015．

［20］高鸿钧．法律全球化：中国与世界［M］．北京：清华大学出版社，2014．

［21］高铭暄，赵秉志．新中国刑法立法文献资料总览［M］．北

京：中国人民公安大学出版社，2019.

［22］高铭暄，赵秉志.新中国刑法学研究 70 年［M］.北京：中国人民大学出版社，2015.

［23］高佩德，李金声.新刑法与知识产权犯罪［M］.北京：西苑出版社，1998.

［24］宫毅.知识产权犯罪案件侦查教程［M］.北京：群众出版社，2004.

［25］龚培华.侵犯知识产权犯罪构成与证明［M］.北京：法律出版社，2004.

［26］黄洪波.中国知识产权刑法保护理论研究［M］.北京：中国社会科学出版社，2012.

［27］姜敏.刑法修正案犯罪化及限制［M］.北京：中国法制出版社，2015.

［28］金海军.知识产权实证分析：创新、司法与公众意识［M］.北京：知识产权出版社，2015.

［29］康添雄.专利法的公共政策研究［M］.武汉：华中科技大学出版社，2019.

［30］孔祥俊.知识产权法律适用的基本问题：司法哲学、司法政策与裁判方法［M］.北京：中国法制出版社，2013.

［31］李兰英，高扬捷，等.知识产权刑法保护的理论与实践［M］.北京：法律出版社，2018.

［32］李林，莫纪宏.全面依法治国建设法治中国［M］.北京：中国社会科学出版社，2019.

［33］李少平，朱孝清，卢建平.法治中国与刑法发展［M］.北京：中国人民公安大学出版社，2015.

［34］李樱枞，杜航.知识产权犯罪案件侦查［M］.北京：中国

人民公安大学出版社，2014.

[35] 梁根林．刑法总论问题论要［M］．北京：北京大学出版社，2018.

[36] 刘方，单民．侵犯知识产权犯罪的定罪与量刑［M］．北京：人民法院出版社，2001.

[37] 刘方．侵犯知识产权犯罪定罪量刑案例评析［M］．北京：中国民主法制出版社，2003.

[38] 刘剑文．知识经济与法律变革［M］．北京：法律出版社，2002.

[39] 刘科，程书兵．侵犯知识产权犯罪专题整理［M］．北京：中国人民公安大学出版社，2008.

[40] 刘科，张茜．知识产权犯罪专业化公诉样本［M］．北京：中国检察出版社，2014.

[41] 刘科．中国知识产权刑法保护国际化研究［M］．北京：中国人民公安大学出版社，2009.

[42] 刘志伟．刑法规范总整理［M］．11版．北京：法律出版社，2019.

[43] 卢建平，翁跃强．全球化时代知识产权犯罪及其防治［M］．北京：北京师范大学出版社，2008.

[44] 马聪．刑罚一般预防目的的信条意义研究［M］．北京：中国政法大学出版社，2016.

[45] 马克昌，卢建平．外国刑法学总论：大陆法系［M］．北京：中国人民大学出版社，2016.

[46] 穆伯祥．知识产权刑法保护要论［M］．北京：知识产权出版社，2016.

[47] 聂洪勇．知识产权的刑法保护［M］．北京：中国方正出版

社，2000.

[48] 皮勇. 侵犯知识产权罪案疑难问题研究 [M]. 武汉：武汉大学出版社，2011.

[49] 秦天宁. 知识产权犯罪案件典型问题研究 [M]. 北京：法律出版社，2019.

[50] 王牧. 新犯罪学 [M]. 北京：高等教育出版社，2005.

[51] 王平. 刑罚执行现代化：观念、制度与技术 [M]. 北京：北京大学出版社，2017.

[52] 王志祥. 刑法问题探索 [M]. 北京：中国法制出版社，2016.

[53] 王作富，赵瑞罡，邓宇琼. 侵犯知识产权犯罪司法适用 [M]. 北京：法律出版社，2006.

[54] 吴汉东. 知识产权制度变革与发展研究 [M]. 北京：经济科学出版社，2013.

[55] 吴汉东. 中国知识产权蓝皮书（2017—2018）[M]. 北京：知识产权出版社，2019.

[56] 吴汉东. 中国知识产权理论体系研究 [M]. 北京：商务印书馆，2018.

[57] 吴汉东. 知识产权多维度学理解读 [M]. 北京：中国人民大学出版社，2015.

[58] 吴汉东. 知识产权应用问题研究 [M]. 北京：中国人民大学出版社，2019.

[59] 夏吉先. 源流论——犯罪学学科体系新构架探索 [M]. 成都：四川大学出版社，2017.

[60] 夏征农，等. 大辞海（法学卷修订版）[M]. 上海：上海辞书出版社，2015.

[61] 阴建峰，等．刑事立法过程中公民参与问题研究［M］．北京：法律出版社，2017．

[62] 于阜民．专利权的刑事保护［M］．北京：社会科学文献出版社，2005．

[63] 于世忠．网络时代的知识产权刑法保护问题研究［M］．厦门：厦门大学出版社，2019．

[64] 张明，廖勇．知识产权及其刑法保护研究［M］．成都：电子科技大学出版社，2006．

[65] 张明楷．外国刑法纲要［M］．2版．北京：清华大学出版社，2007．

[66] 张明楷．刑法的基本立场［M］．北京：商务印书馆，2019．

[67] 张明楷．刑法分则的解释原理［M］．2版．北京：中国人民大学出版社，2011．

[68] 张明楷．刑法学：上册［M］．北京：法律出版社，2016．

[69] 张明楷．刑法学：下册［M］．北京：法律出版社，2016．

[70] 张明楷．责任刑与预防刑［M］．北京：北京大学出版社，2015．

[71] 张文显．知识经济与法律制度创新［M］．北京：北京大学出版社，2012．

[72] 张远煌，吴宗宪．犯罪学通论［M］．北京：北京师范大学出版社，2017．

[73] 张远煌．犯罪学［M］．北京：中国人民大学出版社，2015．

[74] 赵秉志．刑法立法研究［M］．北京：中国人民大学出版社，2014．

[75] 赵秉志，田宏杰．侵犯知识产权犯罪比较研究［M］．北京：法律出版社，2004．

［76］赵秉志．国际化背景下知识产权的刑事法保护第三届"当代刑法国际论坛"论文集［M］．北京：中国人民公安大学出版社，2011．

［77］赵秉志．侵犯知识产权犯罪研究［M］．北京：中国方正出版社，1999．

［78］赵秉志．刑法总论［M］．北京：中国人民大学出版社，2016．

［79］赵国玲．知识产权犯罪中的被害人：控制被害的实证分析［M］．北京：北京大学出版社，2008．

［80］赵国玲．知识产权犯罪调查与研究［M］．北京：世界知识出版社，2003．

［81］赵星．知识产权侵权犯罪［M］．北京：中国人民公安大学出版社，2008．

［82］赵永红．知识产权犯罪研究［M］．北京：中国法制出版社，2004．

［83］中共中央文献研究室．习近平关于全面依法治国论述摘编［M］．北京：中央文献出版社，2015．

［84］朱振，刘小平，瞿郑龙．权利理论［M］．上海：上海三联书店，2020．

［85］姚龙兵．刑法立法基本原则研究［M］．北京：中国政法大学出版社，2014．

［86］游伟．刑事立法与司法适用：中国当代刑法研究［M］．上海：上海教育出版社，1996．

（二）译著类

［1］布拉德·谢尔曼，莱昂内尔·本特利．现代知识产权法的演进：英国的历程 1760—1911［M］．金海军，译．北京：北京

大学出版社，2006.

[2] 克劳斯·施瓦布，尼古拉斯·戴维斯．第四次工业革命（实践版）．行动路线图：打造创新型社会［M］．世界经济论坛代表处，李菁，译．北京：中信出版社，2018.

[3] 彼得·达沃豪斯，约翰·布雷斯韦特．信息封建主义：知识经济谁主沉浮［M］．刘雪涛，译．北京：知识产权出版社，2005.

[4] 冯·李斯特．论犯罪、刑罚与刑事政策［M］．徐久生，译．北京：北京大学出版社，2016.

[5] 尼可拉斯·卢曼．社会中的法［M］．李君韬，译．台北：五南图书出版股份有限公司，2015.

[6] 贡塔·托依布纳．魔阵·剥削·异化——托依布纳法律社会学文集［M］．泮伟江，高鸿钧，等译．北京：清华大学出版社，2012.

[7] 乌尔斯·金德霍伊泽尔．刑法总论教科书［M］．蔡桂生，译．北京：北京大学出版社，2019.

[8] 卢梭．社会契约论［M］．刘平沤，译．北京：商务印书馆，2017.

[9] 罗伯特·P. 莫杰思．知识产权正当性解释［M］．金海军，等译．北京：商务印书馆，2019.

[10] 威廉·M. 兰德斯，理查德·A. 波斯纳．知识产权法的经济结构［M］．金海军，译．北京：北京大学出版社，2005.

[11] 乔治·弗莱彻．反思刑法［M］．邓子滨，译．北京：华夏出版社，2008.

[12] 乔尔·范伯格．刑法的道德界限（第四卷）无害的不法行为

［M］. 方泉，译. 北京：商务印书馆，2015.

［13］奥斯汀·萨拉特. 布莱克维尔. 法律与社会指南［M］. 高鸿钧，刘毅，等译. 北京：北京大学出版社，2011.

［14］大卫·D. 弗里德曼. 国富论·经济学与法律的对话［M］. 徐源丰，译. 桂林：广西师范大学出版社，2019.

［15］道格拉斯·胡萨克. 过罪化及刑法的限制［M］. 姜敏译. 北京：中国法制出版社，2015.

［16］E. H. 萨瑟兰. 白领犯罪［M］. 北京：中国大百科全书出版社，2008.

［17］罗伯特·考特，托马斯·尤伦. 法和经济学［M］. 5 版. 上海：格致出版社，2010.

［18］格林，沙皮罗. 理性选择理论的病变：政治学应用批判［M］. 徐湘林，袁瑞军，译. 桂林：广西师范大学出版社，2004.

［19］沃德·法恩斯沃思. 高手解决法律难题的 31 种思维技巧［M］. 丁芝华，译. 北京：法律出版社，2016.

［20］西原春夫. 刑法的根基与哲学［M］. 顾肖荣，译. 北京：中国法制出版社，2018.

［21］平野龙一. 刑法的基础［M］. 黎宏，译. 北京：中国政法大学出版社，2016.

［22］安东尼·吉登斯. 现代性的后果［M］. 田禾，译. 南京：译林出版社，2011.

［23］切萨雷·贝卡里亚. 论犯罪与刑罚［M］. 黄风，译. 北京：商务印书馆，2017.

［24］恩里科·菲利. 实证派犯罪学［M］. 郭建安，译. 北京：商务印书馆，2016.

（三）期刊类

［1］全面加强知识产权保护工作，激发创新活力，推动构建新发展格局［J］. 理论导报，2020（12）：23－24.

［2］M. A. B. 温苏埃塔，郭栋. 新制度主义、法教义学与法社会学［J］. 法理——法哲学、法学方法论与人工智能，2019，5（2）：59－73.

［3］白飞鹏，李红. 私法原则、规则的二元结构与法益的侵权法保护［J］. 现代法学，2002（2）：55－58.

［4］白建军. 论法律实证分析［J］. 中国法学，2000（4）：30－40.

［5］宾凯. 从决策的观点看司法裁判活动［J］. 清华法学，2011，5（6）：94－108.

［6］陈辉. 德国法教义学的结构与演变［J］. 环球法律评论，2017，39（1）：149－167.

［7］陈启，吴伟. 对假冒专利罪的修改意见［J］. 法学，1989（1）：20－22.

［8］陈瑞华，陈柏峰，侯猛，等. 对话陈瑞华：法学研究的第三条道路［J］. 法律和社会科学，2016，15（2）：281－322.

［9］陈瑞华. 增列权利还是加强救济？——简论刑事审判前程序中的辩护问题［J］. 环球法律评论，2006（5）：530－536.

［10］陈卫东. 认罪认罚从宽制度研究［J］. 中国法学，2016（2）：48－64.

［11］陈兴良，赵国强. 经济犯罪的立法对策［J］. 法学研究，1988（2）：13－20.

［12］陈兴良. 刑事一体化：刑事政策与研究方法视角的思考［J］. 中国检察官，2018（1）：6－10.

［13］储槐植，冯卫国. 知识经济与现代化刑法观［J］. 法制与社

会发展，2000（4）：56 – 62.

[14] 储槐植，何群. 论我国数量刑法学的构建 ［J］. 中国法学，2019（3）：186 – 203.

[15] 储槐植，何群. 刑法谦抑性实践理性辨析 ［J］. 苏州大学学报（哲学社会科学版），2016, 37（3）：59 – 67, 191.

[16] 储槐植，蒋建峰. 经济全球化与犯罪控制对策 ［C］// 《犯罪学论丛》编委会. 犯罪学论丛（第二卷）. 中国犯罪学学会，2004：11.

[17] 储槐植，蒋建峰. 经济全球化与犯罪控制对策 ［J］. 犯罪学论丛，2004（2）：503 – 513.

[18] 储槐植. 建立刑事一体化思想 ［J］. 中外法学，1989（1）：3 – 8.

[19] 储槐植. 刑罚现代化：刑法修改的价值定向 ［J］. 法学研究，1997（1）：111 – 120.

[20] 储槐植. 刑事"三化"述要 ［J］. 中国检察官，2018（1）：4 – 6.

[21] 储槐植. 再说刑事一体化 ［J］. 法学，2004（3）：74 – 80.

[22] 邓建志. 中国知识产权行政保护特色制度的发展趋势研究 ［J］. 中国软科学，2008（6）：63 – 73.

[23] 董涛. 专利权保护网之漏洞及其弥补手段研究 ［J］. 现代法学，2016（3）：43 – 60.

[24] 冯殿美. 刑罚结构改革之理性思考 ［J］. 山东大学学报（哲学社会科学版），2008（1）：123 – 129.

[25] 冯俊. 对我国刑事治理能力的思考——读《德国刑法教科书》有感 ［J］. 浙江人大，2020（11）：78.

[26] 冯晓青. 知识产权法的公平正义价值取向 ［J］. 电子知识产

权，2006（7）：17－20.

［27］冯晓青．关于中国知识产权保护体系几个重要问题的思
考——以中美贸易摩擦中的知识产权问题为考察对象［J］.
人民论坛·学术前沿，2018（17）：27－37.

［28］冯晓青．知识产权法的价值构造：知识产权法利益平衡机制
研究［J］．中国法学，2007（1）：67－77.

［29］冯玉军．中国法律规范体系与立法效果评估［J］．中国社会
科学，2017（12）：138－159，208.

［30］付立庆．论积极主义刑法观［J］．政法论坛，2019，37
（1）：99－111.

［31］高艾泠，杨春华．知识产权案件刑事自诉权的重构［J］．人
民检察，2019（14）：70－72.

［32］高铭暄，孙晓．宽严相济刑事政策与罚金刑改革［J］．法学
论坛，2009，24（2）：5－9.

［33］高铭暄．风险社会中刑事立法正当性理论研究［J］．法学论
坛，2011，26（4）：5－11.

［34］高铭暄，王秀梅．当代国际刑法的新发展［J］．法律科学：
西北政法学院学报，2006（2）：75－82.

［35］高桥则夫，王兵兵．日本2000年之后的刑事法动向：现状与
课题［J］．国外社会科学前沿，2020（9）：38－45.

［36］高晓莹．假冒专利罪探微［J］．人民检察，2002（1）：
14－16.

［37］管荣齐，李明德．中国知识产权司法保护体系改革研究
［J］．学术论坛，2017，40（1）：111－117.

［38］管相杰．我国专利保护的强度及改进措施——以2013年数
据中私营企业专利权人为视角［J］．科技与法律，2015（3）：

456 – 487.

[39] 管志琦，田建林. 浅析我国专利权的刑法保护 [J]. 河北法学，2013，31（8）：196 – 200.

[40] 郭理蓉. 多重博弈下的知识产权犯罪刑事政策——兼论我国知识产权犯罪刑事政策的完善 [J]. 山东警察学院学报，2010，22（1）：16 – 19.

[41] 郭研. 部门法交叉视域下刑事违法性独立判断之提倡——兼论整体法秩序统一之否定 [J]. 南京大学学报（哲学·人文科学·社会科学），2020，57（5）：76 – 87.

[42] 哈罗德·J·维特尔，杰克·赖特，储槐植. 关于犯罪原因的理论 [J]. 国外法学，1980（4）：6 – 8.

[43] 韩旭. 高空抛物犯罪案件司法证明之难题 [J]. 法治研究，2020（6）：1 – 10.

[44] 何伦健. 我国专利权的行政保护 [J]. 电子知识产权，2007（2）：39 – 41.

[45] 何群，储槐植. 认罪认罚从宽制度的实体法解读：从刑事一体化的视角 [J]. 中南民族大学学报（人文社会科学版），2018，38（6）：91 – 95.

[46] 何荣功. 经济自由与经济刑法正当性的体系思考 [J]. 法学评论，2014，32（6）：56 – 67.

[47] 何志伟. 政治因素对刑事审判的影响——基于最高人民法院工作报告（1980—2016 年）的实证考察 [J]. 刑事法评论，2017，40（1）：173 – 206.

[48] 和育东. 专利政策目标的一元化 [J]. 科学学研究，2011，29（8）：155 – 164.

[49] 贺卫. 生产、销售伪劣产品罪及其特殊罪名的犯罪对象区

分——以"销售假口罩案"为例［J］. 政治与法律，2020（11）：52－61.

［50］贺志军. 非法实施专利行为的刑法检视及其应对［J］. 刑法论丛，2019，57（1）：302－326.

［51］贺志军. 刑法中的"假冒他人专利"新释［J］. 法商研究，2019，36（6）：64－75.

［52］胡安瑞. 犯罪化与非犯罪化：涉专利刑事政策的双极取向［J］. 山东审判，2016，32（6）：20－24.

［53］黄风. 论对犯罪收益的民事没收［J］. 法学家，2009（4）：89－97，158－159.

［54］黄京平. 宽严相济刑事政策的时代含义及实现方式［J］. 法学杂志，2006（4）：10－12，48.

［55］黄明儒. 论刑事立法的科学性［J］. 中南大学学报（社会科学版），2003，9（1）：41－45.

［56］黄玉烨，戈光应. 非法实施专利行为入罪论［J］. 法商研究，2014，31（5）：41－49.

［57］姬鹏程，孙凤仪，赵栩. 知识产权对经济增长作用的实证研究［J］. 宏观经济研究，2018（12）：40－54，144.

［58］季卫东. 议论的法社会学：溯源与创新［J］. 中国法律评论，2020（4）：38－49.

［59］冀瑜，郭飞翔. 电子商务领域专利权保护研究综述［J］. 重庆邮电大学学报（社会科学版），2017，29（1）：39－44

［60］贾小龙. 专利犯罪的确定及立法完善［J］. 广西政法管理干部学院学报，2015，30（1）：53－60.

［61］贾宇. 论违法性认识应成为犯罪故意的必备要件［J］. 法律科学：西北政法学院学报，1997（3）：58－64.

［62］江必新，蒋清华．习近平法治思想对宪法理论和实践的发展创新［J］．法学评论，2021，39（2）：1－14.

［63］江必新．习近平法治思想的逻辑体系与理论特征［J］．求索，2021（2）：5－16.

［64］江必新．在法律之内寻求社会效果［J］．中国法学，2009（3）：5－14.

［65］姜芳蕊．知识产权行政保护与司法保护的冲突与协调［J］．知识产权，2014（2）：76－81.

［66］姜涛．生物安全风险的刑法规制［J］．社会科学文摘，2020（10）：65－67.

［67］姜瀛．论专利行政执法以罚代刑及其刑法应对［J］．武汉科技大学学报（社会科学版），2016，18（4）：410－414.

［68］凯·安博思，张志钢．国际刑法的一般功能：法益原则与损害原则的妥当平衡——再论国际刑法的基础理论［J］．苏州大学学报（法学版），2019，6（4）：137－148.

［69］克劳斯·罗克辛，陈璇．对批判立法之法益概念的检视［J］．法学评论，2015，33（1）：53－67.

［70］蒯建欣，张敏，段里鹏．知识产权刑事案件被害人权益保障研究［J］．中国检察官，2020（13）：27－31.

［71］莱默·拉赫蒂，卢建平，朱贺．刑事政策与刑事司法的国际化与欧洲化的趋势——对比较研究的挑战［J］．刑法论丛，2014，38（2）：520－536.

［72］赖早兴．美国刑法中的严格责任犯罪：争议、解决方案及其启示［J］．环球法律评论，2018，40（3）：127－136.

［73］郎胜．我国刑法的新发展［J］．中国法学，2017（5）：23－46.

［74］郎胜．在构建和谐社会的语境下谈我国刑法立法的积极与谨慎［J］．法学家，2007（5）：60 – 63，132.

［75］劳东燕．风险刑法理论的反思［J］．政治与法律，2019（11）：30 – 43.

［76］劳东燕．个人数据的刑法保护模式［J］．比较法研究，2020（5）：35 – 50.

［77］劳东燕．正当防卫的异化与刑法系统的功能［J］．法学家，2018（5）：76 – 90，193 – 194.

［78］雷安军．新出土金文所见西周罚金刑研究［J］．中国法学，2020（2）：188 – 200.

［79］李谦．后果考察与刑法兜底条款解释［J］．法律方法，2020，31（2）：315 – 326.

［80］李诗，洪涛，吴超鹏．上市公司专利对公司价值的影响——基于知识产权保护视角［J］．南开管理评论，2012，15（6）：4 – 13，24.

［81］李嵩誉．农地生态价值保护的刑法机制［J］．法学杂志，2020，41（11）：81 – 90.

［82］李翔．论我国刑法中情节犯的司法价值［J］．河北法学，2006（9）：33 – 38.

［83］李晓．《关于办理侵犯知识产权刑事案件具体应用法律若干问题的解释》的理解与适用［J］．人民司法，2005（1）：16 – 19.

［84］李晓明．非法吸收公众存款罪存与废的法教义学分析［J］．法治研究，2020（6）：14 – 23.

［85］李训虎．口供治理与中国刑事司法裁判［J］．中国社会科学，2015（1）：119 – 137，204 – 205.

［86］李永明，郑淑云，洪俊杰．论知识产权行政执法的限制——
以知识产权最新修法为背景［J］．浙江大学学报（人文社会
科学版），2013，43（5）：160 – 170.

［87］李永升，袁汉兴．我国经济刑法中"僵尸罪名"的检讨与调
适［J］．湖南社会科学，2020（6）：1 – 8.

［88］李振林．人工智能时代的刑事立法规划［C］//上海市法学
会．《上海法学研究》集刊（2019 年第 3 卷总第 3 卷）．上
海市法学会，2019：18.

［89］李宗辉．论《刑法》专利犯罪制度之体系化重构［J］．时代
法学，2017，15（5）：14 – 20.

［90］里卡多·罗伯斯·普拉纳斯，张志钢．刑法教义学的本质
［J］．中国政法大学学报，2020（6）：129 – 137，208.

［91］梁根林，陈尔彦．中国死刑民意：测量、解构与沟通［J］．
中外法学，2020，32（5）：1256 – 1282.

［92］梁根林，黄伯胜．论刑罚结构改革［J］．中外法学，1996
（6）：1 – 8.

［93］梁根林．刑法修正：维度、策略、评价与反思［J］．法学研
究，2017，39（1）：42 – 65.

［94］林炳辉．知识产权制度在国家创新体系中的地位与作用
［J］．知识产权，2001（3）：5 – 10.

［95］林娟．论刑法规制假冒专利行为的困境——以刑事判决的阙
如为视角［J］．广州广播电视大学学报，2020，20（4）：
101 – 105，112.

［96］刘飞，于阜民．论专利侵权刑事附带民事诉讼的赔偿范围
［J］．产业与科技论坛，2013，12（11）：56 – 58.

［97］刘锋．系统思维方式论纲［J］．上海交通大学学报（社会科

学版），2001（4）：12 - 16.

［98］刘虹，王志勇. 中国大陆侵犯专利权犯罪问题研究［M］//
国家知识产权局条司法. 专利法研究（2011）. 北京：知识
产权出版社，2012.

［99］刘惠，王拓，邱志英，等. 侵犯知识产权犯罪数额探析
［J］. 中国检察官，2012（9）：41 - 44.

［100］刘科. 论《与贸易有关的知识产权协定》第61条之"商业
规模"［J］. 刑法论丛，2010（4）：239 - 255.

［101］刘科. 侵犯专利权犯罪立法完善的理念、政策与措施
［M］//国家知识产权局条法司. 专利法研究（2015）. 北
京：知识产权出版社，2018：13.

［102］刘科. 中国知识产权刑法立法模式的转变探讨［J］. 刑法
论丛，2008，14（2）：290 - 304.

［103］刘少谷. 刑法规制假冒专利行为的困境与对策［J］. 中州
学刊，2019（3）：55 - 59.

［104］刘艳红. 我国应该停止犯罪化的刑事立法［J］. 法学，
2011（11）：108 - 115.

［105］刘艳红. 积极预防性刑法观的中国实践发展——以《刑法
修正案（十一）》为视角的分析［J］. 比较法研究，2021
（1）：62 - 75.

［106］刘燕，万欣荣. 中国社会转型的表现、特点与缺陷［J］.
社会主义研究，2011（4）：5 - 9.

［107］刘银良. 论专利侵权纠纷行政处理的弊端：历史的选择与
再选择［J］. 知识产权，2016（3）：33 - 44.

［108］柳忠卫. 刑事政策与刑法关系模式探析［J］. 刑法论丛，
2012，30（2）：519 - 539.

［109］龙敏. 秩序与自由的碰撞——论风险社会刑法的价值冲突
与协调［J］. 甘肃政法学院学报，2010（5）：145 - 149.

［110］卢建平. 犯罪门槛下降及其对刑法体系的挑战［J］. 法学
评论，2014，32（6）：68 - 76.

［111］卢建平. 刑法法源与刑事立法模式［J］. 环球法律评论，
2018，40（6）：5 - 25.

［112］卢建平. 知识产权犯罪门槛的下降及其意义［J］. 政治与
法律，2008（7）：16 - 21.

［113］卢勤忠. "中罪中刑"的刑法结构之提倡——对"严而不
厉"的一点质疑［J］. 当代法学，2012，26（6）：38 - 49.

［114］鲁道夫·伦吉尔，邓卓行. 德国刑法分则中的客观归责问题
［J］. 苏州大学学报（法学版），2020，7（2）：151 - 160.

［115］鲁楠，高鸿钧. 中国与 WTO：全球化视野的回顾与展望
［J］. 清华大学学报（哲学社会科学版），2012，27（6）：
5 - 17，156.

［116］鲁楠. 科技革命、法哲学与后人类境况［J］. 中国法律评
论，2018（2）：96 - 107.

［117］罗东川. 知识产权刑事司法保护的新篇章——解读"两高"
《关于办理侵犯知识产权刑事案件具体应用法律若干问题的
解释》［J］. 中国发明与专利，2005（2）：54 - 57.

［118］罗翔. 法益理论的检讨性反思——以敲诈勒索罪中的权利
行使为切入［J］. 中国刑事法杂志，2018（2）：52 - 69.

［119］罗翔. 刑事不法中的行政不法——对刑法中"非法"一词
的追问［J］. 行政法学研究，2019（6）：71 - 84.

［120］马春晓. 经济刑法中抽象危险犯入罪标准的类型化适用
［J］. 南京大学学报（哲学·人文科学·社会科学），2020，

57（5）：64 - 75，163 - 164.

［121］马春晓. 危险现实化与结果归属［J］. 国家检察官学院学报，2020，28（6）：86 - 100.

［122］马荣春，谷倩. 论刑法价值及其结构［J］. 河南警察学院学报，2015，24（2）：88 - 95.

［123］马荣春，兖光辉. 刑法类型化的规范功能与刑法价值功能［J］. 时代法学，2020，18（3）：30 - 40.

［124］马荣春. 犯罪行为认定的整体性思维［J］. 法治社会，2020（6）：41 - 59.

［125］马永强. 刑事政策与刑法体系的关系——兼论刑事一体化的教义学进路与限度［J］. 苏州大学学报（法学版），2020，7（2）：110 - 124.

［126］马照. 积极刑法立法观在中国的确立［J］. 现代交际，2018（2）：75 - 76.

［127］梅传强，盛浩.《专利法》修正背景下专利犯罪的刑法规制调整［J］. 重庆理工大学学报（社会科学），2020，34（1）：109 - 119.

［128］孟融. 中国法院如何通过司法裁判执行公共政策——以法院贯彻"社会主义核心价值观"的案例为分析对象［J］. 法学评论，2018，36（3）：184 - 196.

［129］苗兵. 漫谈熵［J］. 物理，2020，49（4）：205 - 212.

［130］苗东升. 论系统思维（二）：从整体上认识和解决问题［J］. 系统辩证学学报，2004（4）：1 - 6.

［131］莫洪宪，贺志军. 国家经济安全视角下我国知识产权之刑事保护——对"专利侵权罪"增设论之否定［J］. 法学论坛，2008（1）：114 - 120.

［132］泮伟江．托依布纳法的系统理论评述［J］．清华法律评论，2011，5（1）：84－105．

［133］戚建刚．走中国特色知识产权行政保护之路［J］．中国高校社会科学，2020（6）：114－124，156．

［134］齐文远，夏凉．徘徊于传统与现代之间的刑法观——以创新社会治理体系为视角［J］．武汉大学学报（哲学社会科学版），2015，68（1）：63－70．

［135］曲三强．马克思主义视角下的知识产权［J］．思想战线，2007（1）：27－35．

［136］曲三强．平行进口与我国知识产权保护［J］．法学，2002（8）：72－75．

［137］曲三强．知识产权保护的国际化趋势［J］．法治研究，2010（4）：26－36．

［138］屈学武．刑事法治理念的更新［J］．法学研究，2007（4）：156－157．

［139］山桥，阎春光．司法实践中对专利权利要求解释的实例分析［J］．中国发明与专利，2006（4）：72－75．

［140］申长雨．以习近平新时代中国特色社会主义思想为指导，加快知识产权强国建设［J］．时事报告（党委中心组学习），2018（3）：56－71．

［141］沈国金．浅论海峡两岸专利保护差异及其对台商投资的影响［J］．华中农业大学学报（社会科学版），2008（4）：105－109．

［142］沈明磊，庄绪龙．法定犯时代刑法如何避免"行政化倾向"［J］．法治现代化研究，2019，3（4）：111－126．

［143］石聚航．刑法谦抑性是如何被搁浅的？——基于定罪实践

的反思性观察［J］. 法制与社会发展，2014，20（1）：181-192.

［144］石聚航. 刑事政策司法化：历史叙事、功能阐释与风险防范［J］. 当代法学，2015，29（5）：54-61.

［145］时东陆. 社会的进步与熵增原理［J］. 科学文化评论，2004（5）：95-99.

［146］时延安. 犯罪化与惩罚体系的完善［J］. 中国社会科学，2018（10）：102-125，206-207.

［147］时永超. 法定犯主观罪过的司法认定——以"代购假药案"为例［C］//上海市法学会.《上海法学研究》集刊，2020，26（2）.

［148］舒红兵. 新经济定义、逻辑及政策研究［J］. 西南金融，2019（3）：90-96.

［149］宋亚辉. 追求裁判的社会效果：1983—2012［J］. 法学研究，2017，39（5）：18-34.

［150］苏更林. 白炽灯的前世今生［J］. 发明与创新，2012（10）：13-16.

［151］苏力. 法条主义、民意与难办案件［J］. 中外法学，2009，21（1）：93-111.

［152］苏力. 市场经济对立法的启示［J］. 中国法学，1996（4）：24-32.

［153］苏涛，郭锡昆. 植物新品种专利权保护的扩张及我国之应对——对"孟山都事件"的个案省思［J］. 科技与法律，2002（3）：23-27.

［154］苏永生. 罪过形式的判断根据［J］. 法律科学：西北政法大学学报，2020，38（6）：73-85.

［155］孙赫．我国知识产权保护执法水平的度量及分析［J］．科学学研究，2015，33（9）：1372 - 1380.

［156］孙梦爽．刑法修正案（十一）草案二审：回应人民关切推动刑法与时俱进［J］．中国人大，2020（20）：41 - 42.

［157］孙万怀．刑法解释位阶的新表述［J］．学术月刊，2020，52（9）：95 - 109.

［158］唐世月．评刑法对公、私财产之解释［J］．法学评论，2003（5）：131 - 137.

［159］田宏杰，刘红霞．从责任伦理视角反思中国刑法中的几个基本问题［J］．河北学刊，2015，35（5）：147 - 151.

［160］田宏杰，王然．中外知识产权刑法保护趋向比较研究［J］．国家行政学院学报，2012（6）：118 - 121.

［161］田宏杰．立法扩张与司法限缩：刑法谦抑性的展开［J］．中国法学，2020（1）：166 - 183.

［162］田宏杰．侵犯知识产权犯罪的几个疑难问题探究［J］．法商研究，2010，27（2）：110 - 116.

［163］田宏杰．刑法法益：现代刑法的正当根基和规制边界［J］．法商研究，2020，37（6）：75 - 88.

［164］田宏杰．刑法中的正当化行为的根据［J］．河南社会科学，2004（5）：45 - 49.

［165］田宏杰．行政犯罪的归责程序及其证据转化——兼及行刑衔接的程序设计［J］．北京大学学报（哲学社会科学版），2014，51（2）：136 - 146.

［166］田宏杰．行政优于刑事：行刑衔接的机制构建［J］．人民司法，2010（1）：86 - 89.

［167］田宏杰．知识产权案件刑事司法疑难问题研究［J］．人民

检察，2009（12）：6-9.

[168] 田宏杰. 知识转型与教义坚守：行政刑法几个基本问题研究 [J]. 政法论坛，2018，36（6）：25-36.

[169] 田宏杰. 中国刑法学研究40年的方法论思考——从视野、路径、使命切入 [J]. 法商研究，2018，35（6）：60-70.

[170] 田宏杰. 论我国知识产权的刑事法律保护 [J]. 中国法学，2003（3）：141-152.

[171] 田宏杰. 侵犯专利权犯罪刑事立法之比较研究——兼及我国专利权刑法保护的完善 [J]. 政法论坛，2003（3）：7-85.

[172] 田兴洪，唐旭东. 论轻罪刑事政策视野下的我国刑罚结构之完善 [J]. 法学杂志，2010，31（12）：73-76.

[173] 涂龙科，郑力凡. 经济刑法法益二元"双环结构"之证成、判断与展开 [J]. 国家检察官学院学报，2020，28（6）：101-114.

[174] 王晨. 加强新时代地方立法工作以高质量立法推动高质量发展——在上海调研地方立法工作时的讲话 [J]. 中国人大，2019（12）：16-19.

[175] 王晨. 习近平法治思想是马克思主义法治理论中国化的新发展新飞跃 [J]. 中国法学，2021（2）：5-19.

[176] 王俊. 法定犯时代下违法性认识的立场转换 [J]. 现代法学，2020，42（6）：180-194.

[177] 王俊平，卢建平. 我国刑事立法实施《公民权利和政治权利国际公约》的路径选择 [J]. 理论前沿，2009（19）：32-34.

[178] 王骏. 刑法中的"财物价值"与"财产性利益" [J]. 清

华法学，2016，10（3）：39 – 56.

［179］王莉君．全球化背景下的国际刑事法院与国际法治［J］．环球法律评论，2004（4）：474 – 481.

［180］王牧，陈丽娜．中国社会化行刑措施的体系性完善［J］．社会科学战线，2020（9）：201 – 208.

［181］王平．减刑、假释适用比例失衡的成因与立法应对［J］．北京联合大学学报（人文社会科学版），2020，18（4）：54 – 60.

［182］王强军．论刑事裁判中的结果导向及其控制［J］．法学，2014（12）：108 – 115.

［183］王强军．刑法功能多元化的批判及其限制路径［J］．政法论坛，2019，37（1）：145 – 157.

［184］王晓东．关于经济刑法重构的思考［J］．湖南科技大学学报（社会科学版），2020，23（5）：143 – 149.

［185］王新宇，周宇．假冒专利犯罪若干问题研究［J］．江苏警官学院学报，2007（6）：74 – 79.

［186］王修珏．专利侵权行为犯罪化的边缘性审视［J］．四川警察学院学报，2011，23（3）：22 – 27.

［187］王秀梅．试论国际法之不成体系问题——兼及国际法规则的冲突与协调［J］．西南政法大学学报，2006（1）：30 – 37.

［188］王秀哲．知识产权的私权性与行政保护［J］．学术论坛，2009，32（10）：155 – 159.

［189］王学沛．现代刑法观的重塑［J］．现代法学，1997（3）：46 – 51.

［190］王志祥，敦宁．刑罚配置结构调整论纲［J］．法商研究，

2011, 28 (1): 42 - 53.

[191] 王志祥, 韩雪. 刑法结构优化论——与"严而不厉"和"中罪中刑"两种刑法结构论商榷 [J]. 人民检察, 2016 (23): 14 - 19.

[192] 王志祥, 袁宏山. 论虚拟财产刑事保护的正当性——与侯国云教授商榷 [J]. 北方法学, 2010, 4 (4): 147 - 156.

[193] 王志祥, 张圆国. 预防性犯罪化立法: 路径、功能、弊端与完善 [J]. 河北法学, 2021 (1): 57 - 73.

[194] 王宗光. 我国知识产权犯罪刑事司法政策论 [J]. 东方法学, 2016 (6): 80 - 89.

[195] 王宗光. 我国知识产权犯罪刑事政策论 [J]. 河北法学, 2016, 34 (1): 176 - 188.

[196] 王宗光. 职权主义——我国行政审判模式的必然选择 [J]. 政治与法律, 2001 (4): 34 - 41.

[197] 王宗光. 专利犯罪刑事政策的刑法化: 由隐性步入显性 [J]. 东方法学, 2017 (3): 56 - 63.

[198] 王作富, 赵永红. 试论假冒专利罪与非罪的界限 [J]. 法学杂志, 2001 (2): 9 - 12.

[199] 魏超. 刑法视域中特殊职业者的义务界限与避险范围 [J]. 清华法学, 2020, 14 (6): 97 - 111.

[200] 魏东, 田馨睿. 刑法解释方法: 争议与检讨 [J]. 刑法论丛, 2018, 55 (3): 119 - 151.

[201] 魏汉涛. 罪刑关系的反思与重构 [J]. 政治与法律, 2019 (4): 2 - 17.

[202] 魏祎远. 论跨国网络犯罪给我国刑法管辖原则带来的冲击与挑战 [J]. 网络安全技术与应用, 2020 (11): 176 - 178.

[203] 吴汉东, 锁福涛. 中国知识产权司法保护的理念与政策 [J]. 当代法学, 2013, 27 (6): 42 – 50.

[204] 吴汉东, 张平, 张晓津. 人工智能对知识产权法律保护的挑战 [J]. 中国法律评论, 2018 (2): 1 – 24.

[205] 吴汉东. 人工智能生成发明的专利法之问 [J]. 当代法学, 2019, 33 (4): 24 – 38.

[206] 吴汉东. 知识产权法价值的中国语境解读 [J]. 中国法学, 2013 (4): 15 – 26.

[207] 吴汉东. 知识产权损害赔偿的市场价值分析: 理论、规则与方法 [J]. 法学评论, 2018, 36 (1): 65 – 74.

[208] 吴汉东. 知识产权损害赔偿的市场价值基础与司法裁判规则 [J]. 中外法学, 2016, 28 (6): 1480 – 1494.

[209] 吴汉东. 中国知识产权法制建设的评价与反思 [J]. 中国法学, 2009 (1): 51 – 68.

[210] 吴瑞. TRIPS 视阈下中国专利权的刑法保护研究 [J]. 中国人民公安大学学报 (社会科学版), 2011, 27 (6): 52 – 57.

[211] 吴英姿. 司法的公共理性: 超越政治理性与技艺理性 [J]. 中国法学, 2013 (3): 62 – 73.

[212] 吴宗宪. 论犯罪动机的形成模式 [J]. 青少年犯罪问题, 1999 (5): 16 – 20.

[213] 吴宗宪. 论犯罪性 [J]. 福建公安高等专科学校学报: 社会公共安全研究, 2000 (1): 47 – 50.

[214] 吴宗宪. 论社会变迁与刑事政策的调整 [J]. 福建公安高等专科学校学报: 社会公共安全研究, 2001 (5): 3 – 10, 94.

[215] 夏尊文, 陈建军, 张介玉. 刑罚泛化否定论——兼与吴宗宪先生商榷 [A] // 中国犯罪学学会. 犯罪学论丛 (第三

卷）. 中国犯罪学学会, 2005：18.

[216] 肖彦山, 高海荣, 董迎春. 专利权保护与滥用市场支配地位 [J]. 石家庄经济学院学报, 2004 (1)：99 - 101.

[217] 肖尤丹. 中国知识产权行政执法制度定位研究 [J]. 科研管理, 2012, 33 (9)：138 - 145.

[218] 肖中华, 孙利国. 当代中国宪法的发展与刑法理念的更新 [J]. 人民检察, 2012 (13)：22 - 26.

[219] 肖中华. 刑法目的解释和体系解释的具体运用 [J]. 法学评论, 2006 (5)：11 - 20.

[220] 谢焱. 商业秘密刑事条款与新《反不正当竞争法》的衔接 [J]. 交大法学, 2020 (4)：120 - 131.

[221] 谢焱. 知识产权刑法法益分析 [J]. 北方法学, 2017, 11 (4)：109 - 120.

[222] 邢飞龙. 非法吸收公众存款罪之"非法"认定的新路径——以法定犯和新型融资案件为中心展开 [J]. 法律适用, 2020 (20)：98 - 109.

[223] 徐火辉. 假冒专利罪的认定与处罚 [J]. 法律适用, 1996 (3)：27 - 28.

[224] 徐平, 陈美华, 林纯青. 立法效果评估的几点思考 [J]. 中国人大, 2006 (9)：46 - 48.

[225] 徐伟. 社会治理"刑罚泛化"现象之反思——基于实证研究的视角 [J]. 中南大学学报（社会科学版), 2016, 22 (3)：47 - 55.

[226] 许春明, 单晓光. 中国知识产权保护强度指标体系的构建及验证 [J]. 科学学研究, 2008 (4)：715 - 723.

[227] 许春明, 单晓光. "专利权滥用抗辩"原则——由ITC飞

利浦光盘案引出 [J]．知识产权，2006（3）：33 – 38.

[228] 薛进展．刑法分则罪刑结构的立法完善 [J]．法学，1991
（12）：32 – 34.

[229] 薛澜．国家治理框架下的社会治理——问题、挑战与机遇
[J]．社会治理，2015（2）：31 – 35.

[230] 薛晓源，刘国良．全球风险世界：现在与未来——德国著
名社会学家、风险社会理论创始人乌尔里希·贝克教授访
谈录 [J]．马克思主义与现实，2005（1）：44 – 55.

[231] 闫德利，高晓雨．美国数字经济战略举措和政策体系解读
[J]．中国信息化，2018（9）：8 – 11.

[232] 阎二鹏．我国网络犯罪立法前置化：规范构造、体系检讨
与路径选择 [J]．法治研究，2020（6）：80 – 93.

[233] 阎格．社会史视野中的中国法律——读《中国法律与中国
社会》[J]．社会科学动态，2020（9）：125 – 128.

[234] 杨春洗，苗生明．论刑法法益 [J]．北京大学学报（哲学
社会科学版），1996（6）：13 – 24.

[235] 杨萌．德国刑法学中法益概念的内涵及其评价 [J]．暨南
学报（哲学社会科学版），2012，34（6）：64 – 73，162.

[236] 杨兴培，田然．刑法介入刑民交叉案件的条件——以犯罪
的二次性违法理论为切入点 [J]．人民检察，2015（15）：
24 – 29.

[237] 杨宇冠．刑事诉讼中伪证问题的法律规制 [J]．清华法学，
2020，14（6）：112 – 127.

[238] 杨志敏．德国法院对专利等同原则的适用及其启示 [J]．
法商研究，2011，28（4）：127 – 134.

[239] 叶青，韩东成．轻罪刑事政策下认罪认罚从宽制度的司法

适用程序若干问题研究 [J]. 中国刑事法杂志, 2020 (5): 94-111.

[240] 叶小琴. 产业化犯罪的帮助人员处罚畸轻问题思考 [J]. 法商研究, 2020, 37 (4): 129-142.

[241] 叶亚杰. 论刑法谦抑性的价值与整合 [J]. 河北法学, 2016, 34 (12): 110-115.

[242] 易锦华. 字解"刑""灋"看中国传统法律文化 [J]. 汉字文化, 2020 (21): 203-205.

[243] 于冲. 二元处罚体系下过失危险犯的教义学考察——以妨害传染病防治罪为视角 [J]. 法学评论, 2020, 38 (6): 101-110.

[244] 于阜民, 齐麟. 专利权刑法保护: 回顾与展望 [J]. 中国海洋大学学报 (社会科学版), 2012 (1): 92-98.

[245] 于阜民. 假冒专利罪客体、对象辨正 [J]. 中国刑事法杂志, 2004 (6): 47-49.

[246] 于阜民. 侵犯专利权犯罪之对策——刑法个罪的犯罪学研究 [C] //中国犯罪学学会. 中国犯罪学学会第十七届学术研讨会论文集, 2008: 1.

[247] 于阜民. WTO"知识产权协议"与专利权司法保护 [J]. 中国海洋大学学报 (社会科学版), 2008 (5): 61-63.

[248] 于建平, 于阜民. 应把"冒充专利"行为纳入刑法规制 [J]. 人民检察, 2018 (3): 79-80.

[249] 于建萍, 于阜民. 论冒充专利行为的犯罪化 [J]. 辽宁师范大学学报 (社会科学版), 2019, 42 (2): 45-49.

[250] 余高能. 对我国侵犯知识产权犯罪刑事立法系统性的考量 [J]. 知识产权, 2013 (12): 61-65.

[251] 袁恩桢. 社会主义市场经济分配结构递进改革的内容与几个基本认识 [J]. 毛泽东邓小平理论研究, 2016 (4): 16-21, 92.

[252] 袁曙宏, 韩春晖. 社会转型时期的法治发展规律研究 [J]. 法学研究, 2006 (4): 19-38.

[253] 袁勇, 王飞跃. 区块链技术发展现状与展望 [J]. 自动化学报, 2016, 42 (4): 481-494.

[254] 岳开峰. 国外专利法简介 (一) [J]. 情报知识, 1984 (1): 38-42.

[255] 詹映. 中国《专利法》第四次修改的焦点及其争议 [J]. 中国科技论坛, 2015 (11): 125-130.

[256] 张炳生, 陈丹丹. 药品专利保护与公共健康权的国际冲突及平衡 [J]. 法律适用, 2009 (12): 73-76.

[257] 张大伟, 徐辉, 李高协. 论法律评估——理论、方法和实践 [J]. 甘肃社会科学, 2010 (5): 141-144.

[258] 张明楷, 陈兴良, 车浩. 立法、司法与学术——中国刑法二十年回顾与展望 [J]. 中国法律评论, 2017 (5): 1-35.

[259] 张明楷. 刑事立法模式的宪法考察 [J]. 法律科学 (西北政法大学学报), 2020, 38 (1): 54-65.

[260] 张明楷. 增设新罪的观念——对积极刑法观的支持 [J]. 现代法学, 2020, 42 (5): 150-166.

[261] 张明楷. 也论刑法教义学的立场——与冯军教授商榷 [J]. 中外法学, 2014, 26 (2): 357-375.

[262] 张明楷. 自然犯与法定犯一体化立法体例下的实质解释 [J]. 法商研究, 2013, 30 (4): 46-58.

[263] 张鹏. 在专利法和刑法之间——专利权的权利保护与行为

自由的刑民之辩［M］//国家知识产权局条法司．专利法
研究（2015）．北京：知识产权出版社，2018：12.

［264］赵秉志，刘科．国际知识产权刑法保护的发展趋势［J］.
政治与法律，2008（7）：2-10.

［265］赵秉志，阴建峰．侵犯虚拟财产的刑法规制研究［J］．法
律科学（西北政法大学学报），2008（4）：151-159.

［266］赵秉志．宽严相济刑事政策视野中的中国刑事司法［J］.
南昌大学学报（人文社会科学版），2007（1）：1-8.

［267］赵国强，陈兴良．论经济犯罪的内在结构［J］．法学评论，
1989（6）：26-32.

［268］郑夕玉．互联网时代我国数字经济发展策略研究——基于
美国和欧盟发展经验的启示［J］．西南金融，2019（12）：
53-60.

［269］周光权．积极刑法立法观在中国的确立［J］．法学研究，
2016，38（4）：23-40.

［270］周建军，卢建平．论刑事司法政策的本原和形式［J］．刑
法论丛，2011（1）：490-514.

［271］周凌，耿立峰．美国刑事立法领域近年来的重要变化及其
解读［J］．国外社会科学，2019（4）：48-58.

［272］周雪光．"关系产权"：产权制度的一个社会学解释［J］.
社会学研究，2005（2）：1-31，243.

［273］朱德宏．假冒专利罪的刑事自诉程序解析［J］．科技与法
律，2008（3）：81-85.

［274］左卫民．一场新的范式革命？——解读中国法律实证研究
［J］．清华法学，2017，11（3）：45-61.

（四）学位论文类

[1] 王影航．我国知识产权税收激励制度的优化设计 [D]．广州：华南理工大学，2017.

[2] 曹化．秩序与自由的碰撞 [D]．上海：华东政法大学，2013.

[3] 陈晓钟．知识产权犯罪司法认定问题研究 [D]．南京：南京大学，2015.

[4] 陈烨．刑法的特殊财产类型研究 [D]．武汉：武汉大学，2014.

[5] 董凡．知识产权损害赔偿制度研究 [D]．广州：华南理工大学，2019.

[6] 冯涛．国家干预知识产权法律问题研究 [D]．南京：南京大学，2012.

[7] 高维俭．刑事三元结构论 [D]．北京：北京大学，2004.

[8] 高晓莹．知识产权犯罪研究 [D]．北京：中国政法大学，2009.

[9] 赖正直．机能主义刑法理论研究 [D]．武汉：武汉大学，2014.

[10] 雷山漫．国际化背景下中国知识产权刑法保护研究 [D]．武汉：武汉大学，2011.

[11] 李天志．专利权扩张化及其刑事保护研究 [D]．北京：北京师范大学，2018.

[12] 于阜民．假冒专利罪若干问题研究 [D]．长春：吉林大学，2004.

（五）报刊类

[1] 中华人民共和国国民经济和社会发展第十三个五年规划纲要 [N]．人民日报，2016 – 03 – 18（001）.

[2] 储槐植．解构轻刑罪案，推出"微罪"概念 [N]．检察日

报, 2011 - 10 - 13 (003).

[3] 储槐植. 刑法现代化本质是刑法结构现代化 [N]. 检察日报, 2018 - 04 - 02 (003).

[4] 车浩. 刑事法治关山万里刑法研究稳步前行 [N]. 中国社会科学报, 2017 - 12 - 27 (004).

[5] 申长雨. 加强知识产权保护 扩大对外开放 [N]. 光明日报, 2018 - 04 - 12 (010).

[6] 吴仕春. 刑事立法技术正在进步 [N]. 法治日报, 2015 - 07 - 08 (007).

[7] 北京市人民政府办公厅. 关于强化知识产权保护的行动方案 [N]. 北京日报, 2020 - 09 - 01 (005).

[8] 黄云波. 刑法的修正应当重视其 "二次规范" 性质 [N]. 人民法院报, 2020 - 09 - 03 (005).

[9] 李勇. 厘定行政犯与法定犯的界限 [N]. 检察日报, 2020 - 07 - 02 (003).

[10] 李振民. 刑事法治的新课题 [N]. 人民法院报, 2020 - 11 - 26 (006).

[11] 娄秋琴. 从单位犯罪认定的视角谈公司企业权益的保护 [N]. 人民法院报, 2018 - 09 - 12 (006).

[12] 欧阳本祺. 积极主义刑法观下理论与实践的沟通 [N]. 检察日报, 2020 - 10 - 22 (003).

[13] 于阜民. 中美日专利权刑事保护比较 [N]. 中国社会科学报, 2015 - 05 - 20 (B07).

（六）电子文献类

[1] 国家知识产权局官网, http：//www. cnipa. gov. cn/.

[2] 无诉案例网, https：//www. itslaw. com/home.

［3］中国裁判文书网，https：//wenshu. court. gov. cn/.

［4］中华人民共和国中央人民政府网，https：//www. gov. cn/.

［5］中华人民共和国最高人民法院网，http：//www. court. gov. cn/.

［6］中华人民共和国最高人民检察院网，https：//www. spp. gov. cn/.

二、外文类

（一）著作类

［1］Hugh Scott. Computer and intellectual property crime：federal and state law ［M］. Bureau of National Affairs，2001.

［2］Antoon，Jerrold. Business Crime Prevention for Law Enforcement ［M］. Create Space Independent Publishing Platform，2012.

［3］Richard A. Spinello，Maria Bottis. A defense of intellectual property rights ［M］. E. Elgar，2009.

［4］Stanley S. Arkin. Business crime：criminal liability of the business community ［M］. Lexis Nexis Matthew Bender，2010.

［5］Stefan Heissner. Managing Business Integrity：Prevent，Detect，and Investigate White – collar Crime and Corruption ［M］. Springer，2016.

［6］Wei Shi. Intellectual Property in the Global Trading System ［Electronic Resource］：EU – China Perspective ［M］. Springer Berlin Heidelberg，2008.

［7］William Blackstone. Commentaries on the Laws of England Ⅱ ［M］. Oxford：The Claren don Press，1765.

（二）期刊类

［1］Boyle，John Jr. May Patent Infringement be a Criminal Conspiracy

［J］. Journal of the Patent Office Society, 1935, 17.

［2］ Booth, Richard A. What Is a Business Crime ［J］. Journal of Business & Technology Law, 2008 (3).

［3］ Daniel C. Fleming, Counterfeiting in China, 10 E. ［J］. Asia L. 2014, 13.

［4］ George P Fletcher. The Theory of Criminal Liability and International Criminal Law ［J］. Journal of International Criminal Justice, 2012, 10.

［5］ Irina D. Manta. The Puzzle of Criminal Sanctions for Intellectual Property Infringement ［J］. Harvard Journal of Law & Technology, 2011, 24 (2).

［6］ Okediji, Ruth L. Africa and the Global Intellectual Property System: Beyond the Agency Model ［J］. African Year book of International Law, 2004, 12.

［7］ Oren Bracha. The Commodification of Patents 1600 – 1836: How Patents Became Rights and Why We Should Care ［J］. LoY. L. A. L. REv. , 2004, 177 (38).

［8］ Packer, H L. Making the Punishment Fit the Crime ［J］. Harvard Law Review, 1964, 77 (6): 1071 – 1082.

［9］ Williston, Samuell. Is the Right of an Assignee of a Chose in Action Legal or Equitable ［J］. Harvard Law Review, 1916.

（三）案例

［1］ Dowling v. United States, 473 U. S. 1985.

［2］ Robert Merges & John F. Duffy, Patent Law and Policy: Cases and Materials, Matthew Bender & Company Inc.

后　记

　　本书是在我博士学位论文的基础上修改而成。作为我的第一本学术著作，它不仅凝聚了我多年的努力，而且也承载着读博期间诸多老师与同学的帮助，值得让我铭记与感谢。

　　本书得以出版，首先要感谢我的导师储槐植教授。恩师是"学为人师，行为世范"的楷模，像我这样天资愚钝、朽木难雕的学生，恩师也视为"学术树苗"，学业上对我谆谆教导，生活上对我仁爱宽厚，关怀备至。感谢恩师为我打开了刑法学大门，领着我踏上学术为业的道路，传授我多看、多想、多写的"三多"治学之道。我依然清晰地记得，读博之初，我每完成一篇小论文，恩师都会及时进行阅读与修改，端赖于恩师的鼓励与指导，才使我有信心达到毕业要求，顺利毕业。可以说，我学术上成长的每一步都离不开恩师的辛勤付出。

　　其次，我要感谢北京师范大学刑事法律科学研究院及法学院的高铭暄教授、吴宗宪教授、黄风教授、卢建平教授、周振杰教授、刘科教授、刘志伟教授、王志祥教授、阴建峰教授、王秀梅教授、张远煌教授、赵军教授、袁彬教授、蒋娜教授、张磊教授、彭新林教授、赵书鸿副教授,感谢当时担任答辩委员的中国政法大学的赵天红教授、中国社会科学院的刘仁文教授。本书的写作得益于各位教授的指导、批评及建议,受惠于开题报告时、预答辩时、正式毕业答辩时各位答辩委员的意见。

同时,我要感谢清华大学的张明楷教授、劳东燕教授、周光权教授、高鸿钧教授、吴伟光教授,北京大学的陈兴良教授、梁根林教授及车浩教授等人,因为交通便利,我有机会坚持旁听这些知名教授给本科生、研究生或博士研究生主讲的刑法学课程、犯罪学课程、知识产权法课程,并参加劳东燕教授开设的刑法学读书会、高鸿钧教授开设的法理学读书会。这些经历不仅为我奠定了良好的刑法学基础知识,而且极大地开阔了我的学术视野,对本书写作起到了十分重要的指导作用。

此外,我要感谢读博期间我的同门师兄吴镝飞、师姐薛美琴、何群及李梦对我的帮助与关心;感谢我的博士同学郑洋、司冰岩、齐建萍、白海娟、王红、刘思、陈诏、单奕铭、詹奇玮、李政、宋振宇、赵菁、杨雯清,与你们相遇且同行,给我的博士生涯留下了难忘的回忆。

最后,我要感谢西北师范大学 2022 年度青年教师科研能力提升计划项目的资助,感谢知识产权出版社罗慧女士对书稿进行了细致的修改和完善。

"经师易遇,人师难得",成为储老师的学生是我此生的荣幸。谨以此书献给我的恩师储槐植先生,以此表达我对先生的感恩之情。

唐凤玉

谨记于 2023 年 7 月